每天30分，学点出纳

宁宝仁 ◎ 编著

中华工商联合出版社

图书在版编目（CIP）数据

每天30分，学点出纳 / 宁宝仁编著. --北京：中华工商联合出版社，2020.12
ISBN 978-7-5158-2902-9

Ⅰ.①每… Ⅱ.①宁… Ⅲ.①出纳－基本知识 Ⅳ.①F233

中国版本图书馆CIP数据核字(2020)第203818号

每天30分，学点出纳

作　　者：	宁宝仁
出 品 人：	李　梁
责任编辑：	付德华　关山美
装帧设计：	北京任燕飞图文设计工作室
责任审读：	于建廷
责任印制：	迈致红
出版发行：	中华工商联合出版社有限责任公司
印　　制：	三河市宏盛印务有限公司
版　　次：	2021年6月第1版
印　　次：	2021年6月第1次印刷
开　　本：	710mm×1000mm　1/16
字　　数：	252千字
印　　张：	17.75
书　　号：	ISBN 978-7-5158-2902-9
定　　价：	49.80元

服务热线：010－58301130-0（前台）
销售热线：010－58301132（发行部）
　　　　　　010－58302977（网络部）
　　　　　　010－58302837（馆配部）
　　　　　　010－58302813（团购部）
地址邮编：北京市西城区西环广场A座
　　　　　　19—20层，100044
　　　　　　http://www.chgslcbs.cn
投稿热线：010－58302907（总编室）
投稿邮箱：1621239583@qq.com

工商联版图书
版权所有 侵权必究

凡本社图书出现印装质量问题，请与印务部联系
联系电话：010－58302915

PREFACE 前言

出纳工作担负着一个单位货币资金的收付、存取活动，而这些活动是置身于整个社会经济活动的大环境之中的，是和整个社会的经济运转相联系的。出纳工作虽然不像会计工作那样复杂，但却很琐碎，要想做好这项工作并不是一件容易的事。它要求出纳人员不仅要有足够的耐心，而且要有全面精通的法规知识、熟练高超的业务技能、严谨细致的工作作风。

本书通过简单清楚的文字，直观有趣的图表让读者充分了解出纳的各种知识，以图表和情景对话的方式结合新会计准则让从事出纳工作的朋友树立强大的全局性观念。从而总揽全局，对出纳工作各个环节都能够轻松应对。并掌握关键问题，迅速搞懂出纳基本职能，以提升企业管理水平。全书内容结构紧凑，脉络清晰，给读者耳目一新的感觉。

本书从多个方面详细地讲解了出纳日常的工作，包括：近距离接触出纳、出纳必备的基础知识、会计凭证和账簿的处理、现金的管理、银行存款及结算方式的管理和工商税务管理共六章。讲解了出纳日常工作的各个方面和环节，内容全面丰富、讲解详细、条理清晰、难易适度，可操作性非常强。

本书具有如下几个方面的特点：

◆实战性强

本书从多个方面详细讲解了出纳的日常工作内容，讲解全面详细，相信投资者在阅读完本书之后，一定会对出纳工作有更充分的了解和认识，并能在具体的实战操作中游刃有余。

◆图文并茂

为了使读者能更容易地掌握出纳工作的方法和技巧，本书配用了大量的经典案例，使读者能直观了解具体的实战情形。另外，本书的脉络清晰，条理清楚，相信读者能够轻松阅读。

◆通俗易懂

本书把基础知识、经济业务账务处理的方法和步骤，都用通俗易懂的文字或图表来描述，简单明了，一看便懂。

◆完整性强

本书全面介绍了出纳所涉及的经济业务的账务处理方法，从日常工作的各个方面进行了详细讲述，内容翔实，思路清晰，是一本较为完整的出纳操作实用书籍。

在编写过程中，我们参考了大量具有科学依据的文献资料和最新的会计法律法规，在此，向各位专家学者和一线财务工作者表示感谢！

编　者

CONTENTS 目录

第一章 近距离接触出纳 001

认识出纳工作 002
- ◎出纳的概述 002
- ◎出纳工作的特点 005
- ◎出纳的职能 006
- ◎出纳与会计的关系 008

出纳的日常工作内容 010
- ◎货币资金管理 010
- ◎往来结算 011
- ◎工资核算 013
- ◎出纳的日常工作流程 013
- ◎出纳的账务处理程序 016

对出纳人员的要求 021
- ◎出纳人员工作的原则 021
- ◎出纳人员的基本素质 023
- ◎出纳人员的职业道德 025

出纳工作的移交 027
- ◎出纳交接要求及内容 027
- ◎出纳移交阶段程序 030

◎ 出纳移交工作文书 032
◎ 出纳交接的注意事项 033

第二章 出纳必备基础知识 037

会计基础知识 038
◎ 会计要素 038
◎ 会计等式 042
◎ 会计科目和账户 044
◎ 会计的基本假设 048
◎ 会计记账方法 051

出纳工作基本功 057
◎ 编写出纳报告 057
◎ 出纳档案保管 059
◎ 保险柜的管理 061
◎ 熟练点钞技术 063
◎ 人民币的识别 067
◎ 文字和数字的书写 070
◎ 印章的管理 072

第三章 会计凭证和账簿的处理 075

会计凭证的处理 076
◎ 原始凭证的处理 076
◎ 记账凭证的处理 079
◎ 会计凭证的保管和传递 083

会计账簿的处理 085
◎ 账簿的分类和内容 085
◎ 账簿的启用和登记 087
◎ 错账的查找及更正 093

◎账簿的更换及保管 100

第四章 现金的管理 103

现金管理制度 104
◎现金管理制度 104
◎库存现金的管理 105
◎现金收支管理 109

现金的使用与保管 117
◎现金的提取与送存 117
◎现金的整理 120
◎备用金的管理 120
◎有价证券的保管 124
◎现金的保管 126

现金的清查与错款失款的处理 127
◎现金的清查 127
◎现金错款的处理 131

第五章 银行存款及结算方式的管理 133

银行存款的管理 134
◎银行存款管理的内容 134
◎银行存款的种类 138
◎银行存款的清查 139
◎银行存款余额调节表编制 141

银行存款账户的管理 144
◎银行存款账户管理原则 144
◎银行存款账户的种类 145
◎银行存款账户的变更、迁移、合并和撤销 146

银行结算方式 148

- ◎支票结算方式 148
- ◎银行本票结算方式 157
- ◎银行汇票结算方式 165
- ◎商业汇票结算方式 173
- ◎汇兑结算方式 184
- ◎委托收款结算方式 188
- ◎托收承付结算方式 195
- ◎信用卡结算方式 204

外汇结算方式 208
- ◎外汇结算的概念 208
- ◎外汇账户的管理 214
- ◎外汇结算方式 220

第六章 工商、税务的管理 233

工商管理 234
- ◎企业注册 234
- ◎公司的合并和分立 237
- ◎公司的解散和破产清算 240
- ◎公司资本的变更登记 242

税务管理 244
- ◎发票的管理 244
- ◎税务登记的管理 253
- ◎税款征收的管理 259

社保的管理 262
- ◎社保的概述 262
- ◎企业参保的程序 265
- ◎企业社会保险变更与注销 268

参考文献 272

第一章
近距离接触出纳

在"出纳"一词中,"出"即支出之意;"纳"为收入之意,两个字合二为一则非常准确地表明了出纳业务的核心要义,也就是货币资金的收入与支出。通过本章的阅读,我们可以认识到企业出纳工作的重要性,知晓出纳工作的特点;了解出纳的职能;并能够理解企业会计与出纳的关系。

学习导读:

◆认识出纳在企业中的角色

◆熟悉出纳工作的特点

◆梳理出纳的职能

◆掌握会计与出纳的关系

会计的概述

> 出纳是按照有关规定和制度，办理本单位的现金收付、银行结算及有关账务，保管库存现金、有价证券、财务印章及有关票据等工作的总称。

◎ 出纳的概述

出纳工作是会计工作的一个重要岗位，关系到贯彻执行国家政策和规章制度，关系到每个员工的切身利益，也显示出财务会计人员的精神文明和职业道德水准。

小故事：出纳为何难为

某建筑公司系合伙企业，公司共有甲乙丙三个股东，其中甲股东是公司法人。三个股东在公司都是说一不二的人物，今天甲股东让提点钞，明天乙股东让给报销，后天丙股东让预支点儿现金，可怜小小的出纳，哪个都得罪不起，都得万分小心做事。

一天，乙股东找到出纳开出一张未写收款单位名称的16万元转账支票，要支付工程款。几天后，其他股东发现乙股东已经消失。虽然赶紧报警，但损失已成既定事实。结果，这位出纳被其他股东追究违章失职的责任。

企业现金存款"消失"，出纳负有不可推卸的责任。无论是法律还是制度，都规定了出纳应当听企业法人的，即使是合伙企业，也是由法人代表企业，所以在钱物的处置上，法人具有绝对的权威。一般情况下，只有法人发话，出纳才能付钱。出纳应当严格地执行法人的付款要求，法人说明天付，就不应该今天付,法人说付 5%,出纳就不应该擅自付 10%。一旦出现出纳行为不符合法人意愿的事情,之后出现的问题,出纳将负全责。

该建筑公司财务制度形同虚设,从未得以认真执行,而且更为严重的是三个股东均带头违反,使得出纳对各位股东谁都指挥的现象也习以为常,导致出纳产生错误认识。乙股东也正是利用公司财务管理混乱的现状,骗取了公司财产。从专业的出纳管理角度看,面对这种多头管理局面,出纳不但应当带头执行财务制度,而且还有责任要求各位股东配合遵守。否则,到关键时刻,出纳还是摆脱不了自己的专业责任。

出纳在企业中的角色

出纳是按照有关规定和制度,办理本单位的现金收付、银行结算及有关账务,保管库存现金、有价证券、财务印章及有关票据等工作的总称。从广义上讲,只要是票据、货币资金和有价证券的收付、保管、核算,就都属于出纳。它既包括各单位会计部门专设出纳机构的各项票据、货币资金、有价证券收付业务处理,票据、货币资金、有价证券的整理和保管,货币资金和有价证券的核算等各项工作,也包括各单位业务部门的货币资金收付、保管等方面的工作。狭义的出纳则仅指各单位会计部门专设出纳岗位或人员的各项工作。

在企业的管理工作中,出纳能够起到监督管理的作用,为企业经济管理和经营决策提供各种经济信息。具体来说,有以下几点,如图 1-1 所示。

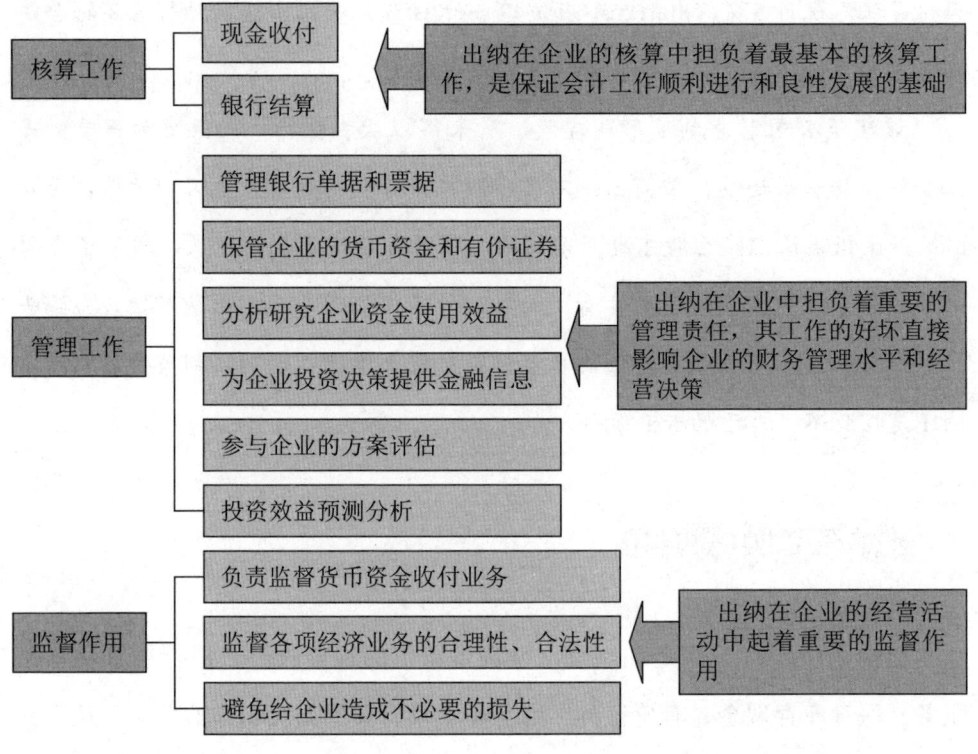

图 1-1　出纳的角色

出纳的作用

企业的正常资金运营离不开良好的会计循环机制，而出纳在会计循环中起着不可或缺的特殊作用。具体内容包括以下几点，如图 1-2 所示。

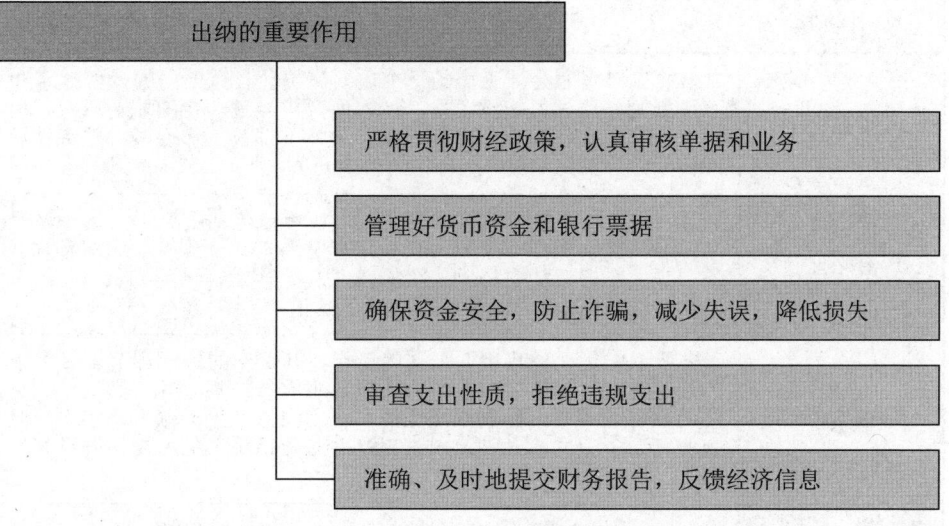

图 1-2 出纳的重要作用

◎出纳工作的特点

作为会计工作的重要组成部分,出纳具有一般会计工作的本质属性,但它又是一个专门的岗位、有专门的技术,因此,出纳具有自己专门的工作特点及要求。只有对这些特点及要求进行深入了解,才能进一步认识出纳工作的性质。出纳工作的主要特点包括社会性、专业性、繁杂性、政策性以及时间性和细致性。如表 1-1 所示。

表 1-1 出纳工作特点

类别	具体分析
社会性	出纳工作担负着一个单位货币资金的收付、存取活动,而这些活动是置身于整个社会经济活动的大环境之中的,是和整个社会的经济运转相联系的。只要这个单位发生经济活动,就必然要求出纳员与之发生经济关系

续表

类别	具体分析
专业性	出纳工作作为会计工作的一个重要岗位，有着专门的操作技术和工作规则。要做好出纳工作，一方面要求经过一定的职业教育，另一方面也需要在实践中不断积累经验，掌握其工作要领，熟练使用现代化办公工具，做一个合格的出纳人员
繁杂性	出纳工作主要核算与管理企业、事业单位流动资产中的货币性资产，具体包括现金、银行存款、有价证券等。而现金、银行存款业务在企业经营活动中每日或经常性发生，因此，出纳人员运用收、付款凭证和现金与银行存款日记账如实记录、核算
政策性	出纳工作是一项政策性很强的工作，其工作的每一环节都必须依照规定进行。这就要求出纳人员要熟悉财经法规，并将其运用到日常的经济业务中，做到知法依法，在本岗位杜绝假账，真实地反映企业货币资金的流入和流出情况，并对货币资金的使用情况进行监督
时间性	出纳工作具有很强的时间性，例如，对于何时发放职工工资、何时核对银行对账单等，都有严格的时间要求，一天都不能延误
细致性	由于出纳工作是会计的基础工作，是会计工作的基本环节，要使会计工作正常、有序就要求出纳人员在具有较强的责任心的基础上，工作要认真细致，避免因工作的疏漏而影响企业资金周转、使用

◎出纳的职能

出纳的职能

出纳工作，是财会工作的一个重要组成部分，从总的方面来讲，其职能可概括为收付、反映、监督、管理四个方面。如图1-3所示。

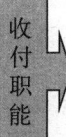
收付职能 → 出纳的最基本职能是收付职能。企业经营活动少不了货物价款的收付、往来款项的收付，也少不了各种有价证券以及金融业务往来的办理

反映职能 → 出纳要利用统一的货币计量单位，通过其特有的现金与银行存款日记账、有价证券的各种明细分类账，对本单位的货币资金和有价证券进行详细的记录与核算，以便为经济管理和投资决策提供所需的完整、系统的经济信息

监督职能 → 出纳要对企业的各种经济业务，特别是货币资金收付业务的合法性、合理性和有效性进行全过程的监督

管理职能 → 对货币资金与有价证券进行保管，对银行存款和各种票据进行管理，对企业资金使用效益进行分析研究，为企业投资决策提供金融信息，甚至直接参与企业的方案评估、投资效益预测分析等都是出纳的职责所在

图 1-3　出纳的职能

出纳的职责

出纳是会计工作的重要环节，涉及的是现金收付、银行结算等活动，而这些又直接关系到职工个人、单位乃至国家的经济利益，工作出了差错，就会造成不可挽回的损失。因此，明确出纳人员的职责和权限，是做好出纳工作的起码条件。根据《会计法》《会计基础工作规范》等财会法规。出纳员应具有以下职责，如表 1-2 所示。

表 1-2　出纳的职责

分类	具体分析
按照国家有关现金管理和银行结算制度的规定，办理现金收付和银行结算业务	出纳员应严格遵守现金开支范围，非现金结算范围不得用现金收付；遵守库存现金限额，超限额的现金按规定及时送存银行；现金管理要做到日清月结，账面余额与库存现金每日下班前应核对，发现问题，及时查对；银行存款账与银行对账单也要及时核对，如有不符，应立即通知银行调整
审核凭证，登记账簿	根据会计制度的规定，在办理现金和银行存款收付业务时，要严格审核有关原始凭证，再据以编制收付款凭证，然后根据编制的收付款凭证逐笔顺序登记现金日记账和银行存款日记账，并结出余额
办理外汇出纳业务	外汇出纳业务是政策性很强的工作，随着改革开放的深入发展，国际间经济交往日益频繁，外汇出纳也越来越重要。出纳人员应熟悉国家外汇管理制度，及时办理结汇、购汇、付汇；避免国家外汇损失
掌握银行存款余额，不准签发空头支票	不准出租出借银行账户为其他单位办理结算。这是出纳员必须遵守的一条纪律，也是防止经济犯罪、维护经济秩序的重要方面。出纳员应严格支票和银行账户的使用和管理，从出纳这个岗位上堵塞结算漏洞
保管库存现金和各种有价证券（如国库券、债券、股票等）的安全与完整	要建立适合本单位情况的现金和有价证券保管责任制，如发生短缺，属于出纳员责任的要进行赔偿
保管有关印章、空白收据和空白支票	出纳员必须高度重视，建立严格的管理办法。通常，单位财务公章和出纳员名章要实行分管，交由出纳员保管的出纳印章要严格按规定用途使用，各种票据要办理领用和注销手续

◎出纳与会计的关系

出纳与会计都属于财务人员，二者的工作既有区别，同时也存在着许多必然的联系。如表 1-3 所示。

表 1-3 出纳与会计的关系

分类	具体分析
从人员关系上	出纳人员与会计人员都属于一个独立核算单位的财务工作者,都处于要害工作岗位,他们的地位是等同
从业务关系上	出纳与会计都属于一个单位的财会岗位,工作中应相互协助、密切合作,共同打理好企业的日常财会业务,做好本职工作。但他们之间又有着明确分工,工作上各有侧重,即"出纳管钱,会计管账"

虽说出纳员与会计员的地位是平等的,工作上是紧密联系、分工协作、不可缺一的,但在业务的隶属关系上还是有主次之分的。因为会计员分工包括记载现金与银行存款总账,而总账要统驭明细账,这明显地表现在结账和对账方面,也表现在库存现金的检查方面。

会计人员专管总账和除货币资金之外的其他明细账。会计岗位有许多细分,如记账会计、税务会计、材料会计、成本会计等。会计人员要负责整个会计核算工作,从平行登记总账、明细账到编制会计报表,以及完成纳税申报和成本核算。

出纳工作是一种账实兼管的工作。出纳工作主要是现金、银行存款和各种有价证券的收支与结存核算,以及现金、有价证券的保管和银行存款账户的管理工作。现金和有价证券放在出纳的保险柜中保管;银行存款,由出纳办理收支结算手续。既要进行出纳账务处理,又要进行现金、有价证券等实物的管理和银行存款收付业务。在这一点上和其他财会工作有着显著的区别。除了出纳,其他财会人员是管账不管钱,管账不管物的。

这里还需要特别强调,出纳工作毕竟只是整个财会工作的一部分,只有会计或主管会计,才可总揽本部门财会工作的全局。要求出纳员平常在做好本职工作的同时,下点功夫学习会计基础理论与相关的财会业务知识,多向会计员请教,勤向社会实践学习,主动调整自己,努力提高自身业务技能,为日后承担和胜任更重要的工作创造必要的条件。

出纳的日常工作内容

> 鉴于出纳工作的职能，出纳人员的工作内容和任务主要包括货币资金核算、往来结算、工资核算、货币资金收支的监督等。

◎货币资金管理

出纳的货币资金管理工作主要包括两个方面：一是日常货币资金收支业务的办理；二是收支业务的账务核算。具体而言，本项工作内容主要包括以下六个方面，如表1-4所示。

表1-4 货币资金管理的内容

分类	具体分析
办理现金收付，严格按规定收付款项	严格按照国家有关现金管理制度的规定，根据稽核人员审核签章的收付款凭证进行复核，办理款项收付。对于重大的开支项目，必须经过会计主管人员、总会计师或单位领导审核签章，方可办理。收付款后，要在收付款凭证上签章，并加盖"收讫""付讫"戳记
做好银行存款的收付核算	严格按照银行《支付结算办法》的各项规定，按照审核无误的收入与支出凭证进行复核，办理银行存款的收付
认真登记日记账，保证日清月结	根据已经办理完毕的收付款凭证，逐笔序时登记现金和银行存款日记账，并结出余额。银行存款的账面余额及时与银行存款对账单核对，保证账证、账账、账实相符。经常与银行传递来的对账单进行核对，月末要编制银行存款余额调节表，使账面余额与对账单上余额调节相符。对未达账款，要及时查询。要随时掌握银行存款余额，不准签发空头支票
保管库存现金，保管有价证券	对于现金和各种有价证券，要确保其安全和完整无缺。库存现金不得超过银行核定的限额，超过部分要及时存入银行。不得以"白条"充抵现金，更不得任意挪用现金。如果发现库存现金有短缺或盈余，应查明原因，根据情况分别处理，不得私自取走或补足。如有短缺，要负赔偿责任。保险柜密码要保密，保管好钥匙，不得任意转交他人

续表

分类	具体分析
保管有关印章，登记注销支票	出纳人员所管的印章必须妥善保管，严格按照规定用途使用。签发支票的各种印章，不得全部交由出纳一人保管。一般而言，单位财务专用章由财务主管保管。对于空白收据和空白支票必须严格管理，专设登记簿登记，认真办理领用注销手续
复核收入凭证，办理销售结算	认真审查销售业务的有关凭证，严格按照销售合同和银行结算制度办理销售款项结算，催收销售货款。发生销售纠纷、货款被拒付时，要通知有关部门及时处理

货币资金收支过程中会面临很多消极因素，为了保证货币资金收支的安全，必须对其实施有效的监督。出纳监督是依据国家有关的法律法规和企业的规章制度，在维护财经纪律、执行会计制度的工作权限内，坚决抵制不合法的收支和弄虚作假的行为。出纳在办理现金和银行存款各项业务时，要严格按照财经法规进行，违反规定的业务一律拒绝办理。随时检查和监督财经纪律的执行情况，以保证出纳工作的合法性、合理性，保护单位的经济利益不受侵害。

◎往来结算

出纳的往来结算主要包括下面几点：

办理往来结算，建立清算制度

现金结算业务的内容如图1-4所示。

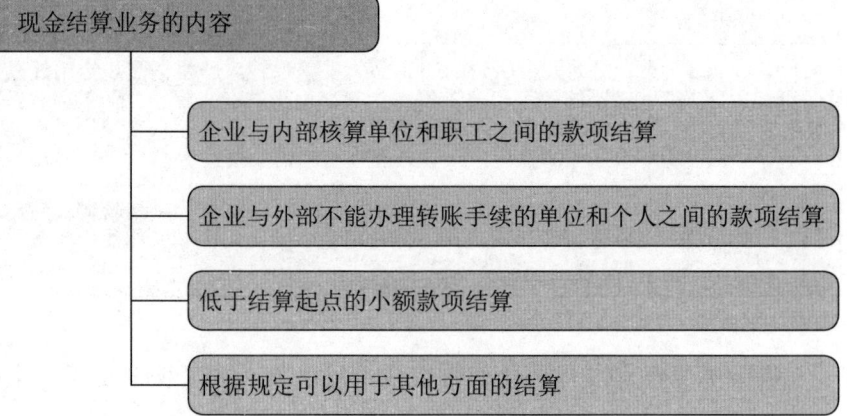

图 1-4 现金结算业务的内容

对购销业务以外的各种应收、暂付款项，要及时催收结算；应付、暂收款项，要抓紧清偿。对确实无法收回的应收账款和无法偿还的应付账款，应查明原因，按照规定报经批准后处理。

核算其他往来款项，防止坏账损失

对购销业务以外的各项往来款项，要按照单位和个人分户设置明细账，根据审核后的记账凭证逐笔登记，并经常核对余额。年终要抄列清单，并向领导或有关部门报告。

管理企业的备用金

实行备用金制度的企业，要核定备用金定额，及时办理领用和报销手续，加强管理。对预借的差旅费，要督促及时办理报销手续，收回余额，不得拖欠，不准挪用。建立其他往来款项清算手续制度。对购销业务以外的暂收、暂付、应收、应付、备用金等债权债务及往来款项，要建立清算手续制度，加强管理及时清算。

◎工资核算

出纳的工资核算管理工作主要有以下几方面内容，如表1-5所示。

表1-5 工资核算管理工作的内容

分类	具体分析
执行工资计划，监督工资使用	根据批准的工资计划，会同劳动人事部门，严格按照规定掌握工资和奖金的支付，分析工资计划的执行情况。对于违反工资政策、滥发津贴奖金的，要予以制止或向领导和有关部门报告
审核工资单据，发放工资奖金	根据实有职工人数、工资等级和工资标准，审核工资奖金计算表，办理代扣款项（包括计算个人所得税、住房基金、劳保基金、失业保险金等），计算实发工资
负责工资核算，提供工资数据	按照工资总额的组成和支付工资的来源，进行明细核算。根据管理部门的要求，编制有关工资总额报表

需要注意的是，发放的工资和奖金，必须由领款人签名或盖章。发放完毕后，要及时将工资和奖金计算表附在记账凭证后或单独装订成册，并注明记账凭证编号，妥善保管。

◎出纳的日常工作流程

出纳工作的具体流程包括以下几个方面：

出纳的日常工作

出纳的日常工作如图 1-5 所示。

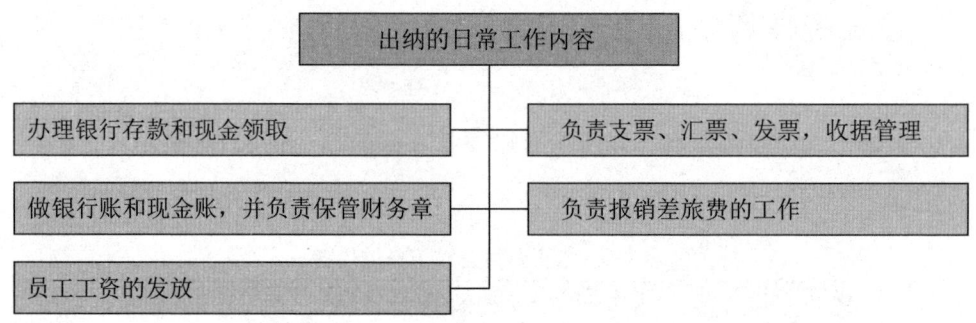

图 1-5 出纳的日常工作内容

现金管理

对于现金的管理需要注意的内容如表 1-6 所示。

表 1-6 现金管理的注意事项

现金管理的注意事项	现金收付要当面点清金额，并注意票面的真伪。若收到假币予以没收，由责任人负责
	现金一经付清，应在原单据上加盖"现金付讫章"。多付或少付金额，由责任人负责
	把每日收到的现金送到银行
	每日做好日常的现金盘存工作，做到账实相符。做好现金结报单，防止现金盈亏
	一般不办理大面额现金的支付业务，大额支付用转账或汇兑手续。特殊情况需审批
	员工外出借款无论金额多少，都须总经理签字，批准并用借支单借款。若无批准借款，引起纠纷，由责任人自负

银行账务处理

出纳在处理银行账务时需要注意的内容如表1-7所示。

表1-7 银行账务管理的注意事项

银行账务管理的注意事项	登记银行日记账时先分清账户，避免张冠李戴。开汇兑手续
	每日结出各账户存款余额，以便总经理及财务会计了解公司资金运作情况，以调度资金 每日下班之前填制结报单
	保管好各种空白支票，不得随意乱放
	公司账务章平时由出纳保管。每日下班后上交财务章

报销审核

出纳在报销审核时要注意的事项如表1-8所示。

表1-8 报销审核时的注意事项

报销审核时的注意事项	在支付证明单上经办人是否签字，证明人是否签字。若无，应补
	附在支付证明单后的原始票据是否有涂改。若有，问明原因或不予报销
	正规发票是否与收据混贴。若有，应分开贴
	支付证明单上填写的项目是否超过三项。若超过，应重填
	大、小写金额是否相符。若不相符，应更正重填
	报销内容是否属合理的报销。若不属，应拒绝报销，有特殊原因，应经审批
	支付证明单上是否有总经理签字。若无，不予报销

◎出纳的账务处理程序

账务处理程序也称会计核算组织程序,是指会计数据的记录、归类、汇总、呈报的步骤和方法。或者说是从原始凭证的整理、汇总,记账凭证的填制、汇总,日记账、明细分类账、总分类账的登记,到会计报表编制的步骤和方法。出纳账务处理程序包括以下几个方面,如图1-6所示。

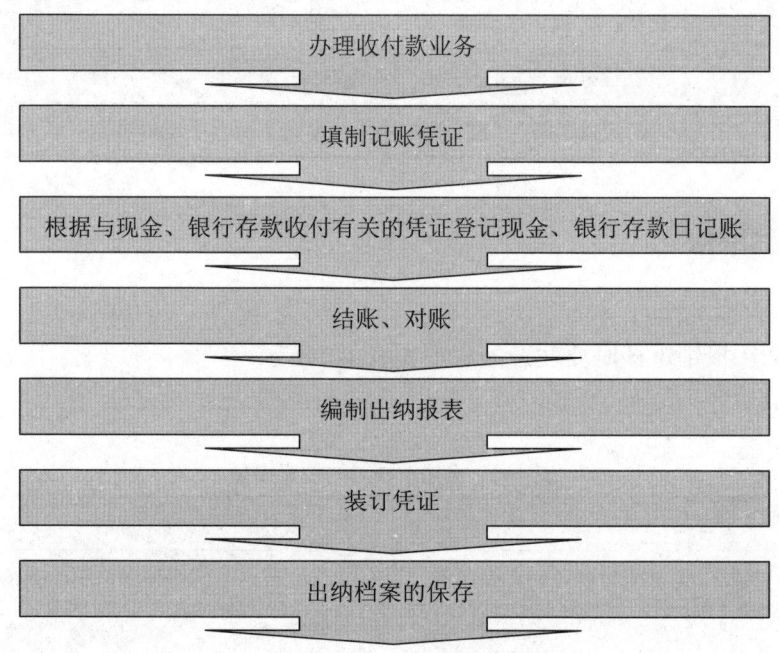

图1-6 出纳账务处理程序

办理收付款业务

出纳在办理收付款业务时对书写的要求:小写金额用阿拉伯数字逐个书写,不得写连笔字,在金额前要填写人民币符号"¥",人民币符号"¥"与阿拉伯数字之间不得留有空白，金额数字一律填写到角分，无角分的，写"00"或符号"—"，有角无分的，分位写"0"，不得用符号"—"；

大写金额用汉字壹、贰、叁、肆、伍、陆、柒、捌、玖、拾、佰、仟、万、亿、元、角、分、零、整等，一律用正楷或行书字书写，大写金额前未印有"人民币"字样的，应加写"人民币"三个字，"人民币"字样和大写金额之间不得留有空白，大写金额到元或角为止的，后面要写"整"或"正"字，有分的，不写"整"或"正"字。

填制记账凭证

出纳人员应在办理资金收付、银行结算等业务后，根据原始凭证填制记账凭证，并在记账凭证上签章。记账凭证需要注意以下几方面，如图1-7所示。

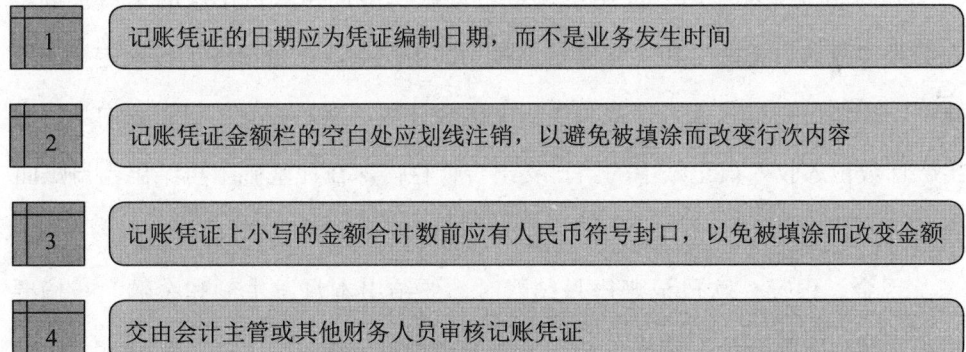

图1-7　填制记账凭证的注意事项

登记现金日记账、银行存款日记账

根据与现金、银行存款收付有关的凭证登记现金日记账、银行存款日记账，必须以审核无误的会计凭证为依据，登账完毕后，还要在记账凭证上签名或盖章,并注明所记账簿的页数,或做登账符号"√",表示已经记账,避免重记、漏记。

各种账簿应按页次顺序连续登记,不得跳行、隔页。如果发生跳行、隔页,应当将空行、空页划线注销,或者注明'此行空白'、'此页空白'字样,并由记账人员签名或者盖章。日记账每一账页登记完毕结转下页时,应当结出本月开始至本页末止的发生额及余额,写在本页最后一行和下页第一行有关栏内,并在摘要栏内注明"过次页"和"承前页"字样;也可以将本页合计数及金额只写在下页第一行有关栏内,并在摘要栏内注明"承前页"字样。

结账、对账

1. 结账

在每日业务终了时,应结出现金日记账及银行存款日记账的本日余额。在分设"收入日记账"和"支出日记账"的情况下,在每日终了按规定登记入账后,应结出当日收入合计数和当日支出合计数,然后将支出日记账中当日支出合计数记入收入日记账中的当日支出合计栏内,在此基础上再结出当日账面余额。

现金、银行存款日记账每月结账时,要结出本月发生额和余额,在摘要栏内注明"本月合计"字样,并在下面通栏划单红线。

如果年度终了时,现金、银行存款日记账有余额,要将余额结转下年,并在摘要栏内注明"结转下年"字样;在下一会计年度新建有关会计账户的第一行余额栏内填写上年结转的余额,并在摘要栏注明"上年结转"字样。

2. 对账

每天下班前,盘点库存现金的实有数,与现金日记账的当日余额核对看是否相符,如果不符应查找原因并及时做出处理。

月末将日记账与相关收付业务的记账凭证核对，核对的项目主要是：核对凭证；复查记账凭证与原始凭证，看两者是否完全相符；查对账证金额与方向的一致性，如发现错误应立即更正。月末将现金日记账、银行存款日记账的余额与现金总账、银行存款总账余额核对。月末将银行存款日记账与银行对账单核对，并编制银行存款余额调节表。月末对保管的支票、发票、有价证券、重要结算凭证进行清点，按顺序进行登记核对。

编制出纳报表

在对账、结账后，根据现金日记账、银行存款日记账、其他货币资金明细账、有价证券明细账等核算资料，编制"出纳报告表"。将"出纳报告表"中的数字同据以编制出纳报告表的账簿中的有关数字进行核对。同时将"出纳报告表"送主管处审批。

装订凭证

会计凭证装订的具体步骤如图 1-8 所示。

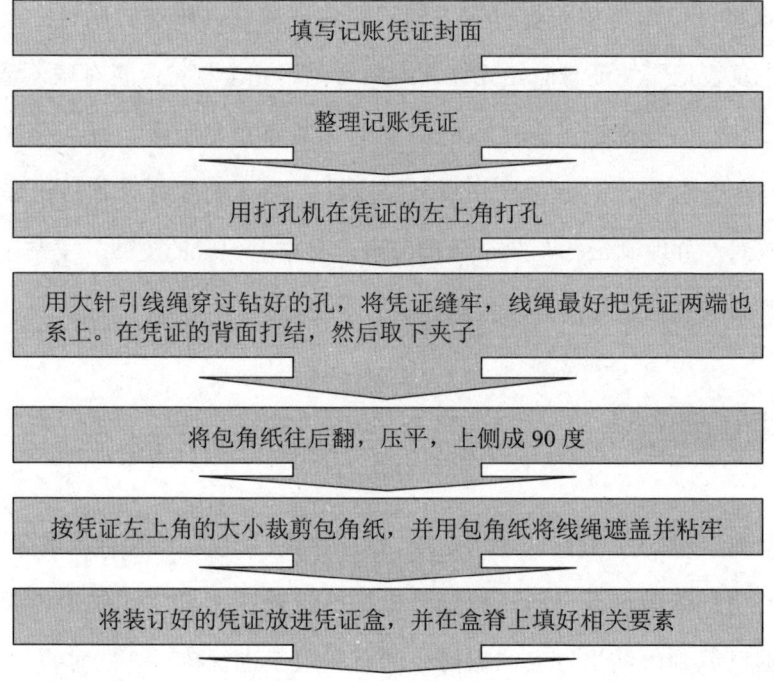

图 1-8　会计凭证装订的具体步骤

出纳档案的保存

出纳记账所依据的原始凭证及记账凭证，在出纳记账后，要传递给记账会计，在年终归档前由记账会计进行整理和保存。出纳保存的核算资料，按规定不能外借，若有特殊情况需要调阅，必须报经上级主管部门批准，并应登记、签字、限期归还。调阅的出纳资料不能拆散原卷册。

对出纳人员的要求

> 做好出纳工作并不是一件很容易的事,它要求出纳员要有全面精通的政策水平,熟练高超的业务技能,严谨细致的工作作风。

◎出纳人员工作的原则

内部牵制原则

出纳工作的基本原则主要指内部牵制原则或者说钱账分管原则。钱账分管原则是指凡是涉及款项和财物收付、结算及登记的任何一项工作,必须由两人或两人以上分工办理,以起到相互制约作用。《会计法》第二十一条第二、三款规定:"会计机构内部应当建立稽核制度。出纳人员不得兼管稽核、会计档案保管和收入、费用、债权债务账目的登记工作。"

《会计法》专门规定出纳员不得兼管稽核、会计档案保管和收入、费用、债权债务账目的登记工作,是由于出纳员是各单位专门从事货币资金收付业务的会计人员,根据复式记账原则,每发生一笔货币资金收付业务,必然引起收入、费用或债权、债务等账簿记录的变化,或者说每发生一笔货币资金收付业务都要登记收入、费用或债权、债务等有关账簿,如果把这些账簿登记工作都由出纳员办理,会给贪污舞弊行为以可乘之机。

现金和银行存款的支付,应由会计主管人员或其授权的代理人审核、批准,出纳人员付款,记账人员记账;发放工资,应由工资核算人员编制工资单,出纳人员向银行提取现金和分发工资,记账人员记账。实行钱账分管,主要是为了加强会计人员相互制约、相互监督、相互核对，提高会计核算质量，防止工作误差和营私舞弊等行为。

钱账分管原则是出纳工作的一项重要原则，各单位都应建立健全这一制度，防止营私舞弊行为的发生，维护国家和单位财产的安全。

谨慎性原则

谨慎性原则亦称审慎原则、稳健性原则等，在会计环境中存在不确定因素和风险、会计要素的确认和计量的精确性受到影响的情况下，应运用谨慎的职业判断和稳妥的会计方法进行会计处理。充分预计可能的负债、损失和费用，尽量少计或不计可能的资产和收益，以免会计报表反映的会计信息引起报表使用者的盲目乐观。谨慎性原则可以体现在确认、计量、报告等诸方面。它要求会计确认标准稳妥合理；会计计量不得高估资产、权利和利润；会计报告提供尽可能全面的会计信息。

指导性原则

人们按预期目标对会计工作，尤其是会计信息的质量提出要求。在不同社会制度下，会计的指导性原则既反映各个社会对会计的共同要求，又反映各个社会对会计的特殊要求。例如，在社会主义制度下，指导会计工作的原则，除包括客观性（真实性）、相关性（与决策相关）、及时性等外，还应包括维护计划经济所需要的政策性、计划性（统一性同灵活性相结合）、群众性（反映劳动者的主人翁地位）等。

◎出纳人员的基本素质

做好出纳工作并不是一件很容易的事，它要求出纳员要有全面精通的政策水平，熟练高超的业务技能，严谨细致的工作作风。

从业资格要求

从事会计工作的人员，必须取得会计从业资格证书。出纳人员要有较高的政策水平，随时学习、了解、掌握财经法规和制度，提高政策水平；作为专职出纳人员，不但要具备处理一般会计事项的财会专业基本知识，还要具备较高的处理出纳事项的出纳专业知识和较强的数字运算能力，不断提高业务技能。

政策水平

出纳工作涉及的"规矩"很多，如《会计法》及各种会计制度，现金管理制度及银行结算制度，《会计基础工作规范》，成本管理条例及费用报销额度，税收管理制度及发票管理办法，还有本单位自己的财务管理规定等。这些法规、制度如果不熟悉、不掌握，是绝对做不好出纳工作的。

工作作风

要做好出纳工作首先要热爱出纳工作，要有严谨细致的工作作风和职业习惯。作风的培养在成就事业方面至关重要。出纳每天和金钱打交道，稍有不慎就会造成意想不到的损失，出纳员必须养成与出纳职业相符合的工作作风，概括起来就是：精力集中，有条不紊，严谨细致，沉着冷静。精力集中就是工作起来就要全身心地投入，不为外界所干扰；有条不紊就是计算器具摆放整齐，钱款票据存放有序，办公环境洁而不乱；严谨细致就是认真仔细，做到收支计算准确无误，手续完备，不发生工作差错；沉着冷静就是在复杂的环境中随机应变，化险为夷。

业务技能

出纳工作需要很强的操作技巧。打算盘、用电脑、填票据、点钞票等，都需要深厚的基本功。作为专职出纳人员，不但要具备处理一般会计事务的财会专业基本知识，还要具备较高的处理出纳事务的出纳专业知识水平和较强的数字运算能力。

安全意识

现金、有价证券、票据、各种印鉴，既要有内部的保管分工，各负其责，并相互牵制；也要有对外的保安措施，从办公用房的建造，门、屉、柜的锁具配置，到保险柜密码的管理，都要符合保安的要求。出纳人员既要密切配合保安部门的工作，更要增强自身的保安意识，学习保安知识，把保护自身分管的公共财产物资的安全完整作为自己的首要任务来完成。

道德修养

出纳人员必须具备良好的职业道德修养，要热爱本职工作，敬业、精业；要科学理财，充分发挥资金的使用效益；要遵纪守法，严格监督，并且以身作则；要洁身自好，不贪、不占公家便宜；要实事求是，真实客观地反映经济活动的本来面目；要注意保守机密；要竭力为本单位的中心工作、为单位的总体利益、为全体员工服务。

由于出纳人员是负责办理本单位的现金收付、银行结算及有关账务，保管库存现金、有价证券、财务印章及有关票据等工作，所以出纳人员还应当具备清正廉洁、坚持原则两个方面的素养。这就要求出纳人员要有自己的做事原则，并且坚持原则、公正清廉，清正廉洁是出纳员的立业之本，是出纳员职业道德的首要方面。

◎出纳人员的职业道德

小故事：合格的出纳什么样

要想成为一名合格的出纳，并不是一件简单的事情，这不但需要你掌握相关的专业知识，还需要你保持良好的职业道德。

某公司因业务发展需要，从人才市场招聘了一名具有中专学历的廖×任出纳。开始，他还勤恳敬业，公司领导和同事对他的工作都很满意。但受到同事在股市赚钱的影响，廖某也开始涉足股市。然而事非所愿，进入股市很快被套牢，想急于翻本又苦于没有资金，他开始对自己每天经手的现金动了邪念，凭着财务主管对他的信任，拿了财务主管的财务专用章在自己保管的空白现金支票上任意盖章取款。月底，银行对账单也是其到银行提取且自行核对，因此在很长一段时间未被发现。至案发，公司蒙受了巨大的经济损失。

没有什么工作像出纳一样，工作的对象总是一大笔的金钱。在金钱的诱惑下，没有良好的职业道德，是很难保持理智，顺利通过"金钱关"的。因此，清正廉洁是出纳人员的立业之本，是出纳人员职业道德的首要方面。出纳必须清醒地意识到自己手中掌管的钱财都是企业的财产，坚决不能贪占一分；清正廉洁，公私分明，手过万金，分文不差，一尘不染，自觉培养廉洁无私的崇高品德。不然的话，势必抵挡不住金钱的诱惑，从小贪小占到大贪大占直至堕入犯罪的泥潭。

出纳应该具备的职业道德

出纳应该比一般会计人员更严格地遵守职业道德，培养良好的职业道德操守，以保证出纳工作的质量。出纳应该遵守的职业道德如表1-9所示。

表1-9 出纳人员的职业道德

分类	具体分析
敬业爱岗	会计人员应当热爱本职工作，努力钻研业务，使自己的知识和技能适应所从事工作的要求
熟悉法规	会计人员应当熟悉财经法律、法规、规章和国家统一会计制度，并结合会计工作进行广泛宣传
依法办事	会计人员应当按照会计法律、法规和国家统一会计制度规定的程序和要求进行会计工作，保证提供的会计信息合法、真实、准确、及时、完整
客观公正	会计人员在办理会计事务中，应当实事求是，客观公正
搞好服务	会计人员应当尽其所能，为改善单位的内部管理、提高经济效益服务
保守秘密	会计人员应当保守本单位的商业秘密，除法律规定和单位领导同意外，不能私自向外界提供或泄露单位的会计信息
清正廉洁	清正廉洁是出纳员的立业之本，是出纳员职业道德的首要方面。出纳员掌握着一个单位的现金和银行存款，若要把公款据为己有或挪作私用，均有方便的条件和较多的机会
坚持原则	出纳员肩负着处理各种利益关系的重任，只有坚持原则，才能正确处理国家、集体与个人的利益关系。在工作中，有时需要牺牲局部与个人利益以维护国家利益，有时需要为了维护法律、法规的尊严而去得罪同志和领导

出纳工作的移交

根据《会计基础工作规范》的规定，出纳人员（含临时代理出纳工作的人员）凡因故不能在原出纳岗位工作时，均应向接管人员（含原被代理人员）办理移交手续；没有办理交接手续的，不得调动或者离职。这是出纳人员对工作应尽的职责，也是分清移交人员和接管人员责任的重要措施。

出纳人员不能在原出纳岗位继续工作时，必须按有关规定和要求办理好出纳工作的交接手续，做好工作的移交。通过工作交接，可以明确责任，有利于发现和处理出纳工作和资金管理工作中存在的问题，预防经济责任与经济犯罪的发生。

◎出纳交接要求及内容

出纳工作交接是指出纳人员因调动工作或者离职等原因，由离任出纳人员将有关工作和资料移交给继任出纳人员的工作过程。

出纳工作交接要求

出纳交接时应做到两点：一是移交人员与接管人员要办清手续；二是交接过程须由专人负责监交。交接时，要进行财产清理，做到账账核对、账款核对。交接清楚后，应填写移交表，将所有移交的票、款、物编制详细的移交清册，按册向接交人点清。交接核对无误后，由交、接、监三方签字盖章。

出纳工作交接内容

出纳交接工作的大致内容包括以下几项，如表1-10所示。

表1-10　出纳工作交接的内容

出纳交接的内容	对于库存现金（现钞、金银珠宝等）、有价证券（证券、股票、商业汇票等）、其他贵重物品，要根据会计账簿的有关记录逐一点交
	移交支票（空白现金支票、作废现金支票、转账支票等）、发票（空白发票、已用或作废发票存根联或作废发票其他联等）、印章（财务专用章、银行预留印鉴、印章和印鉴卡片以及"现金收讫""现金付讫""银行收讫""银行付讫"等业务印鉴），同时由接交人更换预留在银行的印鉴
	支票、发票的号码必须是相连的，交接时要注意清点
	出纳凭证（原始凭证、记账凭证）、收款收据（空白收据、已用或作废收据存根联或作废收据其他联）、支票簿接收时要查看清楚，并妥善保管
	出纳账簿（现金日记账、银行存款日记账等）移交时，接交人应核对账账、账实是否相符、完整
	其他有关会计资料（银行对账单，应由出纳人员保管的合同、协议等）、有关会计文件、会计用品移交时列出清单，认真记载
	企业证件。主要包括企业的营业执照正本、副本，银行开户许可证，发票领购本，金税盘等
	银行存款账户要与银行对账单核对，并编制银行存款余额调节表
	移交人应将保险柜密码、钥匙、办公室钥匙、办公桌钥匙、门卡等一一移交给接交人。交接后应立即更换密码及有关的锁具

出纳工作移交明细表

出纳工作移交明细表

原出纳人员____因工作调动，财务处已决定将出纳工作移交给____接管。

现办理如下交接：

一、交接日期

2021 年＿＿月＿＿日

二、具体业务的移交

1．库存现金：＿＿月＿＿日账面余额＿＿元，借支单＿＿张＿＿元（借支人员确认表附1），实存相符，日记账余额与总账相符；

2．银行存款余额明细

项次	币种	银行账户名称	银行存款余额	备注

以上数据与2021年3月31日银行提供的银行对账单余额表核对相符。

三：移交的会计凭证、账簿、文件

1．本年度现金日记账＿＿本。分别有＿＿公司＿＿本，＿＿公司＿＿本，＿＿公司＿＿本；

2．本年度银行存款日记账＿＿本。分别有＿＿公司＿＿本，＿＿公司＿＿本，＿＿公司＿＿本，＿＿公司＿＿本，＿＿公司＿＿本；

3．空白现金支票＿＿张（＿＿号至＿＿号），作废现金支票＿＿张（号码分别为＿＿）；

4．空白转账支票＿＿张（＿＿号至＿＿号），作废转账支票＿＿张（号码分别为＿＿）；

5．空白收据＿＿本（＿＿号至＿＿号）；

6．未兑现银行支票＿＿张，金额＿＿元。

四、保险箱、银行物件交接

1．保险箱＿＿个，锁匙＿＿把；

2. 网上银行U盘__个，网上银行验证器__个；

3. 银行预留印鉴卡__个；

4. 支票购买证__本；

5. 银行开户许可证；

6. 电子回单柜IC卡

五、印鉴

1. 公司财务印章一枚；

2. 公司财务印章一枚；

3. 私章一枚；

4. 私章一枚；

5. 私章一枚；

6. 个银行预留印鉴章。

六、交接前后工作责任的划分

2021年__月__日前的出纳责任事项由__负责；2021年__月__日起的出纳工作由__负责。以上移交项均经交接双方认定无误。

七、本交接书一式三份，双方各执一份，存档一份。

移交人：　　　　接管人：　　　　监交人：

公司财务（公章）　　　　　　　2021年　月　日

◎出纳移交阶段程序

出纳交接程序如表1-11所示。

表1-11 出纳交接程序

交接程序	交接内容
第一阶段交接准备	将已经受理的业务处理完毕
	将出纳登记完毕,结出余额,并在最后一笔余额后加盖出纳人员名章
	整理应该移交的各种资料,对于未了事项和遗留问题,要写出书面说明材料
	编制移交清册,将要办理移交的账簿、印鉴、现金、有价证券、支票簿、发票、文件、其他物品等列清;在实行电算化的企业,移交人员还应在移交清册上列明会计软件及密码、数据盘磁带等内容
	出纳账应与现金和银行存款总账核对相符,现金日记账余额要与库存现金一致,银行存款日记账金额要与银行对账单一致
	在现金和银行存款日记账扉页的启用表上填写移交日期,并加盖名章
第二阶段交接准备	库存现金要根据日记账余额当面点交,不得短缺;接替人员发现不一致或"白条抵库"现象时,移交人员应在规定的期限内负责查清
	有价证券要根据备查账余额进行点收,若发现有价证券面额与发行价不一致时,要按账面金额交接
	出纳账和其他会计资料必须完整无缺,不得遗漏。如有短缺,须查明原因,并在移交清册上注明由移交人负责
	银行存款账户要与银行对账单核对时一致,出纳人员在办理交接前,须向银行申请打印对账单;如存在未达款项,还需编制银行存放余额调节表,调整相符
	接交人员应移交清册点收应由出纳人员保管的其他财产物资,如财务章、人名章、收据、空白支票、科目印章、支票专用章等
	在实行电算化的企业,交接双方应在电子计算机上对有关数据进行实际操作,确认有关数据无误后,方可交接
第三阶段交接准备	出纳工作交接完毕后,交接双方和监交人员要在移交清册上签名盖章,并在移交清册上注明企业名称,交接日期,交接双方和监交人的职务、姓名,移交清册页数及需要说明的问题和意见等
	接交人员应继续使用移交前的账簿,不得擅自另立账簿,以保证会计记录前后衔接,内容完整
	移交清册须一式三份,交接双方各持一份,存档一份

◎出纳移交工作文书

出纳在交接时应按《会计人员工作规则》的规定,办理如下交接手续:

一、移交前已受理的全部存货核算业务会计凭证,已由移交人填制完毕。截至交接之日,凡应登记的账簿,已登记完,并在明细账最后一笔余额之处加盖了移交人印章,以示负责。对尚未处理材料核算往来账,已开列出应付购货款明细表和包装物租金明细表,并写出长期挂账的情况说明。

二、保管期内材料采购入库单和出库单的存根,已装订成册,编号为材字第×册至第×册,共××册(按月份装订,保存期三年),经点收无误。本月末各种材料明细账记载的库存数量、金额,经与总账、仓库保管账核对,都完全相符。

三、公章、收据、空白支票、发票、科目印章以及其他物品等必须交接清楚。

四、交接前后工作责任的划分:

×年×月×日前的出纳责任事项由××负责;

××年×月×日起的出纳工作由××负责。以上移交事项均经交接双方认定无误。

五、本交接书一式四份。移交人、接管人、监交人各执一份,将本档案送存档一份。

移交人:×× (签章)

接管人:×× (签章)

监交人:×× (签章)

总会计师:×× (签章)

◎出纳交接的注意事项

小故事：支票交接遗失谁之过

刚刚通过考试取得会计从业资格证书的小王，被公司从办公室调到财务科担任出纳工作，公司原出纳小李调到销售科。在公司财务科长的监交下，小王与小李在办理了出纳交接手续。

一个月后，一个非常偶然的机会，小王发现原来小李负责出纳工作期间丢失了一张空白支票，大吃一惊的小王经过仔细核查发现单位款项并未出现流失。小王经过慎重考虑，觉得小李结束出纳工作虽然已经是一个多月前的事情了，而且单位的款项并没有因此流失，但是如果不向单位汇报，以后发现这个问题必然要由自己承担责任，因此向单位有关领导做了汇报。

原出纳小李认为出纳工作已经移交，即使发现款项遗失也不属于自己的责任，应由小王承担责任，更何况款项未遗失。但公司有关领导研究后认为，应由小李承担责任，并对小李降两级工资以示处罚。

其实，小李的看法并不正确。根据制度规定，移交人员对移交的会计凭证、会计账簿、会计报表和其他会计资料的合法性、真实性承担法律责任。在移交工作结束一个月后，小王发现原来小李负责出纳工作期间丢失了一张空白支票，由于小李所移交的会计资料是在其经办出纳工作期间内所发生的，因此小李应当对这些会计资料的合法性、真实性负责，不应以会计资料已移交而推脱责任。但如果支票的遗失是属于小王负责出纳工作期间新发生的事项，则应由小王承担责任。

移交前做好准备工作

为了使出纳工作移交清楚，防止遗漏，保证出纳交接工作顺利进行，移交的出纳人员在办理交接手续前，要做好以下准备工作，如图1-9所示。

```
出纳交接的准备工作
├── 已经受理的经济业务，尚未填制会计凭证的，应当填制完毕
├── 尚未登记的账目，应登记完毕，并在最后一笔余额后加盖经办人员印章
├── 整理应该移交的各项资料，对未了事项写出书面材料
├── 出纳日记账与现金、银行存款总账核对相符，现金账面余额与实际库存现金核对一致，银行存款账面余额与银行对账单核对无误
└── 编制移交清册，列明应当移交的会计凭证、账簿、报表、印章、现金、有价证券、支票簿、发票、文件、其他会计资料和物品等内容
```

图1-9　出纳交接的准备工作

移交时要监交

出纳人员办理移交手续时，必须由监交人监交。监交人一般为会计主管，或由会计部门负责人指定某一会计人员监交。接交人员要按照移交人员编制的移交清册，当面逐项点收。对需要继续办理的事项和移交中说明的问题，需移交人补充书面材料的，要当面补上。移交清册一式三份，分别由移交人、接交人、监交人签章后留执。监交人所执一份可存档，接交人留执的一份待日后离

岗时再移交下去。

需要指出的是，在交接之前，财务部门应为接交人员刻好名章，移交人员的名章不再交由接交人使用。现金出纳登记簿和银行存款日记账要继续使用，接交人员不得自行另立新账。移交清册上要注明：单位名称、交接日期、监交人职务。现金日记账与银行存款日记账的扉页内印有"启用表"的，还应由移交人、接交人注明交接日期、接交人员和监交人员姓名，并由交接双方签章。

特殊情况要灵活处理

由他人暂时顶替工作，应办理部分交接手续。如表1-12所示。

表1-12　特殊情况的处理方法

分类	具体分析
如纯属临时顶替	为了不耽误现金支付，可让顶替人员打一个与所留备用现金数量完全一致的收条，待出纳员回来结清支出凭证与所剩现金，收条不做借款账务处理
如若顶替业务较多	时间也较长，则可让顶替人员除打一交接现金条据外，还可给顶替人员留几张盖好印戳的现金支票，但交接条据上一定要写明所留现金支票的张数与起止日期
如果出纳员离岗时间较长	需顶替人员处理账务的，则要为顶替人员刻一名章，及时到银行更换跑银行人员印鉴。然后，将现金出纳登记簿、银行存款日记账、现金支票本、转账支票本等办理日常业务的账本、单据书面移交顶替人员，出纳员回来后再作书面移交手续。特别需要指出的是，出纳人员不能将自己的名章交由顶替人员随意使用

由他人兼办出纳工作的，要严格按财务规章制度办事。有的单位未设专职出纳员，而是由指定的会计人员兼办出纳业务工作。此种类型要坚持两个原则：一要坚持钱账分管的原则；二要坚持《会计法》所规定的"出纳人员不得兼任稽核、会计档案保管和收入、支出、费用、债权债务账目的登记工作"

的原则。兼办出纳员离职时，属于工作调动等永久性离岗的，必须全面办理交接手续；属于临时离岗的，应与顶替人员办理部分交接手续。

第二章
出纳必备基础知识

出纳人员作为单位财务部门的一员，必须了解一定的会计基础知识，并具备一定的出纳基本功，才能更好地服务于本职工作。通过本章的阅读，我们可以了解会计要素、会计等式、会计科目和账户、会计的基本假设和会计记账方法等会计基础知识；同时我们也会对企业出纳应具有的业务基本功有一个大致的了解。

学习导读：

◆了解会计要素和会计等式

◆掌握会计科目和账户

◆知晓会计的基本假设

◆掌握会计的记账方法

◆学会编写出纳报告

◆熟悉档案、保险柜的管理

◆熟悉掌握人民币的真伪识别和点钞技术

会计基础知识

> 会计基础是指会计事项的记账基础,是会计确认的某种标准方式,是单位收入和支出、费用的确认的标准。对会计基础的不同选择,决定单位取得收入和发生支出在会计期间的配比,并直接影响到单位工作业绩和财务成果。

◎会计要素

会计的六要素将会计对象分为六类会计要素:资产、负债、所有者权益、收入、费用、利润。

资产

资产是指过去的交易或事项形成并由企业拥有或者控制的资源,该资源预期会给企业带来经济利益。资产的特征如图 2-1 所示。

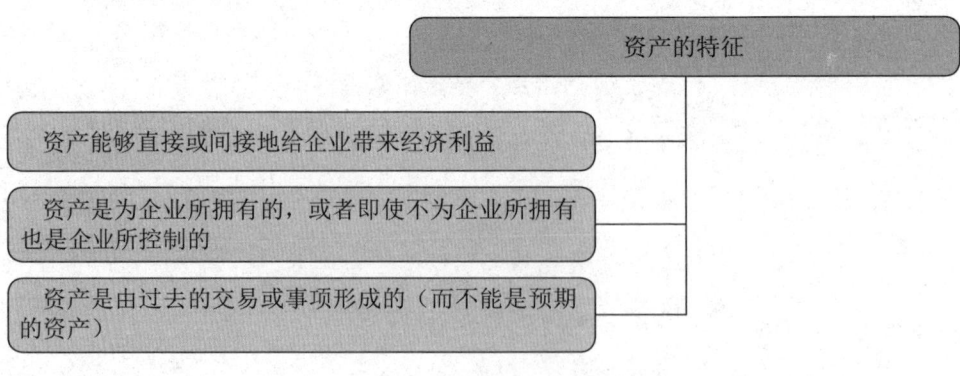

图 2-1　资产的特征

资产按流动性可分为流动资产、长期资产。划分流动资产与长期资产的标准是一年。资产按照到期是否变为固定或可确定的货币分为货币性资产与非货币性资产。按照是否可辨认分为可辨认资产与不可辨认资产（商誉）。按照资产的存在是否确定分为确定性资产与或有资产。

负债

负债是指企业过去的交易或者事项形成的预期会导致经济利益流出企业的现时义务。

负债的特征如图 2-2 所示。

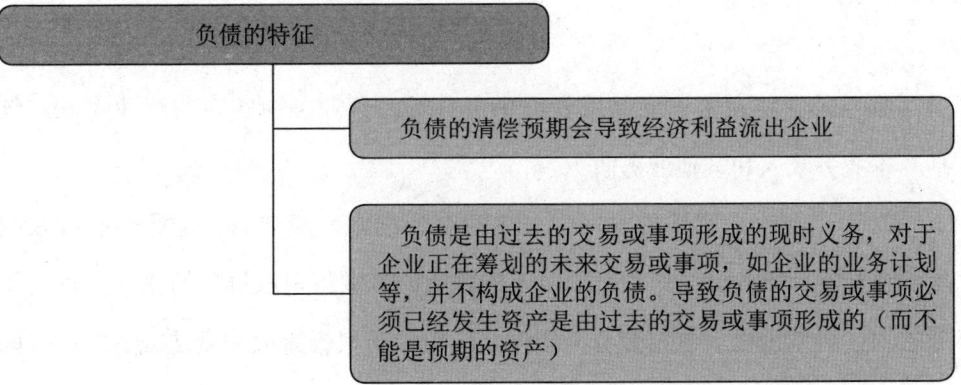

图 2-2 负债的特征

负债按其流动性不同，分为流动负债和非流动负债。

流动负债主要包括短期借款、应付票据、应付账款、预收款项、应付职工薪酬、应交税费、应付利息、应付股利、其他应付款等。

非流动负债是指流动负债以外的负债，主要包括长期借款、应付债券等。

所有者权益

又称净资产，是指企业所有者享有的企业总资产减去总负债后的剩余权益。在我国将所有者权益分为资本和留存收益，而资本包括实收资本和资本公积，留存收益则包括盈余公积和未分配利润。

所有者权益来源包括所有者投入的资本、直接计入所有者权益的利得和损失、留存收益等。所有者权益按其构成不同可以分为实收资本（或者股本）、资本公积、盈余公积和未分配利润。所有者权益与负债共同构成企业全部资产的来源，都对企业资产拥有一定的要求权，但两者有着本质的不同。

收入

收入是企业在销售商品或者提供劳务等经营业务中实现的营业收入。包括基本业务收入和其他业务收入。

对于企业收入实现的时间，《企业会计准则》规定为，企业一般应以商品已经发出、劳务已经提供，同时，价款收回或取得索取价款的凭证，确认营业收入。长期工程（包括劳务）合同，一般应当根据完成进度法或者完成合同法合理确认营业收入。

收入的特点如图 2-3 所示。

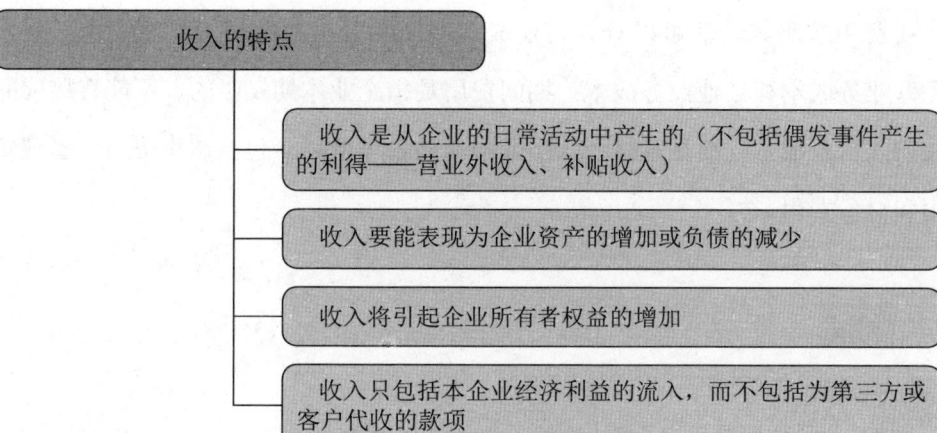

图 2-3　收入的特点

企业在销售商品、提供劳务（主营业务收入）及让渡资产使用权（其他营业收入）等日常活动中所形成的经济利益的总流入。（是日常活动，否则不能做收入）。流入的经济利益不属于收入而是利得，如工业企业出售固定资产净收益。

费用

费用是指企业在生产经营过程中发生的各项耗费。分为计入成本的费用和直接计入营业损益的费用。费用具有以下基本特征，如图 2-4 所示。

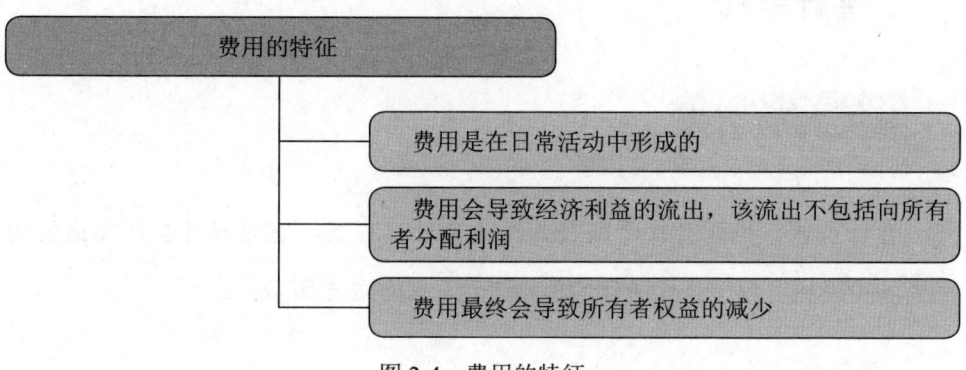

图 2-4　费用的特征

费用按照其功能可以分为营业成本和期间费用两大类。营业成本又分为主营业务成本和其他业务成本；期间费用是指企业本期发生的、不能直接或间接归入营业成本，而是直接计入当期损益的各项费用。包括销售费用、管理费用和财务费用。

利润

利润是企业在一定期间的经营成果，包括营业利润、投资净收益和营业外收支净额。

利润 = 营业利润 + 投资净损益 + 营业外收支净额

营业利润为营业收入减去营业成本、期间费用和各种流转税及附加税费后的余额。投资净收益是企业对外投资收入减去投资损失后的余额。营业外收支净额是指与企业生产经营没有直接关系的各种营业外收入减营业外支出后的余额。

税前利润是指企业从利润总额中扣减按国家规定可以扣减的项目后的余额，企业应根据税前利润缴纳所得税。税前利润扣除税金后的余额为本年度税后利润。

◎会计等式

会计等式的分类

会计等式，也称会计平衡公式，或会计方程式，它是对各会计要素的内在经济关系利用数学公式所作的概括表达。如图2-5所示。

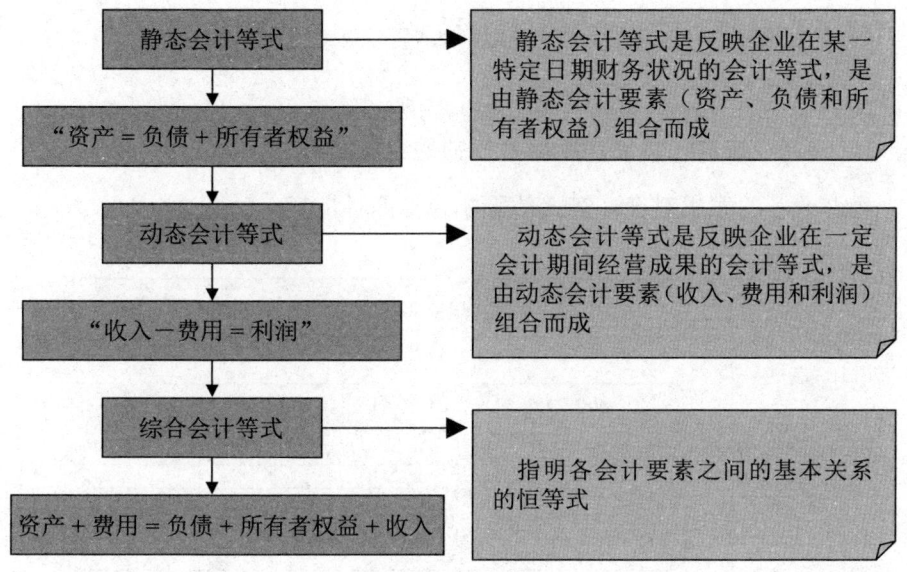

图 2-5　会计等式的分类

资产 = 负债 + 所有者权益

这一等式,称为财务状况等式,它反映了资产、负债和所有者权益三个会计要素之间的关系,揭示了企业在某一特定时点的财务状况。具体而言,它表明了企业在某一特定时点所拥有的各种资产以及债权人和投资者对企业资产要求权的基本状况,表明企业所拥有的全部资产,都是由投资者和债权人提供的。

收入 – 费用 = 利润

这一会计等式,称为财务成果等式,它反映了收入、费用和利润三个会计要素的关系,揭示了企业在某一特定期间的经营成果。

资产 = 负债 +（所有者权益 + 收入 – 费用）

这一等式综合了企业利润分配前财务状况等式和经营成果等式之间的关系。揭示了企业的财务状况与经营成果之间的相互联系。

经济业务的发生对会计等式的影响

1. 只涉及资产、负债和所有者权益的经济业务

经济业务的发生对会计等式的影响包括四种情况，如图2-6所示。

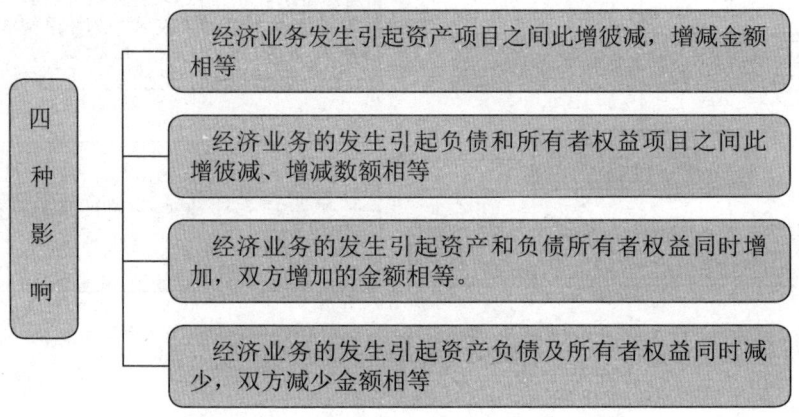

图2-6　经济业务的发生对会计等式的影响

2. 涉及收入和费用的经济业务

资产 + 费用 = 负债 + 所有者权益 + 收入

资产 = 负债 + 所有者权益 + 利润（收入 – 费用）

到会计期末企业的收入扣除费用所形成的利润要进行分配，除了要向投资者分配利润要退出企业外，提取的公积金和未分配利润要归入所有者权益，这时会计等式又恢复为期初的会计等式，**资产 = 负债 + 所有者权益**。

◎会计科目和账户

会计科目

会计科目是按照经济业务的内容和经济管理的要求，对会计要素的具体内容进行分类核算的科目，称为会计科目。会计科目按其所提供信息的详细程度及其统驭关系不同，又分为总分类科目和明细分类科目。如表 2-1 所示。

表 2-1　会计科目的分类

分类	具体分析
总分类科目	对会计要素具体内容进行总括分类，提供总括信息的会计科目，如"应收账款""原材料"等科目
明细分类科目	对总分类科目做进一步分类、提供更详细更具体会计信息科目，如"应收账款"科目按债务人名称设置明细科目，反映应收账款具体对象

为了全面系统地反映和监督各项会计要素的增减变动情况，分门别类地为经济管理提供会计核算资料，就需要设置会计科目。设置会计科目应当遵循的原则如图 2-7 所示。

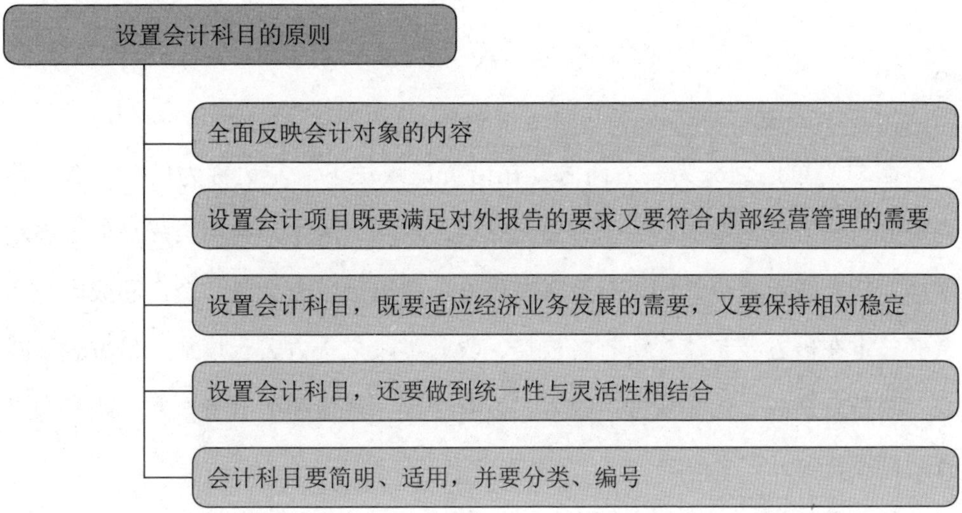

```
设置会计科目的原则
├── 全面反映会计对象的内容
├── 设置会计项目既要满足对外报告的要求又要符合内部经营管理的需要
├── 设置会计科目，既要适应经济业务发展的需要，又要保持相对稳定
├── 设置会计科目，还要做到统一性与灵活性相结合
└── 会计科目要简明、适用，并要分类、编号
```

图 2-7　设置会计科目的原则

会计账户

账户是根据会计科目设置的,具有一定格式和结构,用于分类反映会计要素增减变动情况及其结果的载体。设置账户是会计核算的重要方法之一。

1. 账户的结构

账户要依附于簿记开设,也就是账簿。这样呢,每一个账户只表现为账簿中的某章或某些账页,它们一般应该包括下列内容,如图2-8所示。

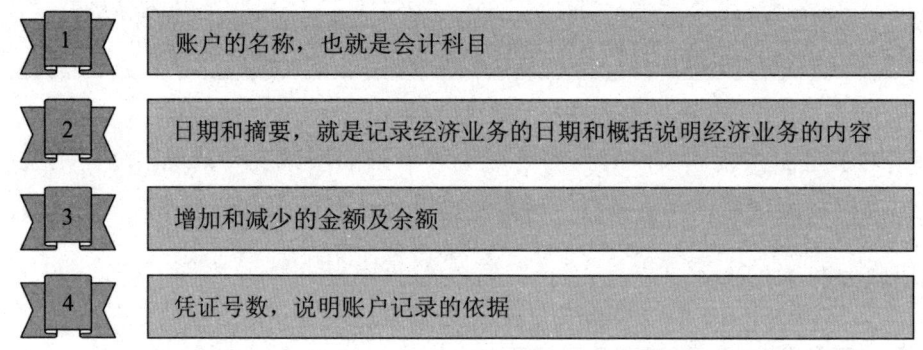

图2-8 账户的内容

账户简单地划分为左右两方,在借贷记账法下,左边称为借方,右边称为贷方,一方登记增加,另一方登记减少。资产、成本、费用类账户借方表示增加、贷方表示减少,如果有余额在借方,费用类没有余额,资产和成本类有余额一定在借方。负债、所有者权益、收入类账户贷方表示增加、借方表示减少,要是有余额一定在贷方,收入类没有余额,负债和所有者权益类账户如果有余额在贷方。

四项金额的关系如下:

期末余额 = 期初余额 + 本期增加发生额 - 本期减少发生额

2. 账户与会计科目的关系

会计科目与账户既有联系，又有区别。会计科目和账户都是按照经济内容设置的。账户是根据会计科目开设的，具有一定的结构，是用来系统、连续地记载各项经济业务的一种手段。会计科目决定了账户核算和控制的经济内容，是账户的名称；账户是会计科目的具体运用，会计科目所反映的经济内容就是账户所要登记的内容。它们之间的区别在于会计科目只是对会计要素具体内容的分类，本身没有结构；账户则有相应的结构，具体反映资金运动状况。因此账户比会计科目分类更为明细，内容更为丰富。没有会计科目，就无法将会计对象进行科学的分类；没有账户则无法记录和积累会计核算的资料。

3. 账户记录的试算平衡

根据资产与权益的恒等关系以及借贷记账法"有借必有贷，借贷必相等"的记账规则，检查所有账户记录是否正确，可以采用两种试算平衡方法，即发生额试算平衡法和余额试算平衡法。如图2-9所示。

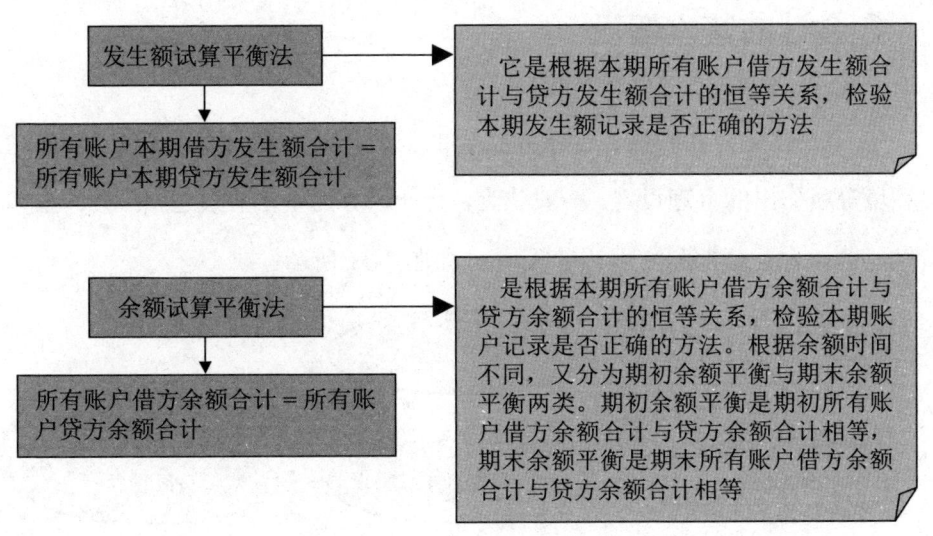

图 2-9　两种试算平衡方法

4. 总分类账户与明细分类账户的平行登记

总分类账户对明细分类账户具有统驭控制作用；明细分类账户对总分类账户具有补充说明作用。总分类账户与其所属明细分类账户在总金额上应当相等。平行登记是指对所发生的每项经济业务事项，都要以会计凭证为依据，一方面记入有关总分类账户，另一方面记入有关总分类账户所属明细分类账户的方法。

总分类账户与明细分类账户平行登记要求如图 2-10 所示。

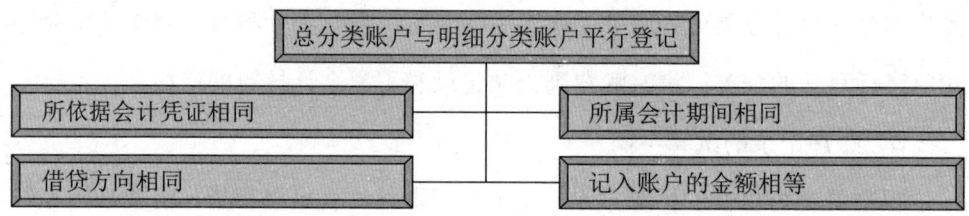

图 2-10　总分类账户与明细分类账户平行登记

◎会计的基本假设

会计假设是会计确认、计量和报告的前提，是对会计核算所处时间、空间环境等所作出的合理设定。一般认为，会计核算的基本假设包括：会计主体、持续经营、会计分期和货币计量四项。 如图 2-11 所示。

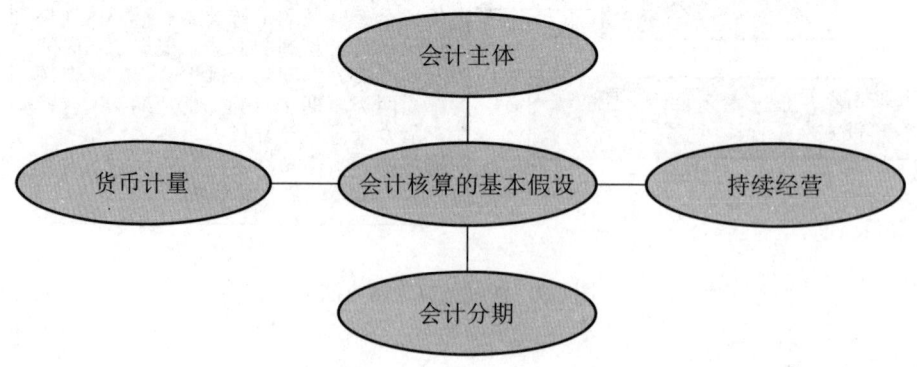

图 2-11　会计核算的基本假设

会计主体

又称会计实体、会计个体，是指会计所核算和监督的特定单位或者组织，是会计确认、计量和报告的空间范围。

一般来说，凡拥有独立的资金、自主经营、独立核算收支盈亏并编制会计报表的企业或单位就构成了一个会计主体。可以是具备法人资格的：××有限公司（包括子公司）、××股份有限公司——一般是强制要求会计核算的；也可以是不具备法人资格的：分公司、集团、分厂、车间、事业部、办事处等——一般是根据内部需要进行会计核算的。需要注意以下两点，如图2-12所示。

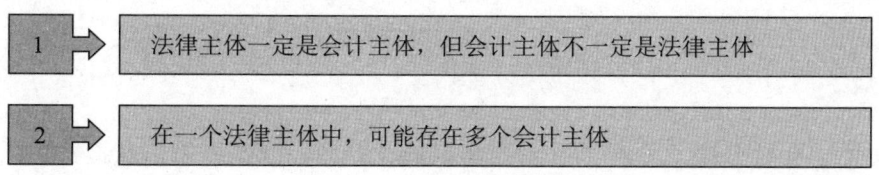

图 2-12　会计主体的确定

持续经营

持续经营是指在可以预见的未来，会计主体会按当前的规模和状态持续经营下去，不会停业，也不会大规模削减业务。现行会计处理方法大部分是建立在持续经营假设上的，否则一些公认的会计处理方法将缺乏存在的基础。企业的会计核算必须以持有经营为基础和假定前提。

会计分期

会计分期是指将一个企业持续经营的生产经营活动划分为一个个连续的、

长短相同的期间,以便分期结算账目和编制财务会计报告。

会计期间通常分为年度和中期。中期是指短于一个完整会计年度的报告期间,又可以分成季度、月度、半年度。这里的会计年度采用的是日历年度,即从每年的1月1日到12月31日为一个会计年度。

会计分期的意义如图2-13所示。

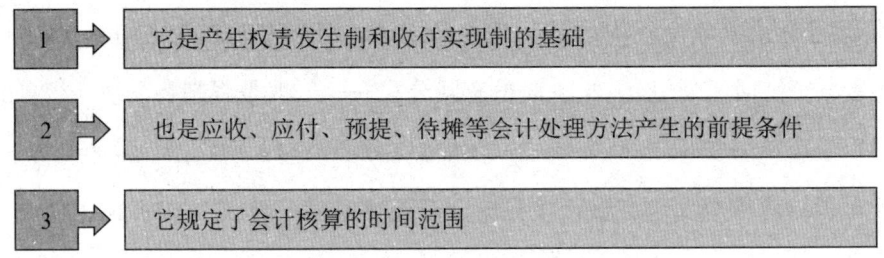

图2-13 会计分期的意义

由于会计分期,才产生了当期与以前、以后期间的差别,从而产生了权责发生制和收付实现制的区别,进而出现了预收、预付、应收、应付、预提、待摊等会计处理方法。

货币计量

是指会计主体在进行会计确认、计量和报告时以货币计量,反映会计主体的财务状况、经营成果和现金流量。货币计量需要注意以下几点,如图2-14所示。

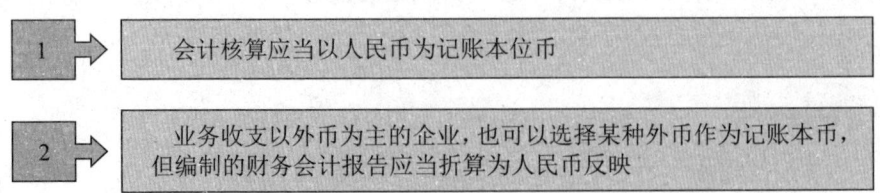

图2-14 货币计量的要点

四项基本假设,相互依存、相互补充。会计主体确立了会计核算的空间范围,持续经营与会计分期确立了会计核算的时间长度,而货币计量为会计核算提供了必要手段。没有会计主体,就不会有持续经营;没有持续经营,就不会有会计分期;没有货币计量,就不会有现代会计。

◎ 会计记账方法

记账方法是指根据会计的一定原理和规则,采用统一的货币计量单位,运用一定的记账符号将发生的经济业务记录到账簿中去的方法。按其记录经济业务方式的不同,记账方法可以分为单式记账和复式记账。

单式记账和复式记账

单式记账和复式记账的区别如表 2-2 所示。

表 2-2 单式记账和复式记账的区别

分类	具体分析
单式记账	对发生的每一笔经济业务只在一个账户中进行登记,各账户之间没有严密的对应关系,账户记录也不可能相互平衡。由于这种方法没有全面反映资金运动的来龙去脉,也不便于检查账户记录的正确性和完整性
复式记账法	发生的每一笔经济业务都必须以相等的金额,在相互有联系的两个或两个以上的账户中同时进行反映的记账方法。能全面系统地反映经济业务的来龙去脉,保持账户之间的相互对应和平衡关系,所以能够提高会计信息的清晰度,有利于账户记录的正确性和进行试算平衡的检查

复式记账法主要有:借贷复式记账法、增减复式记账法和收付复式记账法等三种,而目前最通用的是借贷复式记账法。

借贷记账法

借贷记账法是按照复式记账法的原理，以资产与权益的平衡关系为基础，以借、贷二字作为记账符号，以"有借必有贷，借贷必相等"为记账规则的一种复式记账方法。借贷记账法之所以科学，是因为其具有科学明确的记账符号、健全的账户体系及合理的账户结构、科学的记账规则和试算平衡方法。

借贷记账法的基本内容包括记账符号、账户设置、记账规则和试算平衡四项。

1. 记账符号

借贷记账法以"借"和"贷"作为记账符号，即用"借"和"贷"作为指明应记入某一账户的某一方向的符号。

借贷记账的主要特点是：以"借"与"贷"为记账符号。借贷记账法下账户的基本结构是：左方为借方，右方为贷方。至于究竟是哪方登记增加，哪方登记减少，则要取决于账户所反映的经济内容。

2. 账户设置

企业账户通常分为五类，即资产、负债、所有者权益、成本和损益类。除此外，还可以设置双重性质的账户。

（1）资产类账户的结构

资产类账户的结构是借方登记资产的增加额，贷方登记资产的减少额。（如表2-3所示）在一定会计期间内（月、季、年），借方登记的增加数额的合计数称为借方发生额，贷方登记的减少数额的合计数称为贷方发生额，在每一会计期末，将借、贷方数额相比较，其差额称作期末余额，本期的期末余额结转下期，即为下期的期初余额。

表 2-3　资产类账户的结构

借方		资产类账户	贷方	
期初余额： 本期增加额	××× ×××		本期减少额	×××
本期发生额	×××		本期发生额	×××
期末余额：	×××			

资产类账户的期末余额一般在借方，其计算公式如下：

资产类账户期末余额＝借方期初余额＋借方本期发生额－贷方本期发生额

（2）负债及所有者权益类账户的结构

负债及所有者权益类账户的结构与资产类账户正好相反，即其贷方登记负债及所有者权益的增加额，借方登记负债及所有者权益的减少额。（如表 2-4 所示）在一定会计期间内（月、季、年），贷方登记的增加数额的合计数称为贷方发生额，借方登记的减少数额的合计数称为借方发生额，在每一会计期期末，将贷、借方数额相比，其差额称作期末余额，本期的期末余额结转到下期，即为下期的期初余额。

表 2-4　负债及所有者权益类账户的结构

借方		负债及所有者权益类账户	贷方	
本期减少额	×××		期初余额： 本期增加额	××× ×××
本期发生额	×××		本期发生额	×××
			期末余额：	×××

负债及所有者权益类账户的期末余额一般在贷方，其计算公式如下：

负债及所有者权益类账户期末余额＝贷方期初余额＋贷方本期发生额－借方本期发生额

（3）损益类账户的结构

利润是企业资产的一个来源，在未分配前，可以将其看作所有者权益的增加。所以，收入类账户的结构与所有者权益类账户的结构基本相同，贷方登记收入的增加额，借方登记收入的转出额（减少额）。由于贷方登记的收入增加额期末一般都是从借方转出，以便确定一定期间的利润，因此，该类账户通常没有期末余额。

费用支出类账户的结构与资产类账户的结构基本相同，借方登记费用支出的增加额，贷方登记费用支出的转出额（减少额）。由于借方登记的费用支出增加额期末一般都要从贷方转出，以便确定一定期间的利润，因此，该类账户通常也没有期末余额。（如表 2-5、表 2-6、表 2-7 所示）

表 2-5 费用支出类账户

借方		费用支出类账户	贷方
本期增加额	×××	本期减少额	×××
本期发生额	×××	本期发生额	×××
期末余额：	通常没有余额		

表 2-6 收入类账户

借方		收入类账户	贷方
本期减少额	×××	本期增加额	×××
本期发生额	×××	本期发生额	×××
		期末余额：	通常没有余额

表 2-7 利润类账户的结构

借方		利润类账户	贷方	
本期减少额	×××	期初余额（年初无余额）：××× 本期增加额　　×××		
本期发生额	×××	本期发生额	×××	
		期末余额（年末无余额）：×××		

3．记账规律

由于复式记账法是建立在"资产＝负债＋所有者权益＋（收入－费用）"会计等式理论基础之上的，因此借贷记账法下账户登记增减的一般规律如表2-8所示。

表 2-8　账户登记增减的规律

借方　　账户名称	贷方
资产或费用的期初余额	负债、所有者权益或利润的期初余额
资产或费用的增加 负债、所有者权益、收入或利润的减少	负债、所有者权益、收入或利润的增加 资产或费用的减少
资产或费用的期末余额	负债、所有者权益或利润的期末余额

上述账户中所表达的期初余额与期末余额之间存在以下关系：

资产或费用类账户：**期末余额＝期初余额＋借方本期发生额－贷方本期发生额**

负债、所有者权益等类账户：**期末余额＝期初余额＋贷方本期发生额－借方本期发生额**

借贷记账法的记账规则是：有借必有贷，借贷必相等。

试算平衡

试算平衡是指为保证会计账务处理的正确性,依据会计等式或复式记账原理,对本期各账户的全部记录进行汇总和测算,以检查账户记录的正确性和完整性的一种方法。

采用借贷记账法记录经济业务,要求对每一项发生的经济业务都按照借贷记账法的"有借必有贷,借贷必相等"记账规则,分别记入有关账户。期末结账后,所有账户的借方期末余额合计数与贷方期末余额合计数也必然相等。因此,运用借贷记账法记账,就要根据借贷必相等的规则进行试算平衡,以检查每一项经济业务的会计分录是否正确,在借贷记账法下,试算平衡可以按照下列公式进行。

所有账户期初借方余额合计数 = 所有账户期初贷方余额合计数

所有账户本期借方发生额合计数 = 所有账户本期贷方发生额合计数

所有账户期末借方余额合计数 = 所有账户期末贷方余额合计数

期末,企业可通过编制试算平衡表的方式进行总分类账户本期发生额和余额的试算平衡。试算平衡表的格式如表2-9所示。

表2-9 总分类账户本期发生额和余额的试算平衡

账户名称	期初余额		本期发生额		期末余额	
	借方	贷方	借方	贷方	借方	贷方
合 计						

需要指出的是,如果发生额或余额不平衡,说明账户记录或计算一定有错误,但平衡了并不能完全肯定记账没有错误。因为有些错误并不影响平衡关

系。如会计科目用错、同一项记录重记或漏记等，这些错误需要采用其他会计检查方法进行检查。

出纳工作基本功

> 出纳是会计工作的重要环节，涉及的是现金收付、银行结算等活动，而这些又直接关系到职工个人、单位乃至国家的经济利益，工作出了差错，就会造成不可挽回的损失。因此，明确出纳人员的职责和权限，是做好出纳工作的起码条件。

◎编写出纳报告

出纳报告是出纳工作的最终成果，也是单位管理者进行经营决策的重要依据，因此，必须保证出纳信息的真实性、完整性和准确性。出纳人员应根据单位内部管理的要求设计符合单位实际情况的出纳报告，定期编制并及时报送，以充分反映本单位一定时期内的货币资金和有价证券收、支、存的情况，并与总账会计核对期末余额。

出纳报告的格式

出纳人员记账后，应根据现金日记账、银行存款日记账、有价证券明细账、银行对账单等核算资料，定期编制"出纳报告单"和"银行存款余额调节表"，报告本单位一定时期内现金、银行存款、有价证券收、支、存的情况,并与总账会计核对期末余额。出纳报告单的格式如图2-15所示。

公司名称：某有限公司　　起始自　　至		
项目	库存现金 千 百 十 万 千 百 十 元 角 分	银行存款 千 百 十 万 千 百 十 元 角 分	备注
期初余额			
本期收入			附单据　　张
合计			
本期支出			
期末余额			
货币资金合计			

会计主管：　　　记账：　　　复核：　　　制单：

图2-15　出纳报告的格式

出纳报告单的编制

出纳报告单上的项目内容应当与出纳日记账、有关明细账和备查簿内容相符,保证出纳信息的真实、完整、准确。出纳报告单的报告期可与本单位总账会计汇总记账的周期相一致,如果本单位总账10天汇总一次,则出纳报告单10天编制一次。出纳报告项目填写要求如表2-10所示。

表 2-10　出纳报告项目填写要求

分类	具体分析
上期结存	即指报告期前一期的期末结存数、也就是本报告期前一天的账面结存金额。此栏数字可直接从上一期出纳报告单的"本期结存"栏抄录过来
本期收入	依据对应账簿的本期借方合计数填列
合计	即"上期结存"+"本期收入"总和
本期支出	依据对应账簿的本期贷方合计数填列
本期结存	即指本期期末账面结存数字,等于"合计"-"本期支出"。应与实际结存数保持一致

◎出纳档案保管

出纳档案是会计档案的重要组成部分,是记录出纳业务内容、明确相关经济责任的书面证明,一旦遗失或因保管不善而毁坏,将给出纳员本人和单位带来严重的影响。因此,出纳员必须按规定对有关的会计资料进行妥善的保管,保证会计档案记录的真实性、完整性、连续性和准确性。

出纳档案的内容

《会计档案管理办法》第四条规定:各单位必须加强对会计档案管理工作的领导,建立会计档案的立卷、归档、保管、查阅和销毁等管理制度,保证会计档案妥善保管、有序存放、方便查阅,严防毁损、散失和泄密。

出纳档案是指会计凭证、会计账簿和财务报告等会计核算专业材料,同时也包括相关的重要凭证等,具体包括内容如表 2-11 所示。

表 2-11　出纳档案的内容

分类	具体分析
会计凭证类	反映资金收付业务的原始凭证、记账凭证、汇总凭证及其他出纳凭证
财务报告类	包括月度、季度、年度的出纳报告、附注及文字说明，银行存款对账单，银行存款余额调节表，其他出纳报告
会计账簿类	现金日记账、银行存款日记账、其他货币资金明细账、辅助账簿及其他备查簿
其他类	作为收付依据的合同、协议及其他文件；按规定应单独存放保管的重要票证单据，如作废的支票、作废的发票存根联与发票、作废的收据存根联与收据；出纳盘点表和出纳考核报告等
档案管理类	出纳档案移交清册、出纳档案保管清册以及出纳档案销毁清册。出纳人员对档案进行整理时，一般包括分类、装订和成册三个步骤

出纳档案的保管权限

出纳档案的保管权限，主要包括内容如表 2-12 所示。

表 2-12　出纳档案的保管权限

出纳档案的保管权限	按照《会计档案管理办法》第六条的规定：各单位每年形成的会计档案，应当由会计机构按照归档要求负责整理成卷、装订成册，并编制会计档案保管清册
	在当年或本会计期间内形成的会计档案，在会计年度终了后，可暂由会计机构保管一年，期满之后，应当由会计机构编制移交清册，移交本单位档案机构统一保管；未设立档案机构的，应当在会计机构内部指定专人负责保管，出纳人员不得兼管会计档案
	移交本单位档案机构保管的会计档案，原则上应当保持原卷册的封装。个别需要拆封重新整理的，档案机构应当会同会计机构和经办人员拆封整理，以分清责任
	各单位保存的会计档案不得借出。如有特殊需要，经本单位负责人批准，可以提供查阅或者复制，并办理登记手续。查阅或者复制会计档案的人员，严禁在会计档案上涂画、拆封和抽换
	出纳账证以外的其他出纳归档资料，主要是指各种报表和文件，如各项经费开支计划表、决算表、出纳报告单、银行对账单、资金分析报告表，作为收付依据的各种经济合同文件以及其他财务管理方面的重要凭据，如支票申请单与支票领用登记簿等

◎保险柜的管理

保险柜使用要点

为了保卫国家财产安全和完整,各单位应配备专用保险柜,专门用于库存现金、各种有价证券、银行票据、印章及其他出纳票据等的保管。各单位应加强对保险柜的使用管理,制定保险柜使用办法,要求有关人员严格执行。保险柜一般由总会计师或财务处(科、股)长授权,由出纳员负责管理使用。一般来说,保险柜的使用应注意如下几点,如表 2-13 所示。

表 2-13　保险柜的使用要点

分类	具体分析
保险柜的开启	保险柜只能由出纳员开启使用,非出纳员不得开启保险柜。如果单位总会计师或财务处(科、股)长需要对出纳员工作进行检查,如检查库存现金限额、核对实际库存现金数额,或者有其他特殊情况需要开启保险柜的,应按规定的程序由总会计师或财务处(科、股)长开启,在一般情况下不得任意开启由出纳员掌管使用的保险柜
财物的保管	每日终了后,出纳员应将其使用的空白支票(包括现金支票和转账支票)、银钱收据、印章等放入保险柜内。保险柜内存放的现金应设置和登记现金日记账,其他有价证券、存折、票据等应按种类造册登记,贵重物品应按种类设置备查簿登记其质量、重量、金额等,所有财物应与账簿记录核对相符。按规定,保险柜内不得存放私人财物
保险柜密码	出纳员应将自己保管使用的保险柜密码严格保密,不得向他人泄露,以防被他人利用。出纳员调动岗位,新出纳员应更换使用新的密码 保险柜要配备两把钥匙,一把由出纳员保管,供出纳员日常工作开启使用;另一把交由保卫部门封存,或由单位总会计师或财务处(科、股)长负责保管,以备特殊情况下经有关领导批准后开启使用。出纳员不能将保险柜钥匙交由他人代为保管
保险柜的维护	保险柜应放置在隐蔽、干燥之处,注意通风、防湿、防潮、防虫和防鼠;保险柜外要经常擦干净,保险柜内财物应保持整洁卫生、存放整齐。一旦保险柜发生故障,应到公安机关指定的维修点进行修理,以防泄密或失盗

续表

分类	具体分析
保险柜被盗的处理	出纳员发现保险柜被盗后应保护好现场,迅速报告公安机关(或保卫部门),待公安机关勘查现场时才能清理财物被盗情况。节假日满两天以上或出纳员离开两天以上没有派人代其工作的,应在保险柜锁孔处贴上封条,出纳员到位工作时揭封。如发现封条被撕掉或锁孔处被弄坏,也应迅速向公安机关或保卫部门报告,以使公安机关或保卫部门及时查清情况,防止不法分子进一步作案

小故事：保险柜被盗怎么办

出纳员小孟所在的公司国庆放了7天长假,谁知长假后上班第一天,小孟发现财务室门锁被别坏,保险柜被撬开,保险柜里的1万多元现金和5000多元国库券被洗劫一空。身为出纳,小孟知道自己有着不可推卸的责任,于是她马上保护好现场,禁止无关人员进入现场,并立即报告上级,然后向公安机关报案。

然后,小孟向领导坦承了自己的过失和责任。身为出纳本应该明白及时存现的道理,小孟最后一笔现金收于9月30日下午2点,并没有超过银行的存款时间,她不应该将现金存放在单位的保险柜。因此,小孟表示愿意承担一定的经济责任。

特别提示

财务室被盗,公司财务人员及保安都有不可推卸的责任,另外,如果经过勘查这种损失认为是厂家生产时的缺陷所致,那么厂家和经销商应当承担相应的责任。具体来说可以根据双方协商或据相关的法律来决定赔偿的数额。

不少保险柜被盗案件中,警方调查发现,有些所谓的保险柜,其实就是保管箱。有些经营商户为谋取利益，以保险箱冒充保险柜进行销售，加上消费者很难从专业的角度及时加以辨别，导致对消费者的财产安全造成了隐患。

其实，保管箱与保险柜虽然从外形上看也十分相似，也都带有暗锁及密码锁，但两者却存在质的区别。保管箱用的材质一般采用1.5~2毫米的钢板或者铁皮，其厚度不超过6毫米，用冲击钻可以轻易钻透，防盗性能较差。而保险柜的钢板厚度则远大于保管箱，一般门板厚度达8~10毫米，柜体厚度6毫米以上，防盗性能远高于保管箱。这一点，出纳人员一定要认真区别，发现有异常时一定要及时上报。

◎熟练点钞技术

点钞是出纳人员必须掌握的一项基本业务技能，一般分为手工点钞和机具点钞两种方法。出纳人员整点票币时，不仅要做到点数准确无误，还必须对损伤票币、伪造币及变造币进行挑拣和处理，保证点钞的质量和速度。为了提高自身的点钞技术水平，出纳人员除了掌握一定的票币整点方法和鉴别知识外，还应在平时多学多练，才能在工作时得心应手，顺利完成任务。

点钞的基本步骤

点钞的基本步骤如表2-14所示。

表 2-14 点钞的基本步骤

分类	具体分析
准备工作	收到票币前，应保持桌面干净整齐，不得乱放其他杂物，尤其是现金，避免出现混杂不清的情况
按券别分类	出纳员收到票据后，先按硬币和纸币分类，再按不同的面值分类。硬币应当码齐，纸币应当平放铺开
整理票币	清分票币时，损伤券要挑出来。断裂的纸币可用纸粘好，但不得用大头针、回形针或订书针随意夹钉
清点数量	出纳人员清点数量时，按券别由大到小，按一定的要求（如好、残等分开）清点张（枚）数，进行一次初点。初点后，应采用不同的点钞方法再重点一次，核对无误后即可捆扎并写好数量。
计算金额	根据复点无误的数量与相应的票币面值进行计算，得出现钞的实有金额，最后统计并与收款依据核对金额，确认无误后收好现钞并出具收款单据，完成点钞工作

点钞的基本原则

点钞在实际工作中，应当遵循以下基本原则，如图 2-16 所示。

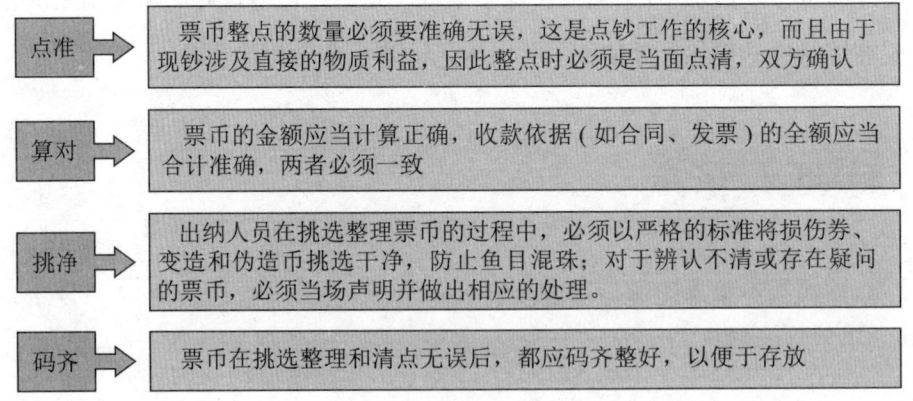

图 2-16 点钞的基本原则

点钞技术

1. 手持式单指单张点钞方法

手持式单指单张点钞方法的优点是操作时易看清假币和挑选残破币,缺点是速度较慢。点钞方法如表 2-15 所示。

表 2-15 手持式单指单张点钞方法

手持式单指单张点钞方法	点钞时,上身坐直,双肩自然下垂,胸部稍挺,两小臂轻置在桌沿上。左手中指和无名指弯曲分开,夹住钞票一侧,食指伸直托住钞票背面,拇指轻按在钞票正面,将钞票呈半扇面形,指尖压在钞票侧面约 1/3 处,钞票正面和侧面所形成的钝角之角尖正对脸部;右手拇、食、中指蘸水,准备点数
	右手拇指在票上,食指、中指在票下,放在钞票右下角。用拇指向正下方轻轻捻动,每次捻出一张,接着用无名指将捻开的钞票迅速弹拨下来,一捻一弹,相互配合,连续动作,直至点完。注意:拇指捻动钞票动作不宜过大,只用指头的第一关节做轻微动作,而无名指的弹拨动作要适当加大配合,做到"三分捻,七分弹"
	使用该方法在点数时,右手拇指抬得不要过高,幅度要轻、小、准,注意不要漏捻。点钞时如发现有残破钞票,可以用右手中指、无名指夹住折向外边,待点完后抽出
	单指单张点钞计数要求从一开始累计计数。记数时要用心配合手的动作来记,切忌用口念数或不用累计计数方法,因为这些不正确的方法会影响点钞速度和点钞准确性

2. 手按式单指单张点钞方法

该方法适用于整点新旧、大小钞票,尤其是适用于残破币较多的票币,也是初学者常常采用的方法之一。因为点修时展开票面较大,容易注意票币的质感和外观,便于鉴别变造币和伪造币。这种方法劳动强度相对较大,速度也较慢,但十分准确。具体方法如表 2-16 所示。

表 2-16　手按式单指单张点钞方法

分类	具体分析
准备	将准备清点的钞票横置于桌面上，正对点钞者，左右手中指、无名指及小拇指接住钞票左右前角处，空出左右手的拇指、食指，准备点数
点数	用左手或右手的拇指托起钞票的一小部分，用左手或右手的食指捻动钞票，使最上面的一张与小叠钞票分离，用右手或左手拇指隔开这张已分离的钞票，同时计数。当按上述顺序清点第二张时，右手或左手食指将已点数的钞票隔开，如此动作循环往复，直至将钞票清点完毕。需清点的钞票张数过多，点数中双手把持不住时，可以将已点钞票翻扣在未点的钞票前面，然后再按上述要领继续清点未点钞票
计数	计数方法同手持式单张点钞的计数方法，要严格从一到百顺序计数

3. 手按式三张点钞方法

这种点钞方法适用于清点整把的钞票（如 100 张）。优点是速度较快，记数省力，点钞时主要是手指关节活动，劳动强度小。缺点是展开票面小，不易看到下端有角的钞票，也不适合于残破票较多的大捆钞票，适用于复点。

将要清点的钞票置于桌面上，用一手的中指、无名指、小指按住钞票一方前端，用另一手的单指或多指拉点或推点三张钞票，用按票手的食指、中指分隔已点钞票，同时完成计数。其计数方法以每三张为一组记数，数到 33 组最后剩一张，即为 100 张。

4. 扇面点钞方法

这种点钞方法适宜于清点新钞，不适宜于新、旧、残、破的混合钞票。优点是点钞速度快，缺点是不便于挑选残破币，而且较费眼力，一般用于复点。如表 2-17 所示。

表 2-17　扇面点钞方法

分类	具体分析
持票	上身坐直，先将钞票竖拿，左手拇指在钞票前，食指、中指同时从钞票后捏住钞票下角，其余两指弯曲靠向手心，右手拇指按住钞票下半部的中间，其余三指弯曲靠向手心，将钞票压成瓦形，以备开扇
开扇	开扇时以左手做轴（即持票的左手三个手指在原位上动作），右手食指将钞票向左下方压弯，左手拇指同时向右边做逆时针方向捻动钞票，再用右手拇指将压弯的钞票向左上方推起，右手食指、中指向右捻动钞票，与此同时，左手拇指配合右手捻动，这样反复推动，右手拇指逐渐向下移动至右下角时即可将钞票推成扇形。如有扇面不均匀的地方，要用双手持钞票抖开，左半部向左抖，右半部向右抖，直至抖动均匀为止
一次性开扇	开扇时要求双手相互配合一定要协调，以左手做轴，右手虎口卡住钞票右侧，拇指在前，其他四指从钞票后面将其压成瓦形，从右侧向左侧稍用力往胸前方向转过来向外甩动，这时左手拇指原地不动地从右向左捻动，左右手同时进行，保证扇面一般甩开，间隔均匀整齐
点数	用一手持票，另一手点数。点数时从打开扇面的一沓钞票的最后一张（从正面看）数起，可按五张以上至十多张的固定张数为一组点数。用拇指尖将每组数张钞票按开，食指紧随其后将已数钞票与未数钞票分开，拇指继续前移点数，直至完成整叠钞票的点数动作。计数方法是按组顺序计数
合扇	当一沓钞票点数完毕后，用双手将钞票像合拢折扇一样并拢起来码齐，以便进行整理

5．硬币的清点技巧

手工清点硬币方法一般包括整理、清点、计数几个步骤。清点硬币前，应首先将不同面值的硬币分类码齐排好，一般五枚或十枚为一垛。清点时，可将硬币从右向左分组清点，用右手拇指与食指持币分组点数，为了准确，可以用中指分开查看各组数量并复点无误后，即可计算金额，完成硬币清点工作。

◎人民币的识别

小故事：收了假钞怎么办

作为财务人员，特别是出纳，经常跟现金打交道，遇到假币的概率也自然比常人高出很多。一天某公司出纳小李到银行存单位公款时，被银行柜员查出几张假币，只好当场办理了假币上缴手续。

小李收到假币，当时没有发现，后存入银行时被没收，责任当然得由小李自己负责。现在的假钞越来越以假乱真，为了避免更大的损失，出纳必须学会快速准确地识别假币。

人民币的防伪标识

出纳人员每天与大量的现钞接触，为了保证企业的财产安全，避免造成经济损失，出纳人员必须做好假币防范工作和损伤币券处理工作。我国当前正在流通使用的第五套人民币票券在印制方面主要有以下三项防伪特征。

1．在用纸方面

印制人民币所用的纸张是特制的纸张，具体特征如表 2-18 所示。

表 2-18　在用纸方面的特征

特征	具体说明
质地高超	制造这种纸张的原料主要是棉短绒，它比一半的造纸原料贵重。由于造纸原料配方有固定的比例，所以造出来的纸质地光洁细腻、坚韧耐折、挺括平整。如果用手拿着钞票在空中抖动，或者两手拿着钞票的两端一松一紧地拉动，或者用手指弹纸的表面，都会听到清脆的声音
无荧光反应	人民币的用纸选用的原料纯净清洁、不含杂质、白度很高，不添加荧光增白剂，呈自然的洁白色，在紫外线的光照下无荧光反应
水印	人民币的印刷较普遍地采用了水印技术。第五套人民币的 100 元、50 元纸币均采用人物头像固定水印；20 元、10 元、5 元纸币的固定水印为花卉图案
安全线	第五套人民币在各券别票正面中间偏左外，均有一条安全线。平视这些钞票时，是看不见安全线的；将这些钞票迎光透视时，则可以清楚地看到钞票纸内有一条立体感明显的暗色安全线

2. 在用墨方面

印制人民币的油墨原材料构成比较复杂，其中，颜料、填充料、干燥剂等都是特殊制造的，各种原材料的调制和配比都有专门技术。针对不同的印刷设备，油墨的调制方法和性能也有所不同。

3. 在制版和印刷方面

人民币在制版和印刷上有以下几种防伪特征，具体内容如表 2-19 所示。

表 2-19　在制版和印刷方面的特征

特征	具体说明
表面设计采用特色图案衬托主景	人民币花符对称，正背面对应，阴阳光线分明；人民币票面设计为在不同部位上或凹印或凸印、平印错落有致，多种防伪措施和标志布局合理，并附有名人手写银行行名
印刷制版采用了先进的机械雕刻与手工雕刻相结合的技术	人民币票面上雕的底纹、团花、网状线极其精细，仿制难度极大。凹版的雕刻是点线排列的，疏密相间。在景物的深浅方面，每一个图案都有它特有的特征
人民币印刷的多色接线技术	人民币票面各种图案、图形上的线条是由多种颜色组成的，在不同线的技术部位或线段上显示不同的颜色，而不同颜色线段间的衔接是很自然的，没有重叠、缺口、错位现象，也没有生硬的感觉
人民币票面底纹的彩虹印刷	人民币票面底纹由直线、斜线、波纹线等构成，线条分布均匀，有一定的规律性。底纹的颜色是由多种颜色印刷的，往往是由一种或几种颜色逐渐、自然地过渡到另外一种或几种颜色上。由于底纹色彩的面积比较大，加上有多种颜色的变换，因而可以呈现出彩虹般的色彩效果
各种尺寸计算准确	人民币各种图案、花纹的尺寸、位置等是固定的，在设计、制版、印刷时计算得非常精确。人民币的正面和背面是一次印刷完成的。人民币在设计时就已设定好了在某一部位的某个图案或花纹要在票券的正面和背面保持一致

真假人民币的识别

真假人民币的识别，通常采用"一看、二摸、三听、四测"的方法。如表 2-20 所示。

表 2-20 真假人民币的识别

分类	具体分析
直观法	真人民币正、背面图案人像深浅、层次清晰，富有立体感；花纹线条均为实线组成；人物形象表情传神，整个票面图案布局合理；色调柔和而明亮，隔色、套印、对印技术高，且很准确。
手摸法	真币人物、主景、面额等部位采用凹版印刷，手摸有凹凸感。假币一般采用胶版印刷，油墨较薄，手感平滑
质感法	真币纸质挺实坚韧，光洁耐磨，凌空摇晃声音清脆。假币纸质较脆、易断、声音沉闷。薄纸粘贴的假币容易剥开
透视法	真币水印、安全线迎光透视，清晰可见；水印阴阳层次清楚；整个票面在紫外线光源下纸张不变色，固定位置有荧光油墨反应。假币水印、安全线迎光透视不清晰，平视才能看到，有的假币甚至无水印、无安全线；水印无层次，较简单；整个票面在紫外线光源下发荧光，固定位置无荧光油墨反应
测量法	真人民币有标准票幅，也有标准票幅公差。如果票幅严重超出公差范围，即可抽出，以做进一步鉴定
号码法	人民币冠字和号码合计为 10 位数，第三套人民币冠字采用罗马字母，第四套人民币冠字采用英文字母。如冠字和号码合计不是 10 位数，则均为假币

◎文字和数字的书写

出纳人员书写汉字要力争做到字体规范，排到整齐，书写流利，字迹清晰、美观。

文字的书写

文字的书写要求如表 2-21 所示。

表 2-21　文字的书写要求

文字的书写要求	用蓝黑墨水或碳素墨水书写，不得用铅笔、圆珠笔（用复写纸复写除外）。红色墨水只在特殊情况下使用。填写支票必须使用碳素笔书写
	文字书写一般要紧靠左竖线书写，文字与左竖线之间不得留有空白部分
	文字不能满格写，一般要占空格的 1/2 或 2/3
	文字要清晰，要用正楷或行书书写

数字的书写

1. 汉字大写金额书写的基本要求

大写数字的书写要求如表 2-22 所示。

表 2-22　大写数字的书写要求

大写数字的书写要求	大写金额前若没有印制"人民币"字样，书写时要在大写金额前冠以"人民币"字样，"人民币"与金额首位数字之间不得留有空格，数字之间更不能留存空格，写数字与读数字的顺序要一致
	人民币以元为单位时，元后无角无分或有角无分时，均应在大写金额后加上"整"字结尾，如果金额有元、角、分（以分为止），在"分"后不必写"整"字
	如果金额数字中间相邻两个或两个以上"0"字时，可只写一个"零"字。如金额 900.50 元，应写为：人民币玖佰元零伍角整
	表示位的文字前必须有数字，如数字为拾几、拾几万时，大写数字书写时应有"壹"字，因为"拾"字代表位数，而不是数字

2. 小写数字书写要求

阿拉伯数字标准写法：字体要各自成形，大小匀称，排列整齐。有圆圈的数字如 6、8、9、0 等，圆圈必须封口。字体要自右上方斜向左下方书写，倾斜度为 45 度。写 6 时比一般数字向右上方长出 1/4，写 7、9 时比一般数字下方（过行格底线）长出 1/4。

字应当一个一个地写，不得连笔写。每个字要紧靠凭证或账表行格底线书写，字体约占行格高度的 1/3，如果行格较低的可占 1/2。阿拉伯数字前应写明币种符号，币种符号与阿拉伯数字金额之间不得留有空白。凡阿拉伯数字前有币种符号的，数字后边不再写单位。以元为单位的阿拉伯数字，除表示单价外一律写到角分；无角分的，角分位写"00"或符号"—"；有角无分的，分位应写"0"，不得写符号"—"。

◎印章的管理

作为一名出纳人员，在工作中经常会遇见印章和印鉴。对于公司来说，印章和印鉴很重要，出纳人员要保管好。

印章的分类

单位的印章主要包括三种，分别是：本企业的财务专用章、分管财务负责人的名章和出纳经办人员的名章。其用途如表 2-23 所示。

表 2-23　印章的分类

印章种类	用途
财务专业章	代表企业行使财权的公章，同时也能代表会计部门
分管领导名章	标明企业领导人员之间的明确分工，一旦出现问题，可以追究分管领导的个人责任
出纳人员的名章	表明在会计人员中有明确的分工，坚持"谁经手、谁负责"的原则。如有工作出现变动，应随时更换印鉴，以分清责任

印章的保管

财务专用章由财务经理保管，财务人员个人印章由其本人保管，其他财务印章由财务经理授权人员保管，预留银行印鉴必须分人保管。根据企业经营需要，收款专用章可由财务部授权其他部门保管，财务部应切实负起监督检查印章使用管理情况的责任。财务印章必须保存在安全地方，并且经常检查，非保管人员不得使用，非经总经理批准，不得携章外出。

至于印鉴，一般由出纳人员保管自己的名章，由复核人员保管其余两枚印章。这样既有利于互相监督，又便于明确责任。

在印鉴的使用方面，需要签发支票付款时，一般先由出纳人员根据支票管理制度的规定，填写好票据，盖上出纳人员名章，然后交复核人员审查该付款项目是否列入了开支计划，是否符合开支规定，如无不妥，则加盖其余印鉴正式签发。这样，也就真正起到了付款时的复核作用。

印章、印鉴的保管要求如表 2-24 所示。

表 2-24　印章、印鉴的保管要求

职责分离	按照有关规定，支票印鉴一般应由会计主管人员或指定专人保管，支票和印鉴必须由两个人分别保管。原则上各种财务专用章的保管与现金的保管要求相同，负责保管的人员不得将印章、印鉴随意存放或带出企业。严禁将支票印鉴以及单位主管人的名章一并交由出纳人员保管和使用，否则会给违法、违纪行为带来可乘之机
预留印鉴的更换	如果需要更换预留印鉴，应填写"印鉴更换申请书"，同时出具证明情况的公函，一并交开户银行，经银行同意后，在银行发给的新印鉴卡的背面加盖原预留银行印鉴，在正面加盖新启用的印鉴
预留印鉴的遗失	出纳人员遗失单位印鉴后，应由企业财务主管出具证明，并经开户银行同意后，及时办理更换印鉴的手续
印章、印鉴的销毁	由于单位变动、更名或其他原因停止使用印章、印鉴，或其破损无法使用时，应由保管人员报单位领导批准，对其进行封存或销毁，并由行政部办理新章刻制事宜

第三章
会计凭证和账簿的处理

企业在日常经济活动中，出纳人员只负责登记现金日记账和银行存款日记账，其他账簿由指定的会计人员登记。出纳凭证是记录经济业务、明确经济责任的书面证明，是出纳登记账簿的依据。通过本章的阅读，我们可以了解出纳如何填制或登记原始凭证和会计凭证；如何进行会计凭证的传递和保管；如何进行会计账簿的启用、登记、更换和保管。

学习导读：

◆ 了解原始凭证、记账凭证的处理

◆ 熟悉会计凭证的保管和传递

◆ 掌握会计账簿的分类、内容、启用和登记

◆ 知晓错账的查找及更正

◆ 了解账簿的更换及保管

会计凭证的处理

> 会计凭证是记录经济业务、明确经济责任、按一定格式编制的据以登记会计账簿的书面证明。用来记载经济业务的发生,明确经济责任,作为记账根据的书面证明。有原始凭证和记账凭证。

◎原始凭证的处理

原始凭证,又称原始单据,是在经济业务发生或完成时取得或填制的,用以记录、证明经济业务已经发生或完成的原始凭证,是进行会计核算的原始资料。原始凭证记载着大量的经济信息,又是证明经济业务发生的初始文件,与记账凭证相比较,具有较强的法律效力,所以它是一种很重要的凭证。

原始凭证的种类

原始凭证的种类如图3-1所示。

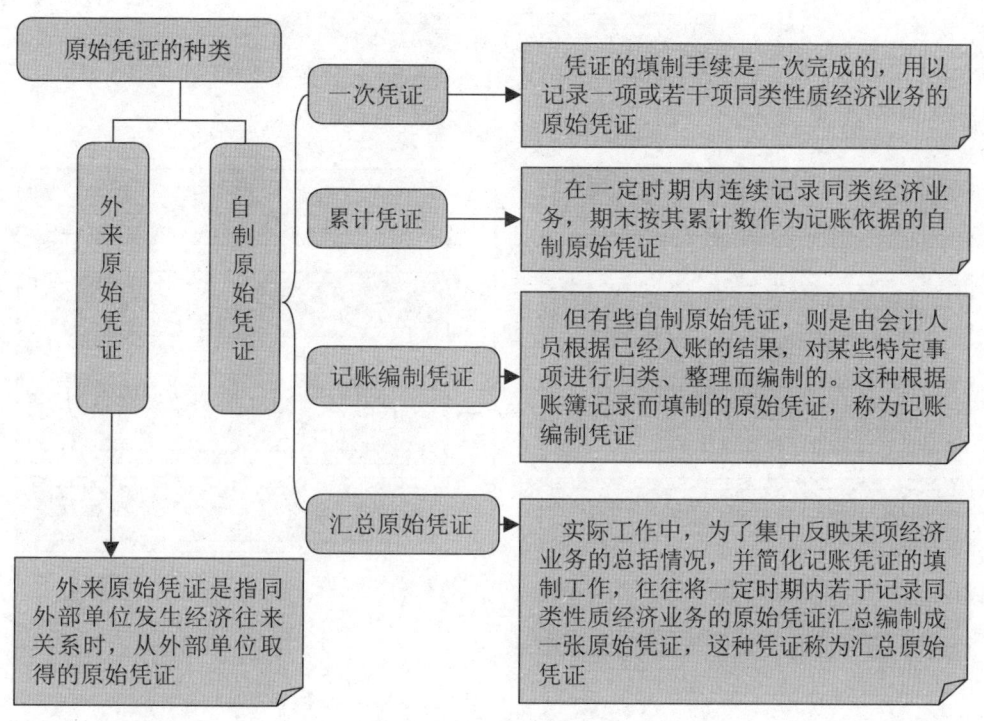

图 3-1 原始凭证的种类

原始凭证的内容

原始凭证尽管品种繁多、格式各异,但为了准确反映和充分证明经济业务的执行和完成情况,都必须具备下列基本内容,如图 3-2 所示。

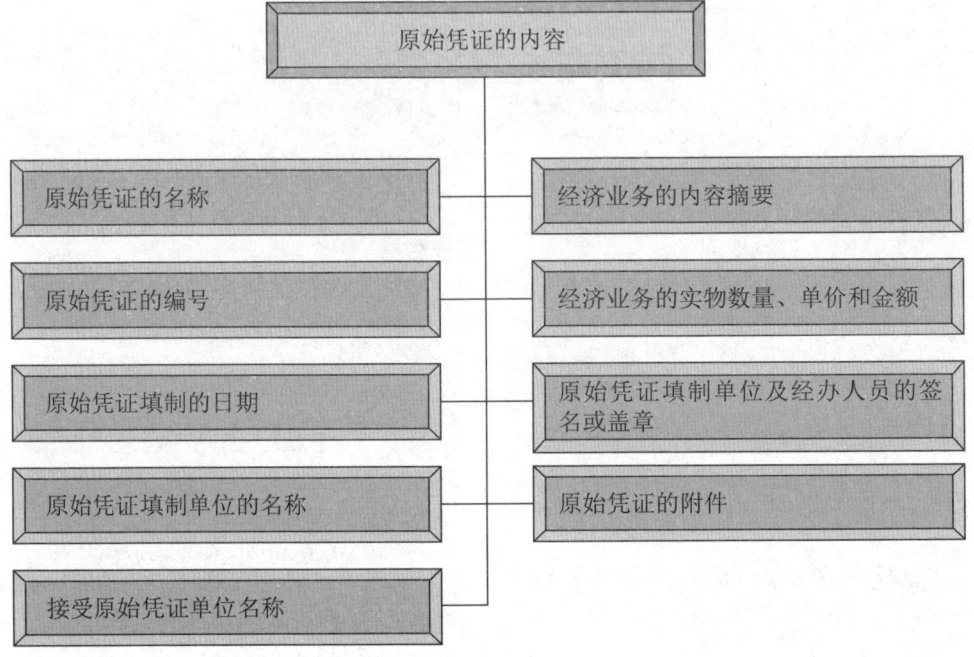

图 3-2　原始凭证的内容

原始凭证的填制

原始凭证是具有法律效力的证明文件，是进行会计核算的重要原始依据。原始凭证的填制必须符合下列基本要求，如表 3-1 所示。

表 3-1　原始凭证的填制要求

分类	具体分析
记录真实	原始凭证必须实事求是地填写经济业务，原始凭证上填制的日期、业务内容、数量、金额等必须与实际情况完全符合，确保凭证内容真实可靠
完整、清楚	原始凭证中规定的项目都必须填写齐全，不能缺漏。文字说明和数字要填写清楚、整齐和规范，凭证填写的手续必须完备

续表

分类	具体分析
明确经济责任	原始凭证上要有经办人员或部门的签章。外来的原始凭证，从外单位取得的，必须盖有填制单位的财务公章，从个人取得的，必须有填制人员的签名或盖章；自制原始凭证，必须有经办单位负责人的签名或盖章；对外开出的原始凭证，必须加盖本单位的财务公章
书写正确	文字摘要要简练，数量、单价、金额计算要正确；各种凭证必须连续编号，以便考查；凭证如果已有预先编号的，在写错作废时，应加盖"作废"戳记，并保存不得销毁；书写要符合规定。大小写要按规定使用蓝黑、碳素墨水，字迹要工整、清晰；各种原始凭证不能随意涂改。应按正确方法更正
及时填制	原始凭证应在经济业务发生或完成时及时填制，并按规定的程序和手续传递至有关业务部门和会计部门，以便及时办理后续业务，并进行审核和记账

原始凭证的审核

对会计凭证的审核是会计监督的一个重要手段。原始凭证填制以后，为了保证其真实可靠，会计部门在据此填制记账凭证入账前，必须对其进行严格的审核。审核主要包括两个方面，如表3-2所示。

表3-2 原始凭证的审核要求

分类	具体分析
经济业务的合理性、合法性	主要是审查记录的经济业务是否符合有关法律、法规、制度和政策；是否执行了预算、合同和计划，是否符合经济核算的原则。若发现有违法违纪行为，要拒绝执行，并向有关部门与领导汇报
技术性审核	主要是审核原始凭证的内容和填制手续是否符合规定的要求，即凭证所载的内容是否与实际情况一致，该填的项目是否遗漏，数字是否清楚准确，书写是否规范，有关部门与人员是否都已签名或盖章。对有技术性问题的原始凭证要退回，补齐手续或更正错误

◎记账凭证的处理

记账凭证是会计人员根据审核无误的原始凭证，按照经济业务的内容进行归类，编制会计分录的凭证，是登记账簿的依据。

记账凭证的分类

记账凭证的分类如表 3-3 所示。

表 3-3　记账凭证的分类

按照记账凭证的使用范围分	通用记账凭证		各类经济业务共同使用的，统一格式的记账凭证
	专用记账凭证	收款凭证	收款凭证是用来记录现金和银行存款等货币资金收款业务的记账凭证。是根据有关现金和银行存款收入业务的原始凭证填制的
		付款凭证	付款凭证是用来记录现金和银行存款等货币资金付款业务的记账凭证，它是根据现金和银行存款、付款业务的原始凭证填制的
		转账凭证	转账凭证是用来记录与现金、银行存款等货币资金收付款业务无关的转账业务（即在经济业务发生时不需要收付现金和银行存款的各项业务）的凭证，它是根据有关转账业务的原始凭证填制的
按所包括的会计科目是否单一	复式记账凭证		一项经济业务所涉及的会计科目都集中填列在一张记账凭证上的记账凭证
	单式记账凭证		把一项经济业务所涉及的每个会计科目，分别填制记账凭证，每张记账凭证只填列一个会计科目的记账凭证
按其是否经过汇总	汇总记账凭证		是根据同类记账凭证定期加以汇总而重新编制的记账凭证，目的是简化登记总分类账的手续。汇总的记账凭证根据汇总方法的不同，可分为分类汇总和全部汇总两种
	非汇总记账凭证		是没有经过汇总的记账凭证，前面介绍的收款凭证、付款凭证和转账凭证以及通用记账凭证都是非汇总记账凭证

记账凭证的内容

记账凭证种类繁多，格式不一，但其主要作用都在于对原始凭证进行分类整理，按照复式记账的要求，运用会计科目，编制会计分录，据以登记账簿。因此，无论采用何种格式，记账凭证都必须具备以下基本内容，如图3-3所示。

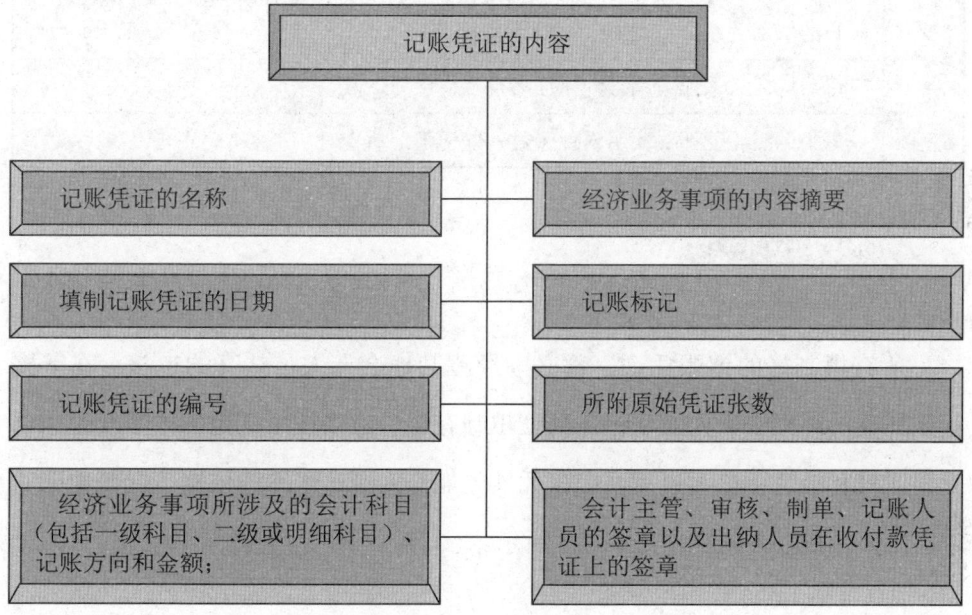

图 3-3　记账凭证的内容

记账凭证的填制要求

会计人员填制记账凭证要严格按照规定的格式和内容进行，除必须做到记录真实、内容完整、填制及时、书写清楚之外，还必须符合下列要求，如表3-4所示。

表 3-4 记账凭证的填制要求

记账凭证的填制要求	"摘要"栏是对经济业务内容的简要说明,要求文字说明要简练、概括,以满足登记账簿的要求
	应当根据经济业务的内容,按照会计制度的规定,确定应借应贷的科目。科目使用必须正确,不得任意改变、简化会计科目的名称,有关的二级或明细科目要填写齐全
	记账凭证中,应借、应贷的账户必须保持清晰的对应关系
	一张记账凭证填制完毕,应按所使用的记账方法,加计合计数,以检查对应账户的平衡关系
	记账凭证必须连续编号,以便考查且避免凭证散失
	每张记账凭证都要注明附件张数,以便于日后查对

记账凭证的审核

所有填制好的记账凭证,都必须经过其他会计人员认真的审核。在审核记账凭证的过程中,如发现记账凭证填制有误,应当按照规定的方法及时加以更正。只有经过审核无误后,记账凭证才能作为登记账簿的依据。记账凭证的审核主要包括以下内容,如表 3-5 所示。

表 3-5 原始凭证的审核要求

分类	具体分析
内容是否真实	记账凭证是否附有原始凭证,原始凭证是否齐全、内容是否合法,记账凭证所记录的经济业务与所附原始凭证所反映的经济业务是否相符
项目是否齐全	记账凭证各项目的填写是否齐全,如日期、凭证编号、摘要、会计科目、金额、所附原始凭证张数及有关人员签章等
科目是否正确	记账凭证的应借、应贷会计科目是否正确,账户对应关系是否清晰,所使用的会计科目及其核算内容是否符合国家统一的会计制度的规定等
金额是否准确	记账凭证与原始凭证的有关金额是否一致,计算是否准确,记账凭证汇总表的金额与记账凭证的金额是否相符等
书写是否正确	文字、数字是否工整、清晰,是否按规定进行更正等

在审核过程中，如果记账前发现记账凭证填制有错误，或者不符合要求，则需要由填制人员重新填制。若已记账，应查明原因，按规定的方法及时更正。

要做好会计凭证的审核、正确发挥会计的监督作用，会计人员既要掌握国家政策、法规、和计划、预算的有关规定，又要熟悉本单位的经营情况。只有这样才能明辨是非，准确判断哪些经济业务合理、合法，哪些经济业务不合理、不合法。

◎会计凭证的保管和传递

会计凭证的传递

会计凭证的传递，是指各种会计凭证从填制、取得到归档保管为止的全部过程，即在企业、事业和行政单位内部有关人员和部门之间传送、交接的过程。要规定各种凭证的填写、传递单位与凭证份数，规定会计凭证传递的程序、移交的时间和接受与保管的有关部门。

会计凭证传递的原则与作用如图 3-4 所示。

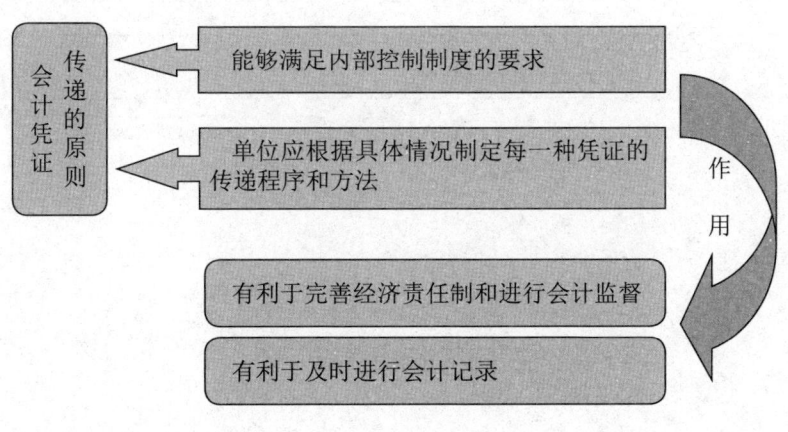

图 3-4 会计凭证传递的原则与作用

会计凭证的保管

会计凭证是重要的会计档案和经济资料,每个单位都要建立保管制度,妥善保管。对各种会计凭证要分门别类、按照编号顺序整理,装订成册。封面上要注明会计凭证的名称、起讫号、时间以及有关人员的签章。要妥善保管好会计凭证,在保管期间会计凭证不得外借,对超过所规定期限(一般是15年)的会计凭证,要严格依照有关程序销毁。需永久保留的有关会计凭证,不能销毁。如图3-5所示。

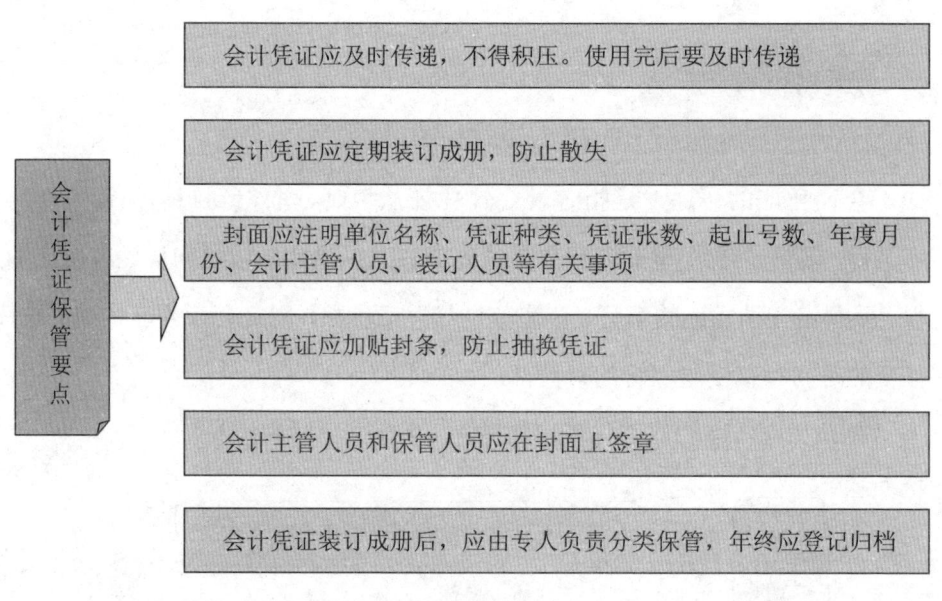

图3-5　会计凭证的保管

>>> 会计凭证和账簿的处理　　第三章

会计账簿的处理

> 会计账簿是按照会计科目开设账户、账页，以会计凭证为依据，用来序时、分类地记录和反映经济业务的簿籍。单位发生的各种经济业务，首先由会计凭证作了最初的反映。

◎账簿的分类和内容

会计账簿的分类

1. 按用途分类

账簿按其用途不同，可分为序时账簿、分类账簿和备查账簿三种。如图3-6所示。

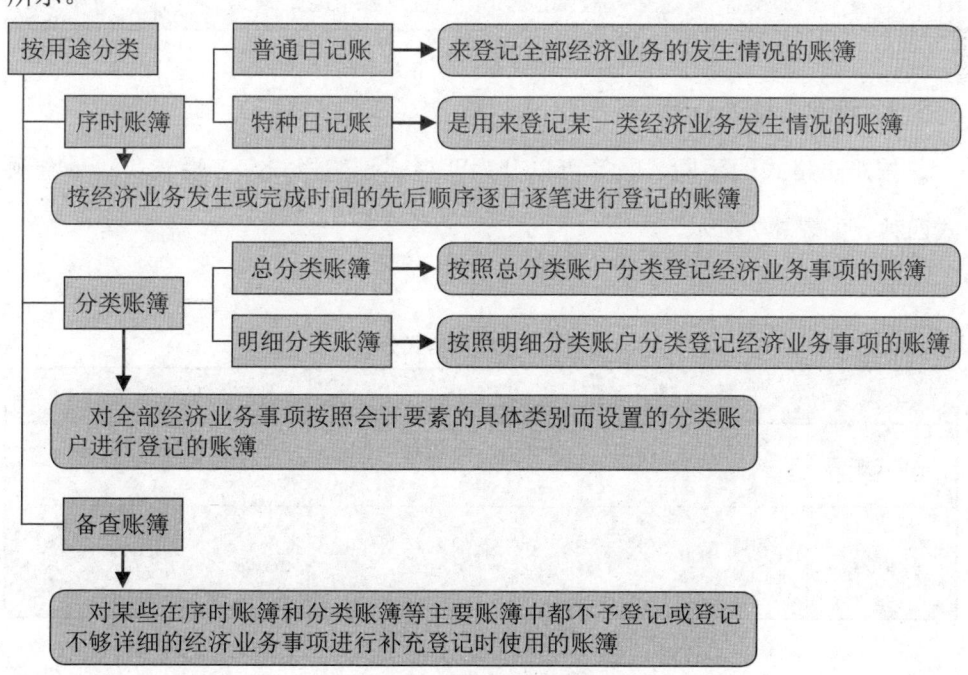

图3-6　账簿按用途分类

· 085 ·

备查账簿与序时账簿和分类账簿相比，存在两点不同之处：一是登记依据可能不需要记账凭证，甚至不需要一般意义上的原始凭证；二是账簿的格式和登记方法不同，备查账簿的主要栏目不记录金额，它更注重用文字来表述某项经济业务的发生情况，即无固定格式。

2. 按照外在形式来分

账簿按照外在形式来分，可分为订本账、活页账、卡片账。如表 3-6 所示。

表 3-6　按照外在形式来分类

分类	具体分析
订本账	将账页固定装订成册的账簿。这种账簿可避免账页散失，防止损抽账页，易于归档保管。因此，一般规定总分类账簿和现金日记账、银行存款日记账等采用订本账
活页账	将账页装订在账夹中的账簿。此种账簿可根据需要增加账页，便于记账工作的分工，但易于散失或被抽损。这种账簿在使用前要连续编号，登记使用完后装订成册。明细分类账多为活页账
卡片账	将账卡装在账卡箱中的账簿。特点是比较灵活，可根据需要增添、调整，但也易于散失。比较常见的是固定资产卡片式明细账

3. 按账页格式分类

按账页格式的不同，账簿可以分为两栏式、三栏式、多栏式和数量金额式四种。如表 3-7 所示。

表 3-7　按账页格式分类

分类	分析	适用对象
两栏式账簿	指只有借方和贷方两个基本金额栏目的账簿	普通日记账、转账日记账
三栏式账簿	设有借方、贷方和余额三个基本栏目的账簿	各种日记账、总分类账以及资本、债权、债务明细账

续表

分类	分析	适用对象
多栏式账簿	在账簿的两个基本栏目借方和贷方按需要分设若干专栏的账簿	收入、成本、费用、利润和利润分配明细账
数量金额式账簿	在借方、贷方和余额三个栏目内，都分设数量、单价和金额三小栏，借以反映财产物资的实物数量和价值量	原材料、库存商品、产成品等存货明细账

会计账簿的内容

会计账簿的格式多种多样，但其基本构成包括封面、扉页和账页三个部分。如图3-7所示。

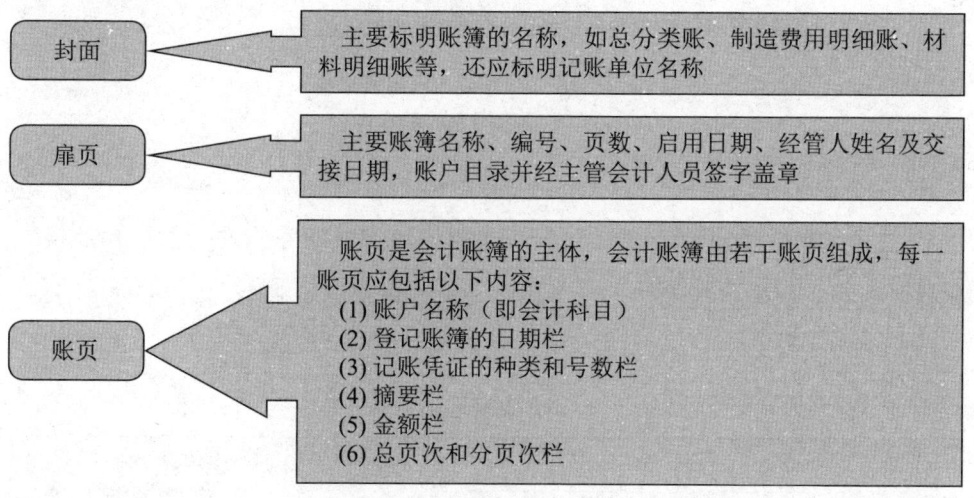

图3-7　会计账簿的内容

◎账簿的启用和登记

会计账簿的启用

启用会计账簿，应在账簿封面写明单位名称和账簿名称，填好账簿扉页的启用表和账户目录。启用表的基本内容如图 3-8 所示。

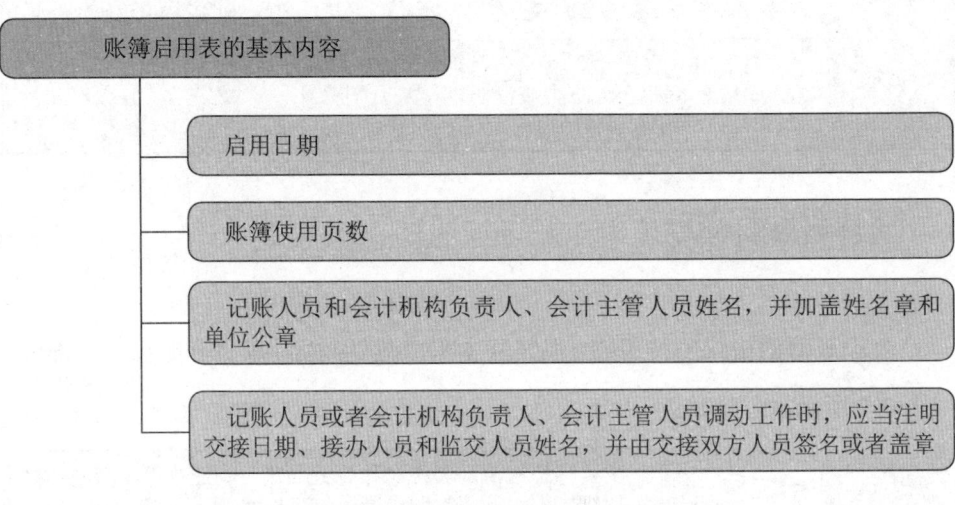

图 3-8　账簿启用表的基本内容

为了保证账簿记录的合法性和账簿所记录资料的完整性，保证会计核算工作的质量，明确记账责任，必须按照一定的规则启用账簿。如表 3-8 所示。

表 3-8　账簿启用规则

账簿启用规则	启用新的会计账簿，应当在账簿的封面写上单位名称和该账簿的名称
	填写账簿扉页上的"账簿使用登记表"
	账簿第一页应设置科目索引，内容包括账户名称、各账户的页数
	使用订本式账簿时，因为已经编定了页数，登记时应当顺序使用，不可跳页使用；而使用活页式账簿时，先要按照科目的顺序填写账户，于年度终了时，抽出空白未使用的账页后，在进行顺序编号
	粘贴印花税票的账簿，印花税票一律粘在账簿扉页启用表的右上角，并在印花税票中间划两根出头的横线，以示注销；使用缴款书交纳印花税，在账簿扉页启用表上的左上角注明"印花税已缴"及缴款金额。缴款书作为记账凭证的原始凭证登记入账

会计账簿的登记

1. 登记账簿的基本要求

为了保证账簿记录、成本计算和会计报表不出现差错,登记账簿必须根据审核无误的记账凭证进行。登记账簿的基本要求如表 3-9 所示。

表 3-9 登记账簿的基本要求

分类	具体分析
内容准确完整	登记账簿时,应当将会计凭证的日期、编号、业务内容摘要、金额和其他有关资料逐项记入账内,做到数字准确、摘要清楚、登记及时、字迹工整
登记账簿要及时	一般情况下,总账可以三五天登记一次;明细账的登记时间间隔要短于总账,日记账和债权债务明细账一般一天就要登记一次。现金、银行存款日记账,应根据收、付款记账凭证,随时按照业务发生顺序逐笔登记,每日终了应结出余额。经管现金和银行存款日记账的专门人员,必须每日掌握银行存款和现金的实有数,谨防开出空头支票和影响经营活动的正常用款
注明记账符号	登记完毕后,要在记账凭证上签名或者盖章,并注明已经登账的符号,表示已经记账
书写留空	账簿中书写的文字和数字上面要留有适当空格。不要写满格,一般应占格距的二分之一。书写阿拉伯数字要自右上方斜向左下方,有倾斜度
正确使用墨水	登记账簿要用蓝黑墨水或者碳素墨水书写,不得使用圆珠笔或者铅笔书写。这是因为各种账簿的归档保管年限一般都在 10 年以上,有些关系到重要经济资料的账簿更要长期保管,因此要求账簿记录保持清晰、耐久,以便长期查核使用,防止涂改
顺序连续登记	各种账簿应按页次顺序连续登记,不得跳行、隔页。如果发生跳行、隔页,应当将空行、空页划线注销,或者注明"此行空白""此页空白"字样,并由记账人员签名或者盖章。这对避免在账簿登记中可能出现的漏洞,是十分必要的防范措施
结出余额	凡需要结出余额的账户,结出余额后,应当在"借或贷"等栏内写明"借"或者"贷"等字样。没有余额的账户,应当在"借或贷"等栏内写"平"字,并在余额栏内用"0"表示。现金日记账和银行存款日记账必须逐日结出余额。一般说来,对于没有余额的账户,在余额栏内标注的"0"应当放在"元"位

续表

分类	具体分析
过次承前	每一账页登记完毕结转下页时，应当结出本页合计数及余额，写在本页最后一行和下页第一行有关栏内，并在摘要栏内注明"过次页"和"承前页"字样；也可以不做"过次页"，将本页合计数及余额只写在下页第一行有关栏内，并在摘要栏内注明"承前页"字样。
定期打印	实行会计电算化的单位，总账和明细账应当定期打印

2．日记账的登记

（1）现金日记账的登记方法

现金日记账通常由出纳人员根据审核后的现金收、付款凭证，逐日逐笔顺序登记。同时，由其他会计人员根据收、付款凭证，汇总登记总分类账。对于从银行提取现金的业务，由于只填制银行存款付款凭证，不填制现金收款凭证，因而现金的收入数，应根据银行存款付款凭证登记。每日收付款项逐笔登记完毕后，应分别计算现金收入和支出的合计数及账面的结余额，并将现金日记账的账面余额与库存现金实存数相核对，借以检查每日现金收、支和结存情况。如表3-10所示。

表3-10　现金日记账的登记方法

分类	具体分析
日期栏	按照记账凭证的日期
凭证栏	按照记账凭证的种类和编号登记，如果是现金收款凭证，就登记"现收"，如果是现金付款凭证，就登记"现付"。另外要把编号写在号数栏，以便查账和核对
摘要栏	按照记账凭证所记录的摘要登记
对方科目栏	为了方便查看每笔现金业务的来源和去向，要按照记账凭证所列的对方科目进行登记
收入栏、支出栏	按照记账凭证登记

注意：每日终了，应该分别计算现金的收入合计和支出合计，然后结出余额，同时要与实际库存现金进行核对，做到"日清月结"。到月末终了，同样计算本月的现金收入合计数和支出合计数，同样也需要结出余额。

（2）银行存款日记账的登记方法

银行存款日记账，应按各种存款分别设置。银行存款日记账通常也是由出纳员根据审核后的有关银行存款收、付款凭证，逐日逐笔顺序登记的。对于现金存入银行的业务，存款的收入数，应根据现金付款凭证登记。每日终了，应分别计算银行存款收入、付出的合计数和本日余额，以便于检查监督各项收支款项，并便于定期同银行对账单逐笔核对。

注意：银行存款日记账的格式与现金日记账相同，通常采用三栏式。银行存款日记账的登记方法和现金日记账的方法基本相同。每日终了，应当计算出银行存款收入合计和支出合计，并结出余额，定期要与开户银行打印出来的对账单进行核对。月终，同样要进行月底结账。

3. 总账的登记

总分类账是按照总分类账户分类进行登记全部经济业务的账簿。在总分类账中，应该按照会计科目的编码顺序分别设置账户，并为每个账户合理的预留出账页。由于总分类账能够全面、总括的反映经济活动情况，并为编制会计报表提供资料，因此，任何单位都必须设置总分类账。为了保证账簿资料的安全、完整，总分类账应使用订本式账簿。总分类账一般是采用三栏式，即借方、贷方、余额三栏。

提示：总分类账的登记可以直接根据记账凭证逐笔进行登记，也可以将一定时期的各种记账凭证编制成科目汇总表后，再根据科目汇总表登记总账。一般是采用按照会计科目汇总表登记的方法。每月都要将所发生的经济业务全部登记入账，月末要结出总分类账中各个账户的本期发生额和余额，然后要与明细分类账进行核对相符，方可作为编制会计报表的主要依据。

4. 明细账的登记

明细分类账是按照总分类账户的二级科目或明细账户开设账页，分类的登记经济业务以提供明细核算资料的账簿。各单位应当根据具体情况设置必要的明细分类账。明细分类账是为满足不同的经济管理要求而设，所以其所记录的内容也不同。明细分类账一般是三栏式、数量金额式和多栏式三种格式。如图3-9所示。

三栏式明细分类账页	三栏式明细分类账是设有借方、贷方和余额三个栏目，不设数量栏。适用于债权、债务等只需要进行金额核算的明细分类账的登记
多栏式明细分类账	多栏式明细分类账适用于成本、费用、收入类等明细账的登记。例如："主营业务收入""管理费用""本年利润"等账户
数量金额式明细分类账	这种格式的明细分类账在借方、贷方、余额栏内分别设有数量、单价和金额三个栏次。适用于既要进行金额核算，又要进行实物数量核算的各种财产物资账户。如库存商品、原材料等账户都是数量金额式明细分类账

图3-9　明细分类账格式

特别提示

多栏式明细分类账是由会计人员根据审核无误的记账凭证逐笔登记的。借方登记发生额，月末将借方发生额从贷方结转到"本年利润"账户，采用数量金额式明细分类账反映了企业财产物资的数量和金额收、发、存的详细资料，从而能够直观地看到财产物资的实物使用情况，可以有效地对这些财产物资进行管理，保证了财产物资的安全和完整。

◎错账的查找及更正

错账的查找方法

在对账过程中,可能发生各种各样的差错。产生差错的原因可能是重记、漏记、数字颠倒、数字错位、数字记错、科目记错、借贷方向记反,从而影响会计信息的正确性,如发现差错,会计人员应及时查找并予以更正。常见的差错查找方法有以下几种,如图3-10所示。

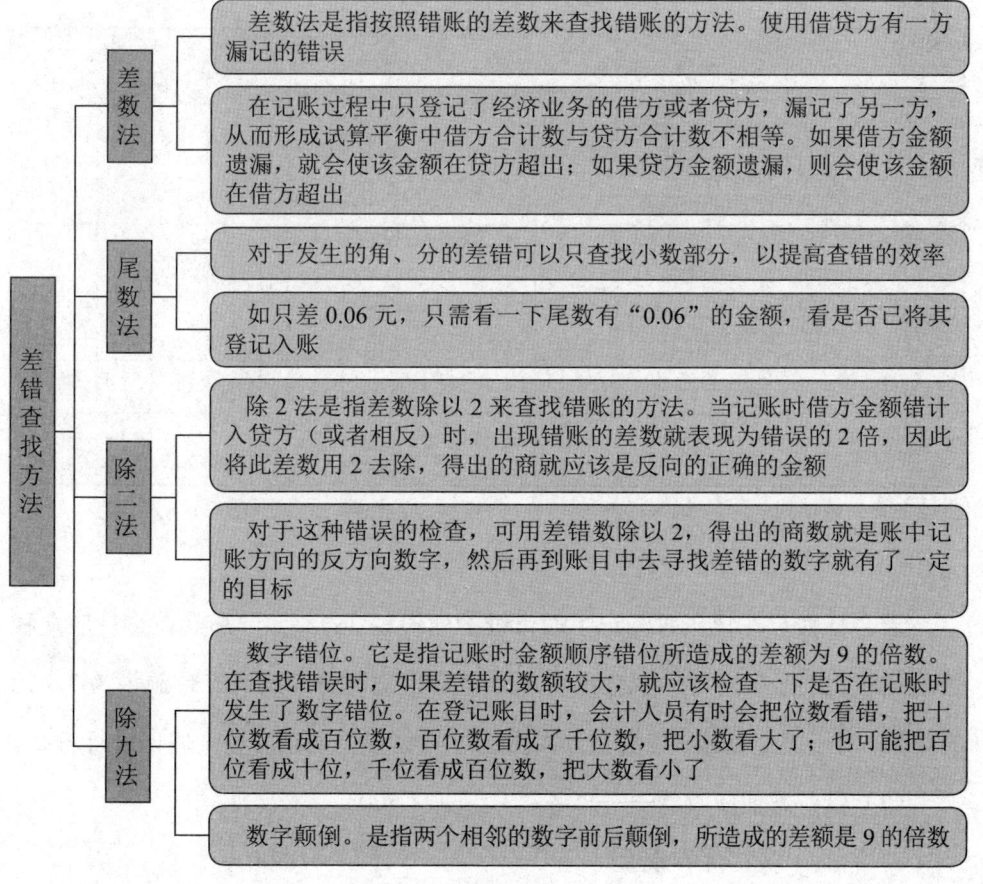

图 3-10 差错查找方法

【案例】 如会计凭证上记录的是：

(1) 借：应交税费——增值税　　　　　　　　　5250

　　　　　　——城市维护建设税　　　　　　367.5

　　　　　　——个人所得税　　　　　　　　　500

　　　其他应交款——教育费附加　　　　　　157.5

　　　贷：银行存款　　　　　　　　　　　　　6275

记 账 凭 证

2019 年 11 月 8 日　　　　　　　　　　　　字第 8 号

摘要	会计科目	借方金额										贷方金额										记账
		千	百	十	万	千	百	十	元	角	分	千	百	十	万	千	百	十	元	角	分	
	应交税费/增值税					5	2	5	0	0	0											
	应交税费/ 城市维护建设税						3	6	7	5	0											
	应交税费/ 个人所得税						5	0	0	0	0											
	其他应交款/ 教育费附加						1	5	7	5	0											
	银行存款															6	2	7	5	0	0	
合计						¥	6	2	7	5	0	0				¥	6	2	7	5	0	0	

会计主管：蒋桂芳　　　记账：刘玲　　　审核：孟祥丽　　　制单：马晓东

若会计人员在记账时漏记了城市维护建设税 367.5 元，那么在进行应交税费总账和明细账核对时，就会出现总账借方余额比明细账借方余额多 367.5 元的现象。对于类似差错，应由会计人员通过回忆相关金额的记账凭证进行查找。

(2) 借：其他应收款——总务科　　　　500

　　　贷：库存现金　　　　　　　　　　　　　500

记 账 凭 证

2019 年 11 月 9 日　　　　　　字第 9 号

摘要	会计科目	借方金额 千 百 十 万 千 百 十 元 角 分	贷方金额 千 百 十 万 千 百 十 元 角 分	记账
	其他应收款/总务科	5 0 0 0 0		
	库存现金		5 0 0 0 0	
合计		¥ 5 0 0 0 0	¥ 5 0 0 0 0	

会计主管：蒋桂芳　　　记账：刘玲　　　审核：孟祥丽　　　制单：马晓东

　　登记明细账时，错把其他应收款登记入贷方，总账与明细账核对时，就会出现总账借方余额大于明细账借方余额 1000 元，将 1000 元除以 2，正好是贷方记错的 500 元。

　　如果用上述方法检查均未发现错误，而对账结果又确实不符，还可以采用顺查、逆查、抽查等方法检查是否有漏记和重记等现象。顺查是指按账务处理的顺序，从凭证开始到账簿记录止从头到尾进行普遍核对。逆查法是指与账务处理顺序相反，从尾到头的检查方法。抽查法是指抽取账簿记录中某些局部进行检查的方法。

错账的更正方法

　　对于账簿记录中所发生的错误，不允许涂改、挖补、擦刮或者用药水消除笔迹，不允许重新抄写，必须按照有关制度规定的方法予以更正。具体更正的方法主要有以下几种：

1. 画线更正法

　　画线更正法适用于：结账前发现账簿记录错误。也就是记账凭证正确，但是登记账簿时发生文字或者数字的错误。

其更正时，应将错误的文字或者数字画一条红线，但是必须是原来的字迹可以清晰辨认，然后在红线的上方填写正确的文字或者数字，并且由记账人员及相关人员在更正处盖章，以明确责任。

特别提示

需要注意的是：对于错误的数字，应当全部画红线更正，而不能只更正其中的错误数字。对于文字错误的，可以只画去错误的部分。

【案例】用现金528元购买办公用品，登记"现金日记账"时，错误地将528元记为582元，用划线更正法更正。

2. 红字更正法

红字更正法适用于两种情况，如图3-11所示。

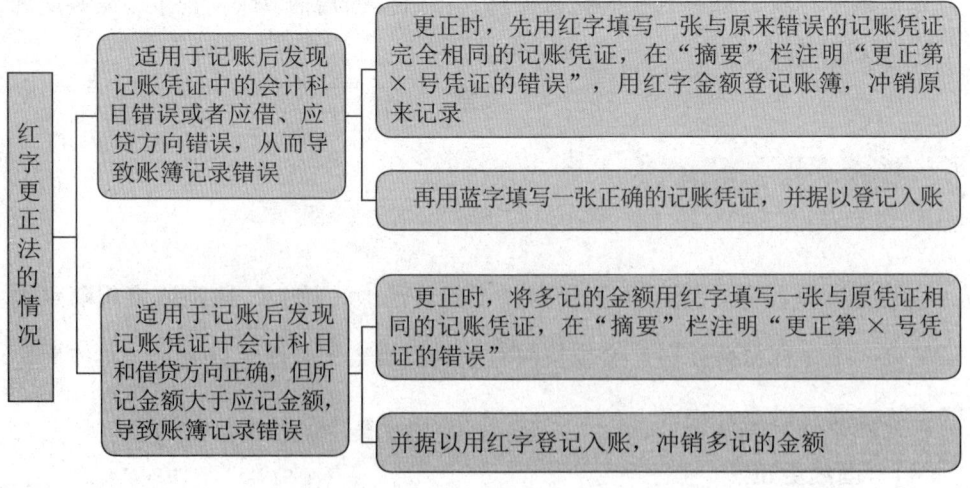

图3-11 红字更正法的情况

第三章 会计凭证和账簿的处理

【**案例**】（1）用银行存款购买办公用品 1500 元，填制记账凭证时，错误写成贷记"现金"科目，并已经登记入账：

借：管理费用　　　1500

　　贷：现金　　　　　　1500

记 账 凭 证

2019 年 10 月 9 日　　　　　　　字第 9 号

摘要	会计科目	借方金额									贷方金额									记账
		千	百	十	万	千	百	十	元	角	分	千	百	十	万	千	百	十	元	角	分	
用银行存款购买办公用品	管理费用					1	5	0	0	0	0											
	现金															1	5	0	0	0	0	
合计						¥1	5	0	0	0	0					¥1	5	0	0	0	0	

会计主管：蒋桂芳　　　记账：刘玲　　　审核：孟祥丽　　　制单：马晓东

发现错误后，先用红字填写一张与错误凭证相同的记账凭证，据以登记入账，冲销原来的错误的记录：

借：管理费用　　　1500

　　贷：现金　　　　　　1500

记 账 凭 证

2019 年 10 月 9 日　　　　　　　字第 9 号

摘要	会计科目	借方金额									贷方金额									记账
		千	百	十	万	千	百	十	元	角	分	千	百	十	万	千	百	十	元	角	分	
用银行存款购买办公用品	管理费用					1	5	0	0	0	0											
	现金															1	5	0	0	0	0	
合计						¥1	5	0	0	0	0					¥1	5	0	0	0	0	

会计主管：蒋桂芳　　　记账：刘玲　　　审核：孟祥丽　　　制单：马晓东

再用蓝字填写一张正确的记账凭证，据以登记入账：

借：管理费用　　　　　　　　1500

　　贷：银行存款　　　　　　　　　1500

记　账　凭　证

2019年10月9日　　　　　　　　　字第9号

摘要	会计科目	借方金额									贷方金额									记账
		千	百	十	万	千	百	十	元	角	分	千	百	十	万	千	百	十	元	角	分	
用银行存款购买办公用品	管理费用					1	5	0	0	0	0											
	银行存款															1	5	0	0	0	0	
合计						¥1	5	0	0	0	0					¥1	5	0	0	0	0	

会计主管：蒋桂芳　　　记账：刘玲　　　审核：孟祥丽　　　制单：马晓东

（2）用现金支付员工报销差旅费3000元，填制记账凭证时，误将金额填写为30000元，并已经登记入账：

借：管理费用——差旅费　　　30000

　　贷：现金　　　　　　　　　　　30000

记　账　凭　证

2019年10月9日　　　　　　　　　字第9号

摘要	会计科目	借方金额									贷方金额									记账
		千	百	十	万	千	百	十	元	角	分	千	百	十	万	千	百	十	元	角	分	
用现金支付员工报销差旅费	管理费用/差旅费				3	0	0	0	0	0	0											
	现金														3	0	0	0	0	0	0	
合计					¥3	0	0	0	0	0	0				¥3	0	0	0	0	0	0	

会计主管：蒋桂芳　　　记账：刘玲　　　审核：孟祥丽　　　制单：马晓东

发现错误后,将多记的金额用红字填写一张与原凭证相同的记账凭证,并据以用红字登记入账,冲销多记的金额:

借:管理费用——差旅费　　　　27000

　　贷:现金　　　　　　　　　　　　　27000

记 账 凭 证

2019 年 10 月 9 日　　　　　　字第 9 号

摘要	会计科目	借方金额 千百十万千百十元角分	贷方金额 千百十万千百十元角分	记账
用现金支付员工报销差旅费	管理费用/差旅费	2 7 0 0 0 0 0		
	现金		2 7 0 0 0 0 0	
合计		¥ 2 7 0 0 0 0 0	¥ 2 7 0 0 0 0 0	

会计主管:蒋桂芳　　　记账:刘玲　　　审核:孟祥丽　　　制单:马晓东

3. 补充登记法

适用于记账后发现记账凭证中会计科目和借贷方向正确,但是所记的金额小于应计金额,导致账簿记录的错误。

其更正时,将少计的金额用蓝字填写一张与原凭证相同的记账凭证,据以登记入账,补记少计的金额。

【案例】收到 A 公司偿还的欠款 50000 元,存入银行。填制记账凭证时,误将金额填写为 5000 元,并已经登记入账:

借:银行存款　　　　5000

　　贷:应收账款　　　　　　5000

记 账 凭 证

2019年11月9日　　　　　　　字第9号

摘要	会计科目	借方金额									贷方金额									记账
		千	百	十	万	千	百	十	元	角	分	千	百	十	万	千	百	十	元	角	分	
收到A公司偿还的欠款	银行存款				5	0	0	0	0	0												
	应收账款														5	0	0	0	0	0		
合计				¥	5	0	0	0	0	0				¥	5	0	0	0	0	0		

会计主管：蒋桂芳　　　记账：刘玲　　　审核：孟祥丽　　　制单：马晓东

发现错误后，将少计的金额用蓝字填写一张与原凭证相同的记账凭证，登记入账：

　　借：银行存款　　　　　50000
　　　　贷：应收账款　　　　　　50000

记 账 凭 证

2019年11月9日　　　　　　　字第9号

摘要	会计科目	借方金额									贷方金额									记账
		千	百	十	万	千	百	十	元	角	分	千	百	十	万	千	百	十	元	角	分	
收到A公司偿还的欠款	银行存款					5	0	0	0	0												
	应收账款															5	0	0	0	0		
合计					¥	5	0	0	0	0					¥	5	0	0	0	0		

会计主管：蒋桂芳　　　记账：刘玲　　　审核：孟祥丽　　　制单：马晓东

◎账簿的更换及保管

会计账簿的更换是在一个会计年度终了，将上年旧账更换为下一个新的会计年度的新账。如图 3-12 所示。

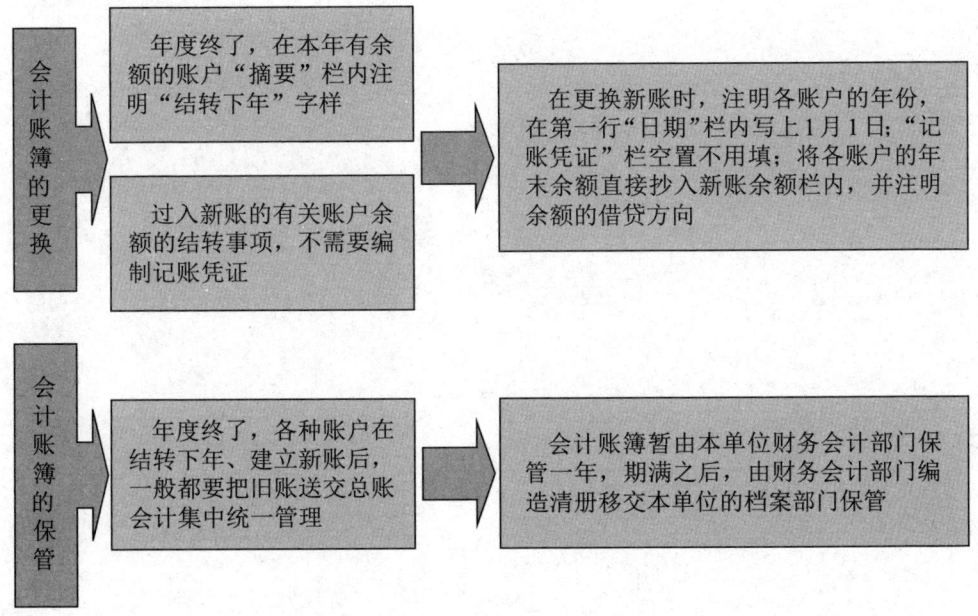

图 3-12　会计账簿的更换和保管

特别提示

在新的会计年度建账也并不是所有的账簿都更换为新的，一般来说，现金日记账、银行存款日记账、总分类账和大部分的明细分类账应当每年更换一次。只是有个别的明细分类账，例如财产物资明细账和债权债务明细账等，由于原材料品种、数量和往来相关的单位较多，更换新账需要重新抄一遍，就加大了工作量，因此，可以跨年度使用，不必每年更换一次。第二年度时，可直接在上年终了的双线下面记账。各种备查账簿也可以连续使用。

第四章
现金的管理

出纳员身处管理现金和使用现金的"前沿阵地",负有直接的、重要的现金管理职责。要切实执行好企业现金管理制度,出纳必须掌握一定的技巧和方法,这样才能减少出纳工作的失误,提高出纳工作的效率。通过本章的阅读,我们可以认识到企业库存现金、备用金、有价证券管理的重要性,知晓现金的提取与送存、现金的整理与清查以及现金清查与错款失款的处理。

学习导读:

◆梳理现金管理制度

◆熟悉现金的使用与保管

◆掌握现金的清查与错款失款的处理

现金管理制度

现金管理是国家银行根据国家法令对一切国营企业、事业、机关、团体、部队、学校及集体企业的现金使用范围、数量和库存进行管理监督的一项财经制度。

◎现金管理制度

企业的现金管理制度主要包括以下几种,如表4-1所示。

表4-1 企业的现金管理制度的内容

分类	具体分析
钱账分管制度	出纳人员不得兼管稽核、会计档案保管和收入、费用、债权、债务账目的登记工作。现金总账不能由出纳登记而应由会计登记;另外还可以让出纳登记一些和库存现金、银行存款不产生对应关系的账簿,比如累计折旧等明细账
库存现金限额制度	库存现金限额,是指为保证各单位日常零星支付按规定允许留存的现金的最高数额。库存现金的限额,由开户行根据开户单位的实际需要和距离银行远近等情况核定。其限额一般按照单位3—5天日常零星开支所需现金确定。远离银行机构或交通不便的单位可依据实际情况适当放宽,但最高不得超过15天。核定单位库存限额的原则是,既要保证日常零星现金支付的合理需要,又要尽量减少现金的使用。开户单位由于经济业务发展需要增加或减少库存现金限额,应按必要手续向开户银行提出申请
库存现金开支审批制度	明确本单位库存现金开支范围;明确各种报销凭证,规定各种库存现金支付业务的报销手续和办法;确定各种现金支出的审批权限。清理各种现金收付款凭证,检查单证是否相符;登记和清理日记账

◎库存现金的管理

现金的使用范围

现金的使用主要包括以下内容,如图4-1所示。

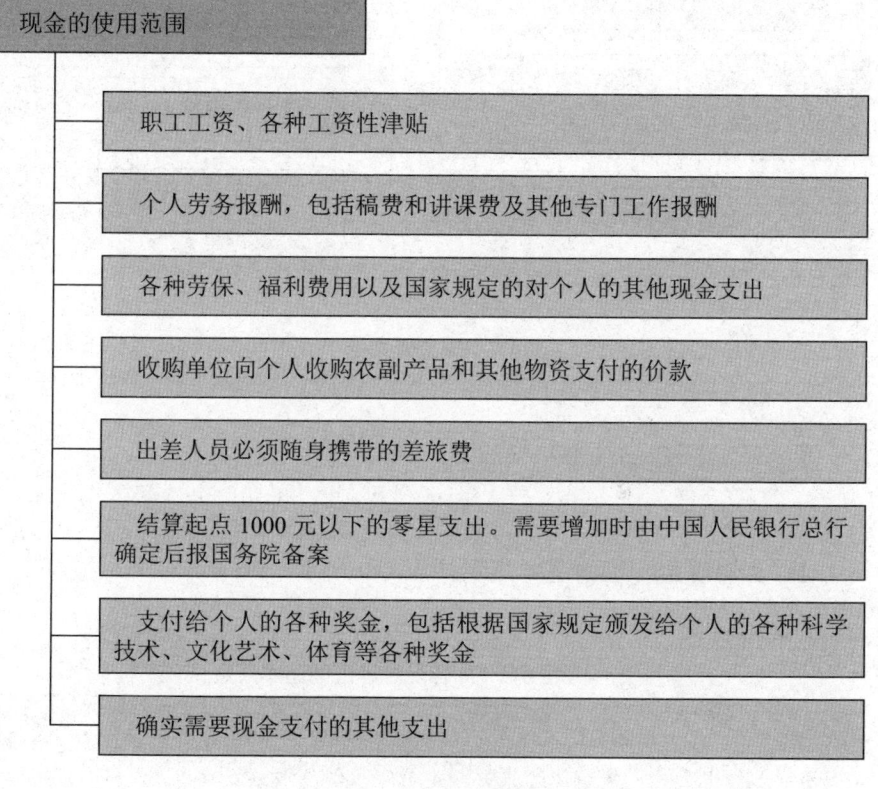

图4-1 现金的使用范围

除4、5两项不受结算起点1000元的限制外,开户单位支付给个人的其他款项,支付现金每人一次不得超过1000元,超过限额部分,根据提款人的要求在指定的银行转为储蓄存款或以支票、银行本票支付。

现金管理的"八不准"如图4-2所示。

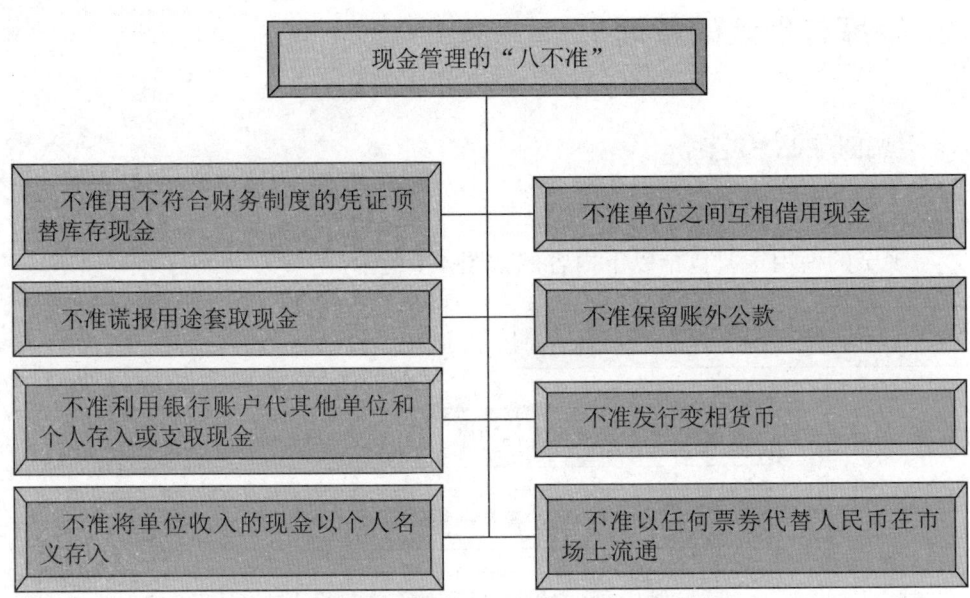

图 4-2　现金管理的"八不准"

库存现金管理的基本规定

1. 库存现金管理的基本规定如表 4-2 所示。

表 4-2　库存现金管理的基本规定

分类	具体分析
严格遵守库存现金限额	各单位经银行核定了库存现金限额后,必须严格将库存现金控制在核定的限额内,超出库存限额的现金必须及时送存银行,如库存现金不足限额的,可向银行提取现金,不得在未经开户银行准许的情况下坐支现金
严禁私设"小金库"和用"白条"抵库	"小金库",是指不在本单位财会部门列支列收,私自在单位库存之外保存的现金和银行存款。私设"小金库"是侵占、截留、隐瞒国家和单位收入的一种违法行为。"白条"抵库,是指用不符合财务制度规定和审批手续的字条或单据,顶抵库存现金的做法。"白条"抵库,使实际库存现金减少,造成正常业务开支所需的现金不足,各种现金收付业务得不到及时的账务处理,很容易导致财务管理出现混乱;"白条"未经合法手续审批,随意支取现金会产生挪用、挥霍和贪污公款等,给不法分子以可乘之机

续表

分类	具体分析
单位的库存现金，不准以个人名义存入银行	为防止有关人员利用公款私存取得利息收入，也防止单位利用公款私存形成账外小金库，单位收入的现金，一律不准以个人名义存入银行，银行一旦发现公款私存，可以对单位处以罚款，情节严重的，可以冻结单位现金支付
加强安全防范，确保现金的安全和完整	为加强对现金的管理，除工作时间需要的少量备用金可放在出纳的抽屉内，其余的都应放入出纳专用的保险柜内，不得随意存放，更不得携款回家；单位的库存现金不得与私人的现款混在一起，也不得将公款借给私人使用；为了确保安全，出纳向银行提取现金或交存现金，均应采取相应的保安措施等

2．库存现金管理的要求

库存现金管理的要求如图 4-3 所示。

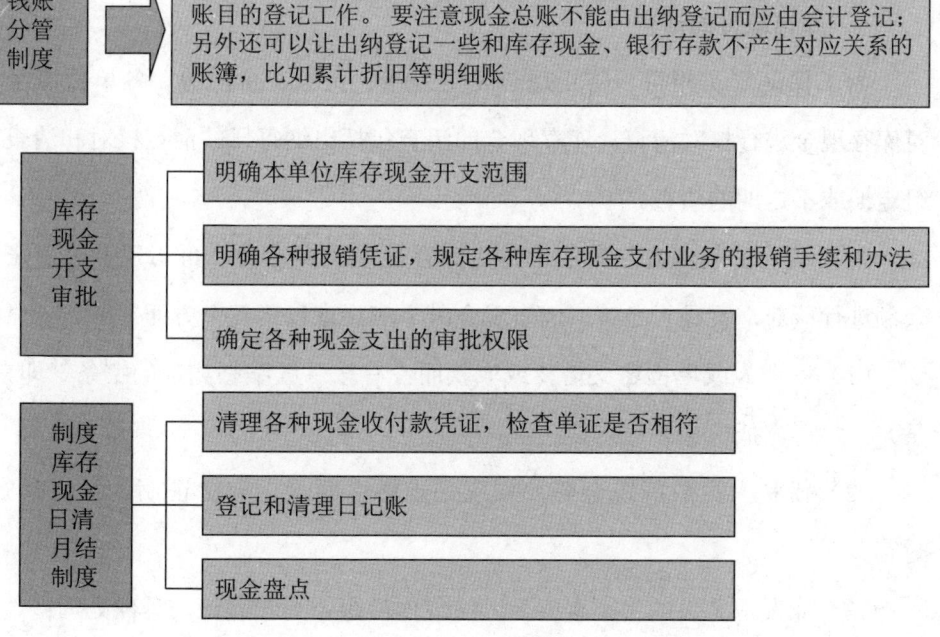

图 4-3 库存现金管理的要求

3．库存现金保管制度

库存现金保管制度如表 4-3 所示。

表 4-3　库存现金保管制度

库存现金保管制度	超过库存限额以外的现金应在下班前送存银行
	为加强对现金的管理，除工作时间需要的小量备用金可放在出纳人员的抽屉内外，其余则应放入出纳专用的保险柜内，不得随意存放
	限额内的库存现金当日核对清楚后，一律放在保险柜内，不得放在办公桌内过夜
	库存现金的纸币和铸币，应实行分类保管。出纳人员应对库存票币分别按照纸币的票面金额和铸币的币面金额，以及整数（大数）和零数（小数）分类保管
	保险柜的使用

4．库存现金的清查

为了保证账实相符，防止现金发生差错、丢失、贪污等，各单位应经常对库存现金进行核对清查。库存现金的清查包括出纳每日的清点核对和清查小组定期或不定期的清查。

现金清查的基本方法是实地盘点库存现金的实存数，再与现金日记账的余额进行核对，看是否相符。清查现金时，应注意以下几个方面：

（1）以个人或单位名义借款或取款而没有按手续编制凭证的字条（即白条），不得充抵现金；

（2）代私人存放的现金等，如事先未做声明又无充分证明的，应暂时封存；

（3）如发现私设的"小金库"，应视作溢余，另行登记，等候处理；

（4）如果是清查小组对现金进行清点，一般都采用突击盘点，不预先通知出纳；

（5）现金清查中，如果发现账实不符，应立即查找原因，及时更正，不得以今日长款弥补它日短款。

特别提示

盘点时间最好在一天业务没有开始之时或一天业务结束后,由出纳将截止清查时现金收付款项全部登记入账,并结出账面余额,这样可以避免干扰正常的业务。清查时,出纳应在场提供情况,积极配合,清查后,应由清查人员填制"现金盘点报告表",列明现金账存、实存和差异的金额及原因,并及时上报有关负责人。

◎现金收支管理

现金收入管理要求

现金收入是指各单位在其所开展的生产经营和非生产经营性业务中取得现金。它包括发生销售商品、提供劳务等业务时的现金收入,机关、团体、企事业单位提供非经营服务而取得的现金收入,单位内部的现金收入,出差人员差旅退回的多余款项,向单位职工收取的违反制度罚款,执法单位取得的罚没收入等。

1. 现金收入的基本规定

现金收入的基本规定如图4-4所示。

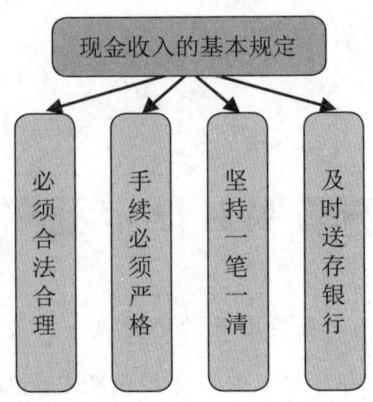

图 4-4 现金收入的基本规定

根据《现金管理暂行条例》规定:"开户单位现金收入应当于当日送存开户银行,当日送存确有困难的,由开户银行确定送存时间。"因此,各单位在收入现金后,都应及时送存银行,不准擅自从现金收入中坐支现金。

2. 现金收入处理程序

企业现金收入包括直接收款和从银行提取现金两种情况,二者在处理程序上略有差异。

(1) 直接收款

直接收款的处理程序如图 4-5 所示。

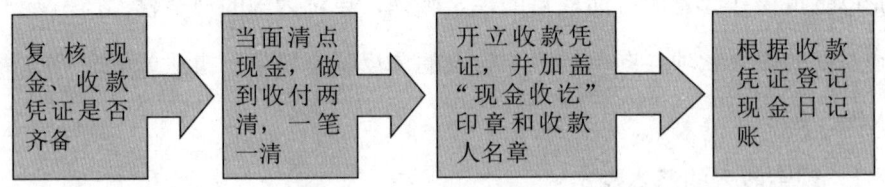

图 4-5 直接收款的处理程序

(2) 从银行提取现金

从银行提取现金的处理程序如图 4-6 所示。

第四章

>>> 现金的管理

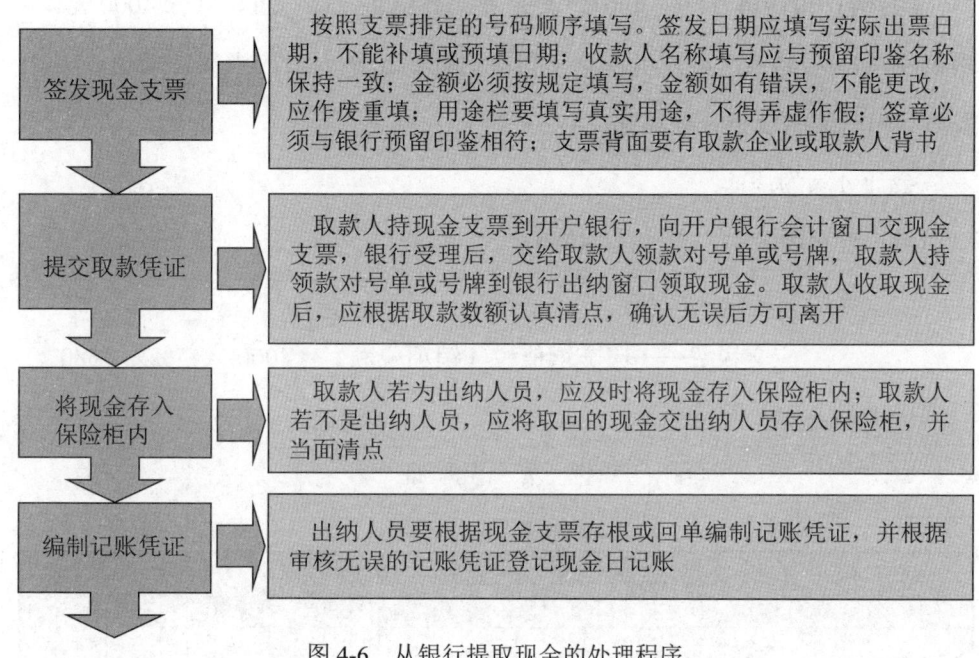

图 4-6 从银行提取现金的处理程序

出纳人员在办理现金收入业务时应注意两点：第一，复核现金收入的合法性、真实性和准确性；第二，如果销售发货票上印有"代记账凭证"字样，可据以登记现金日记账。

3．现金收入核算

现金收入核算内容如表 4-4 所示。

表 4-4 现金收入核算

分类	具体分析
填制审批原始凭证	出纳人员在处理收款业务时，首先应审核外来的原始凭证，如发票和各种收据等，审核该项业务的合理性、合法性，该凭证所反映的商品数量、单价、金额是否正确，有无刮擦、涂改迹象，有无相关负责人签章，并对其票据的真实性进行审核
编制记账凭证	出纳人员应根据原始凭证登记记账凭证，必须书写清晰、数据规范、会计科目准确、编号合理、签章手续完备

【案例】 2019年11月30日，某企业向外销售产品一批，共计4000元，增值税税率为17%，对方用现金支付。对此，出纳人员应当根据增值税专用发票存根联编制现金收款凭证，

会计分录为：

借：库存现金　　　　　　4680

　　贷：主营业务收入　　　　　　　　　　　　　　　4000

　　　　应交税费——应交增值税（销项税额）（4000×17%）680

记 账 凭 证

2019年11月30日　　　　　　　　字第30号

摘要	会计科目	借方金额									贷方金额									记账
		千	百	十	万	千	百	十	元	角	分	千	百	十	万	千	百	十	元	角	分	
向外销售产品	库存现金					4	6	8	0	0	0											
	主营业务收入															4	0	0	0	0	0	
	应交税费/应交增值税（销项税额）																6	8	0	0	0	
合计						¥	4	6	8	0	0	0				¥	4	6	8	0	0	0	

会计主管：蒋桂芳　　　记账：刘玲　　　审核：孟祥丽　　　制单：马晓东

现金支出管理

单位的现金必须按照《现金管理条例》规定的范围办理支出业务，主要包括日常经营性零星支出（如发放工资等）、非经营性往来支出（如职工生活借款等）以及其他支出。出纳人员进行现金支出管理时，应严格按照支出原则和有关的规章制度审核付款凭证，按程序办理付款手续，及时发现并解决有关问题，保证现金支出的安全。

1. 现金支出的内容

《现金管理暂行条例》第五条规定：开户单位可以在下列范围内使用现金，如图 4-7 所示。

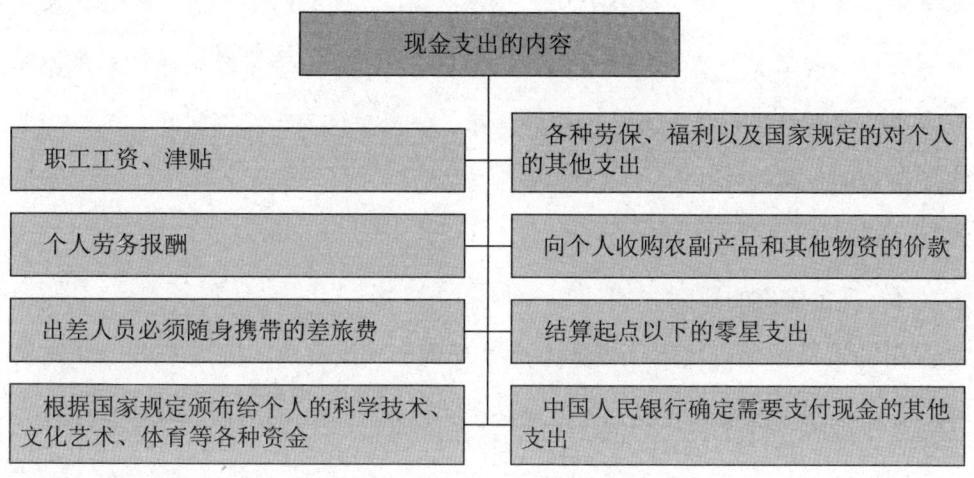

图 4-7 现金支出的内容

2. 坐支

坐支现金，就是把销售收款，不是存入银行，而是用来直接付费用、成本等。即指直接从收入的现金中用于现金的支付，是违反相关规定的。现金限额，一般要看公司离银行的远近，远的话就限定 10～15 天日常需要的开销；近的话就限定 5 天左右的开销。若确需坐支的，需报开户行同意，开户行会给企业一个坐支的限额。

按现行的有关现金管理的规定，当日收入的现金需存入开户银行，当日支出的现金也需从银行提取，而且开户行会给企业一个现金的最高限额，超过额度的现金也需存入开户行。

特别提示

根据《现金管理暂行条例》第十一条规定:开户单位支付现金,可以从本单位库存现金限额中支付或者从开户银行提取,不得从本单位的现金收入中直接支付(即坐支)。因特殊情况需要坐支现金的,应当事先报经开户银行审查批准,由开户银行核定坐支范围和限额。坐支单位应当定期向开户银行报送坐支金额和使用情况。

3. 现金支出的原则

出纳人员必须以严肃认真的态度处理现金支出业务,因为支出一旦发生失误,将会给单位造成难以弥补的经济损失。现金支出的原则如表4-5所示。

表4-5 现金支出的原则

分类	具体分析
现金支出的合法性	出纳人员必须以内容真实、准确、合法的付款凭证为依据,在付款前其付款手续必须完备,有关领导已经签字或已审核无误
现金支出手续的完备性	出纳人员应按规定的程序审核并办理现金支付手续,做到支付凭证合法、审批手续齐全有效、支付事项当面结清、账务处理正确合理
不得套取现金用于支付	套取现金是指为了逃避开户银行对现金的管理,采用不正当的手段弄虚作假、支出现金的违法行为

套取现金主要有以下几种形式,如图4-8所示。

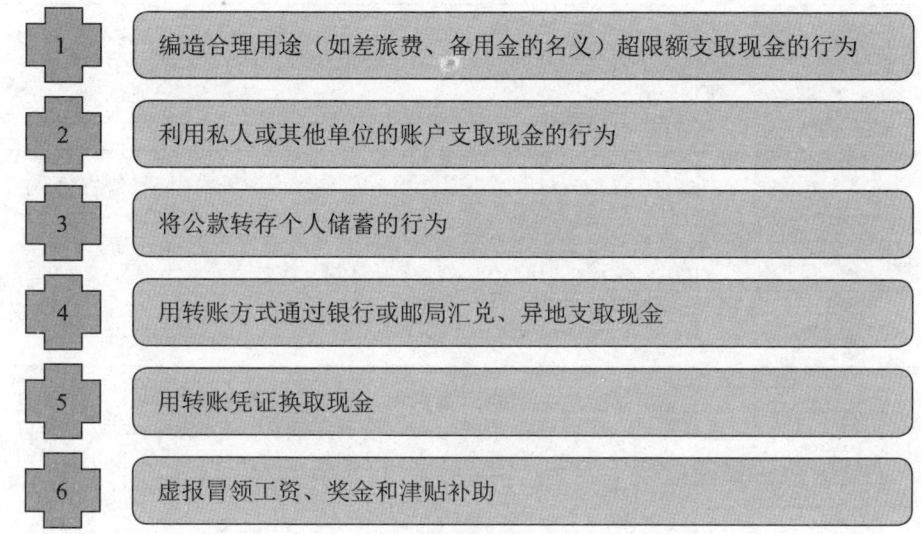

图 4-8 套取现金的形式

4．现金支出的程序

出纳人员办理现金支出业务时，其依据主要是发票、非经营性收据、往来收据以及内部结算使用的工资表、借款审批单等。出纳人员应当按照原始凭证的审查要求，仔细复核，并按规定程序办理支出事宜。具体程序如图4-9所示。

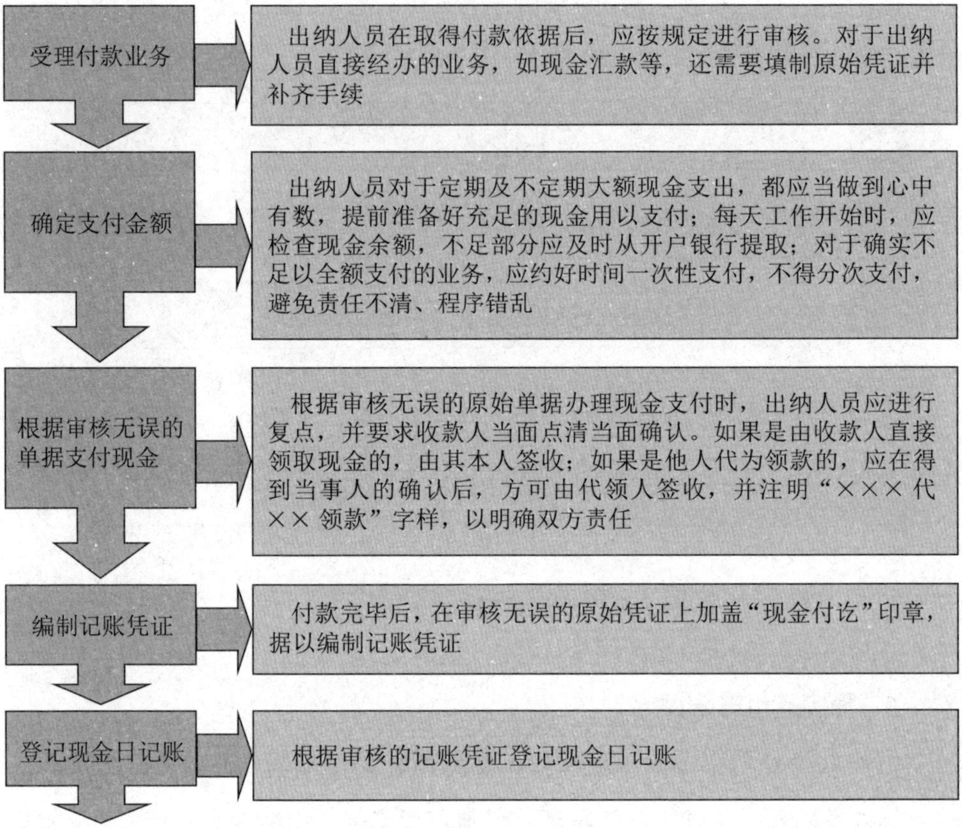

```
┌─────────────────┐      ┌──────────────────────────────────────────┐
│  受理付款业务    │─────▶│ 出纳人员在取得付款依据后,应按规定进行审核。对于出纳 │
│                 │      │ 人员直接经办的业务,如现金汇款等,还需要填制原始凭证并 │
└────────┬────────┘      │ 补齐手续                                  │
         │               └──────────────────────────────────────────┘
         ▼
┌─────────────────┐      ┌──────────────────────────────────────────┐
│  确定支付金额    │─────▶│ 出纳人员对于定期及不定期大额现金支出,都应当做到心中 │
│                 │      │ 有数,提前准备好充足的现金用以支付;每天工作开始时,应 │
│                 │      │ 检查现金余额,不足部分应及时从开户银行提取;对于确实不 │
│                 │      │ 足以全额支付的业务,应约好时间一次性支付,不得分次支付, │
└────────┬────────┘      │ 避免责任不清、程序错乱                      │
         │               └──────────────────────────────────────────┘
         ▼
┌─────────────────┐      ┌──────────────────────────────────────────┐
│ 根据审核无误的    │─────▶│ 根据审核无误的原始单据办理现金支付时,出纳人员应进行 │
│ 单据支付现金     │      │ 复点,并要求收款人当面点清当面确认。如果是由收款人直接 │
│                 │      │ 领取现金的,由其本人签收;如果是他人代为领款的,应在得 │
│                 │      │ 到当事人的确认后,方可由代领人签收,并注明"×××代 │
└────────┬────────┘      │ ××领款"字样,以明确双方责任                   │
         │               └──────────────────────────────────────────┘
         ▼
┌─────────────────┐      ┌──────────────────────────────────────────┐
│  编制记账凭证    │─────▶│ 付款完毕后,在审核无误的原始凭证上加盖"现金付讫"印章, │
│                 │      │ 据以编制记账凭证                            │
└────────┬────────┘      └──────────────────────────────────────────┘
         ▼
┌─────────────────┐      ┌──────────────────────────────────────────┐
│ 登记现金日记账    │─────▶│ 根据审核的记账凭证登记现金日记账              │
└─────────────────┘      └──────────────────────────────────────────┘
```

图 4-9　现金支出的程序

5．现金付款凭证的复核

现金付款凭证是出纳人员办理现金支付业务的依据。出纳人员对每一笔现金支付业务都要认真复核现金付款凭证。其复核方法及基本要求同现金收款凭证大致相同。出纳人员在复核现金付款凭证时,应注意以下几点,如表 4-6 所示。

表 4-6　复核现金付款凭证的注意事项

复核现金付款凭证的注意事项	对于涉及现金和银行存款之间的收付业务，即从银行提取现金或以现金存入银行，为了避免重复，只按照收付业务涉及的贷方科目编制付款凭证
	现金付款凭证如出现红字时，实际经济业务应是现金收入的增加，但在处理时，为了避免混淆，出纳人员在凭证上加盖印章时，仍应加盖现金付讫章，以表示原经济业务付出的款项已全部退回
	发生销货退回，如数量较少，且退款金额在转账起点以下，需用现金退款时，必须取得对方的收款收据，不得以退货发票代替收据编制付款凭证
	从外单位取得的原始凭证如遗失，应取得原签发单位盖有公章的证明，并注明原始凭证的名称、金额、经济内容等，经单位负责人批准，方可代替原始凭证。如确实无法取得证明的，由当事人写出详细情况，由同行人证明，由主管领导和财务负责人批准，方可代替原始凭证
	"原始凭证分割单"可作为填制付款凭证的依据。但出纳人员需要对原始凭证分割进行审查

现金的使用与保管

现金是流动性最强的资产，无须变现即可使用，因而现金是犯罪分子谋取的最直接目标。因此各单位应建立健全现金保管制度，防止由于制度不严、工作疏忽而给犯罪分子以可乘之机，给国家和单位造成损失。

◎现金的提取与送存

现金收入管理要求

各单位必须在银行规定的现金使用范围内提取现金业务，一般由出纳人员填写现金支票到银行提取现金。如表 4-7 所示。

表 4-7　现金支票的填写要求

现金支票的填写要求	必须使用钢笔、必须使用碳素墨水或蓝黑墨水并按支票排定的号码顺序填写
	签发日期应填写实际出票日期，不得补填或预填日期
	收款人名称填写应与预留印鉴名称保持一致、大小写金额必须按规定书写，如有错误，不得更改，必须作废重填；用途栏应填明真实用途
	签章不能缺漏，必须与银行预留印鉴相符
	支票背面要由取款单位或取款人背书（即签章），在核对无误后交给银行结算
	银行发牌作为取款对号的证明，到出纳柜对号取款。取款时要按支票上填写的金额当面清点现金

现金的送存

各单位必须按开户银行核定的库存限额保管、使用现金，收取的现金和超出库存限额的现金，应及时送存银行。

现金送存的一股程序是：首先由出纳人员清点票币，将同面额的纸币摆放在一起，按每一百张为一把整理好，不够整把的，从大额到小额顺放。将同额硬币放在一起，壹元、伍角、壹角硬币，按每伍拾枚用纸卷成一卷，分币按一百枚用纸卷成一卷，不足一卷的一般不送存银行，留作找零用。款项清点整齐核对无误后，由出纳人员填写现金解款单存入银行。

现金解款单为一式三联，第一联为回单，此联由银行盖章后退回存款单位；第二联为收入凭证，此联由收款人开户银行作贷方凭证；第三联为附联，作附件，是银行出纳留底联。

现金解款单的格式如图 4-10 所示。

科目：								年　月　日				对方科目：						
款项来源							收款人	全称										作附件
解款部门								账号										
人民币（大写）：											万	千	百	十	元	角	分	
票面	张数	票面	张数	种类	百	十	元	角	分		会计分录：							
一百元		五元		角票						（收款银行盖章）	(贷)_____							
五十元		二元		分币							对方科目：(借)___							
十元		一元		封包							会计　　　记账 复核　　　出纳							

现金解款单的注意事项

- 出纳员必须如实填写现金送款簿的各项内容，特别是其中的款项来源等
- 交款日期应当填写送存银行当日的日期
- 券别的明细账的张数和金额必须和各券别的实际数一致
- 出纳员在填写"现金送款簿"时必须采用双面复写纸，字迹必须清楚、规范，不得涂改

图 4-10　现金解款单的注意事项

在交款时，送款人必须同银行柜台收款员当面交接清点。经柜台收款员清点无误后，银行按规定在"现金送款簿"上加盖印章，并将"回单联"退还

给送款人,送款人在接到"回单联"后应当即进行检查,确认为本单位交款回单,而且银行有关手续已经办妥后即可离开柜台。

送存途中必须注意安全。当送存金额为较大的款项时,最好使用专车,并派人护送。临柜交款时,交款人必须与银行柜台收款员当面交接清点,做到一次交清,不得边清点边交款。

◎现金的整理

各单位出纳员在将现金送存银行之前,应对送存现金进行分类整理,其整理的方法如表4-8所示。

表4-8 现金的整理方法

分类	具体分析
纸币	纸币应按照票面额(即券别)分别整理。纸币可分为主币和辅币,主币包括100元、50元、10元、5元、2元和1元,辅币包括5角、2角、1角。出纳员应将各种纸币打开铺平,然后按币别每100张为一把,用纸条和橡皮筋箍好,每10把扎成一捆,比如100元券的纸币一把即为10000元,一捆即为100000元;10元券一把即为1000元,一捆即为10000元。不满100张的,十九平一折或九平一折,从大到小平摊摊放
铸币	铸币包括1元、5角、2角、5分、2分、1分。铸币也应按币别整理,同一币别每100枚为一卷,用纸包紧卷好,每十卷为一捆。例如5角的铸币每一卷即为50元,每一捆即为500元
残缺破损的钱币	残缺破损的纸币和已经穿孔、裂口、破缺、压薄、变形以及正面的国徽,背面的数字模糊不清的币,应单独剔出,另行包装,整理方法与前同

◎备用金的管理

备用金是企业拨付给非独立核算的内部单位或工作人员备作差旅费、零星采购、零星开支等用的款项。预支备作差旅费、零星采购等用的备用金，一般按估计需用数额领取，支用后一次报销，多退少补。对于零星开支用的备用金，可实行定额备用金制度，即由指定的备用金负责人按照规定的数额领取，支用后按规定手续报销，补足原定额。

备用金借支管理

备用金借支管理主要有以下面内容，如图4-11所示。

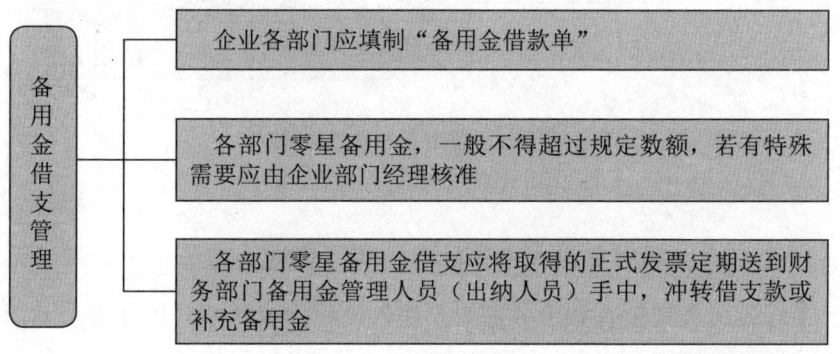

图4-11 备用金借支管理原则

1．备用金的申领

备用金实行限额管理，备用金限额根据单位日常业务7日内零星开支所需要的现金量核定。下列经济业务事项，可以使用备用金，如图4-12所示。

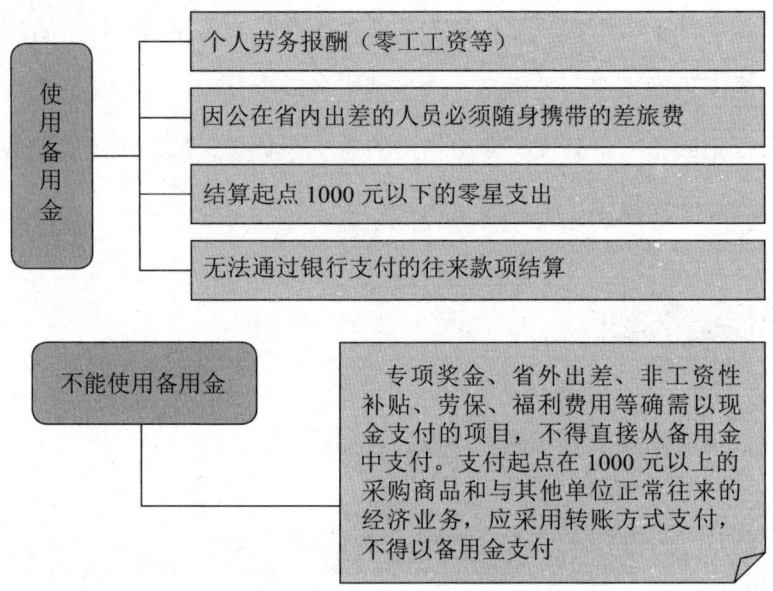

图 4-12　备用金的使用情况

备用金使用由部门负责人签字批准，部门负责人为备用金借款的第一责任人。实行备用金制度有利于各部门工作人员积极灵活地开展业务，从而提高工作效率，但必须做到专款专用，不得挪用、转借他人或用于其他用途，一经发现，将严肃处理。

2．备用金的报销

因公在省内出差的人员必须携带现金的，应当填写借据，经单位主管财务领导审批后从备用金中借取。出差返回后，应在 5 个工作日内报账，不得长期拖欠，如因单据不全或其他原因不能及时报账的，应先将余款交回报账员，待手续完备后随即报账。

报账员凭用款人提供的合法原始凭证支付备用金，并履行以下程序，如图 4-13 所示。

第四章

>>> 现金的管理

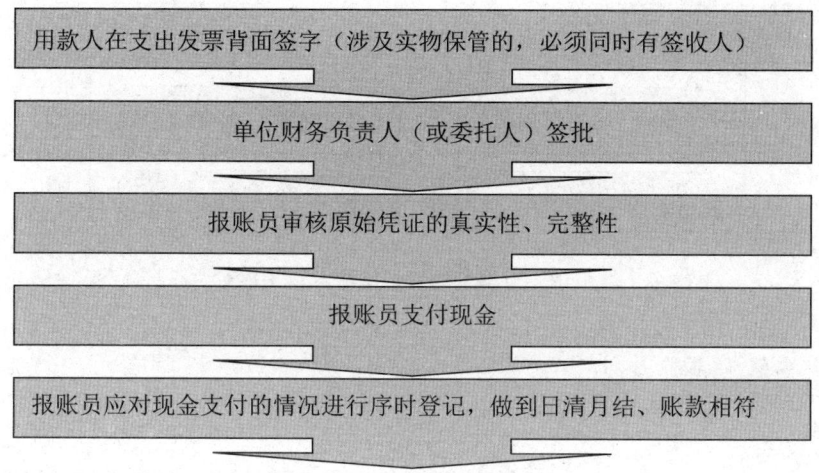

图 4-13　备用金的报销程序

特别提示

因业务原因长期借用备用金的人员可由财务部根据实际情况核定，拨出一笔固定数额的现金并规定使用范围；使用部门必须设立专人经管定额备用金，备用金经管人员必须妥善保存支付备用金的收据、发票以及各种报销凭证，并设备用金登记簿，记录各种零星支出。经管人员必须按月定期向公司财务部申报备用金使用情况，前账未清，不得继续借款。对因特殊原因不能按时结算的，须提前向财务负责人说明原因，经财务负责人同意后，方可延期。

备用金的管理不论采用何种办法，都应严格备用金的预借、使用和报销的手续制度。（如图4-14所示）

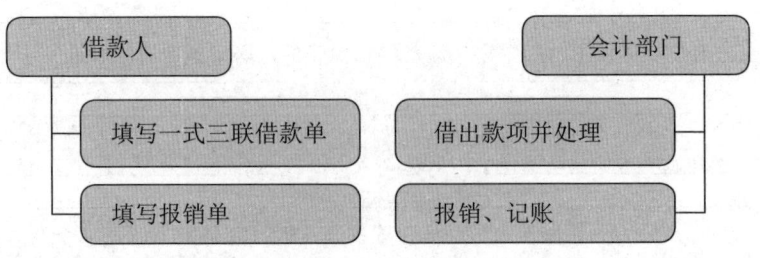

图 4-14　备用金预借、使用及报销流程

备用金保管

各单位应当建立健全备用金的保管制度,完善保管措施,确保备用金安全。各单位出现备用金短款或长款,要及时查明原因,并如实向主管财务领导汇报,经批准后按照有关规定做出相应处理,不得擅自处理。报账员应当定期与核算中心进行对账,做到账实相符。各单位不得擅自从所取得的现金收入中提取补充备用金,坐收坐支。主要有以下几方面需要注意,如图 4-15 所示。

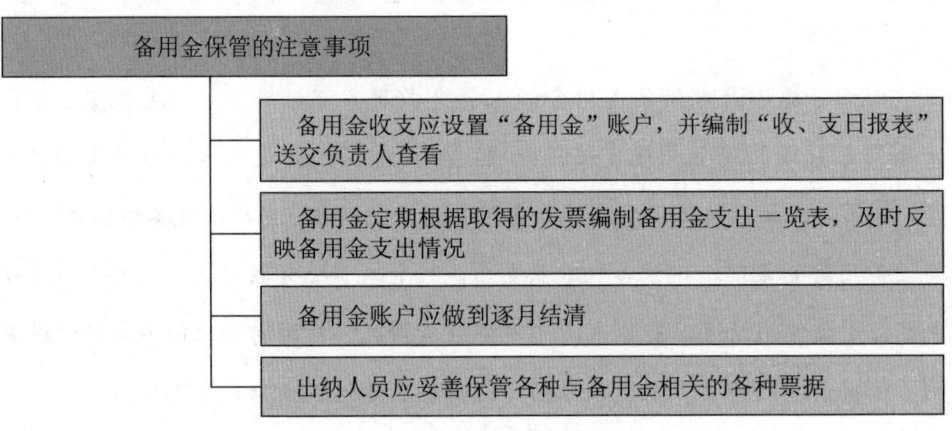

图 4-15　备用金保管的注意事项

◎有价证券的保管

有价证券是一种具有储蓄性质、最终可以兑换货币的票据。目前,我国

发行的有价证券主要有股票和各种债券。股票是向股份企业投资入股的凭证,它代表对企业的股权,可凭股分得利润。债券主要包括政府债券、企业债券和不动产抵押债券,它代表债权,可以按期取得利息,到期取回本金。

有价证券的变现能力很强,具有现金相同的性质和价值。所以,企业持有的有价证券(包括记名的和不记名的)必须由出纳人员按照与货币资金相同的要求进行管理。有价证券除法人认购的股票外,一般是不记名的,所以在保管上难度较大。出纳人员有保管现金的经验,并具有保护其安全的客观条件,因此是保管企业有价证券的最佳人选。

有价证券的保管要求如表 4-9 所示。

表 4-9　有价证券的保管要求

保管要求	具体说明
实行账证分管	账证分管就是指由会计部门管账、出纳部门管证,这样可以互相牵制、互相核对
按货币资金的管理要求进行管理	有价证券必须由出纳人员分类整齐地摆放在保险柜内保管,切忌由经办人自行保管,此外,还要随时或定期进行抽查与盘点。出纳人员对自己保管的各种有价证券的面额和号码应保守秘密
专设出纳账进行详细核算	出纳人员对自己负责保管的各种有价证券,要专设出纳账进行详细核算,并由总账会计的总分类账进行控制。出纳部门的有价证券明细账要按证券种类分设户头,所记金额应与总账会计相一致,当账面金额与证券面值不一致时,应在摘要栏内注明证券的批次、面值和张数。必要时,还可以设置辅助登记簿进行补充登记
非出纳人员使用有价证券	当业务人员提取有价证券时,出纳人员应要求其办理类似现金借据的正规手续,以此作为支付凭证。业务办理完毕后,业务人员应交还有价证券,并由出纳人员在借据上加盖注销章后退还出具人
核对有关部门公布的中签号码	按中签号码还本付息,或中签号码与证券持有人有其他关联时,业务经办人和出纳保管人应注意经常核对有关部门公布的中签号码
建立有价证券购销明细表	为了及时掌握各种证券的到期时间,出纳人员可以通过编制"有价证券购销明细表"来避免失误、"有价证券购销明细表"详细标明各种有价证券的购入与到期时间;也可以通过同时按证券种类和批次设置明细账并在摘要栏注明到期日的办法,来提供有价证券的购销时间

◎现金的保管

现金的保管,主要是指对每日收取的现金和库存现金的保管。现金保管的责任人是出纳人员及其他所属单位的兼职出纳人员。出纳人员在库存现金的保管工作中,应养成良好的工作习惯,注意保险柜的安全防范,保证库存现金的安全完整。

现金的保管主要注意以下几个方面,如表4-10所示。

表4-10 现金保管的注意事项

分类	具体分析
要有专人保管库存现金	库存现金保管的责任人是出纳人员以及其他所属单位的兼职出纳人员。出纳人员应选择诚实可靠、工作责任心强、业务熟练人员担任
送取现金要有安全措施	对向银行送存现金或提取现金时,一般应有两人以上,数额较大,途中最好用专箱装放,专车运送,必要时进行武装押运
库存现金存放要有安全措施	出纳人员要配备专用保险柜,保险柜应靠出纳办公室的内墙存放,保险柜钥匙由出纳人员专人保管,不得交由其他人员代管;保险柜密码应由出纳人员开启,并做好开启记录,严格保密;出纳员工作变动时,应及时更换密码。保险柜的钥匙或密码丢失、发生故障,要立即报请领导处理,不得随意找人修理或配钥匙。必须更换保险柜时,要办理以旧换新的审批手续,注明更换情况备查

现金的清查与错款失款的处理

> 现金清查是为了确保现金的安全，企业除实行钱账分管制度外，出纳员还应在每日和每月终了时根据日记账的合计数，结出库存现金余额，并与库存现金实有数核对。必须做到账款相符。主管会计应随机抽查盘点出纳的库存现金，加强监督。

◎现金的清查

为了确保账实相符，应对现金进行清查。现金清查的方法采用账实核对法。现金清查包括两部分内容，如图 4-16 所示。

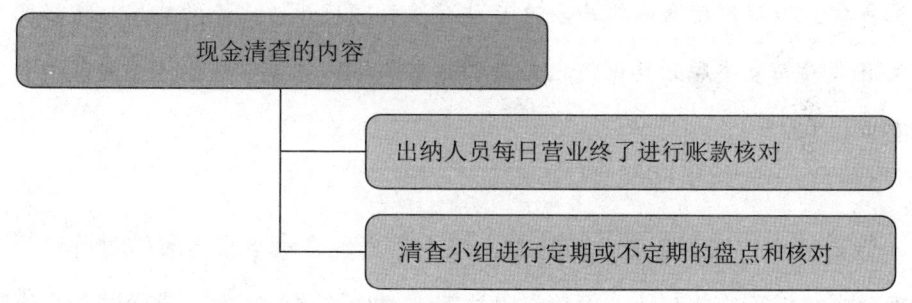

图 4-16　现金清查的内容

库存现金应采用实地盘点法进行清查，即通过盘点确定库存现金的实存数，并与库存现金日记账面余额核对，以查明账实是否相符并确定是否存在盘盈盘亏情况。必须以现金管理的有关规定为依据。不得以"白条"抵存，不得超限额保管现金。对现金进行账实核对，如发现账实不符，应立即查明原因，及时更正，对发生的长款或短款，应查找原因，并按规定进行处理，不得以今日长款弥补它日短款。现金清查和核对后,应及时编制"现金盘点报告表",列明现金账存额、现金实存额、差异额及其原因,对无法确定原因的差异,应及时报告有关负责人。

特别提示

在清查小组清查前,出纳人员应将全部有关现金的收付款凭证登记入账,结出库存现金余额并填列在"库存现金盘点报告表"的"账存金额"栏内。在清查小组盘点时,出纳人员必须在场,现金应逐张查点。清查人员还应认真审核收付款凭证,注意有无违反现金管理制度(如白条抵库、挪用现金等)的情况。盘点完成后,应编制"库存现金盘点报告表",并由盘点人员和出纳人员共同签章。库存现金盘点报告表兼有盘存单和实存账对比表的作用,是证明现金实有数额的重要原始凭证,也是查明账实不符的原因和据以调整账簿记录的重要依据。

现金清查中发现的长款或短款,应根据"现金盘点报告表"进行处理,以确保账实相符,并对长、短款作出处理。现金长款、短款一般通过"其他应收款——现金短款"和"其他应付款——现金长款"科目进行核算,待查明原因后,再根据不同原因及处理结果,将其转入有关科目。

【案例】某企业根据发生的有关现金清查业务,编制会计分录如下:

(1) 企业进行现金清查,发现长款80元,原因待查。

借:现金　　　　　　　　　　　　　　　80

　　贷:其他应付款——现金长款　　　　　80

记 账 凭 证

2020 年 3 月 15 日　　　　　字第 15 号

摘要	会计科目	借方金额 千 百 十 万 千 百 十 元 角 分	贷方金额 千 百 十 万 千 百 十 元 角 分	记账
现金清查	现金	8 0 0 0		
	其他应付款/现金长款		8 0 0 0	
合计		￥ 8 0 0 0	￥ 8 0 0 0	

会计主管：蒋桂芳　　　记账：刘玲　　　审核：孟祥丽　　　制单：马晓东

（2）经反复核查，仍无法查明长款 80 元的具体原因，经单位领导批准，将其转为企业的营业外收入。

借：其他应付款——现金长款　　80
　　贷：营业外收入　　　　　　　　80

记 账 凭 证

2020 年 3 月 15 日　　　　　字第 15 号

摘要	会计科目	借方金额 千 百 十 万 千 百 十 元 角 分	贷方金额 千 百 十 万 千 百 十 元 角 分	记账
转为企业的营业外收入	其他应付款/现金长款	8 0 0 0		
	营业外收入		8 0 0 0	
合计		￥ 8 0 0 0	￥ 8 0 0 0	

会计主管：蒋桂芳　　　记账：刘玲　　　审核：孟祥丽　　　制单：马晓东

（3）现金清查中发现有无法查明具体原因的现金短款 50 元。

借：其他应收款——现金短款　　　50

贷：现金　　　　　　　　　　　　　　　50

记 账 凭 证

2020 年 3 月 15 日　　　　　　字第 15 号

摘要	会计科目	借方金额 千百十万千百十元角分	贷方金额 千百十万千百十元角分	记账
无法查明具体原因的现金短款	其他应收款／现金短款	5 0 0 0		
	现金		5 0 0 0	
合计		￥ 5 0 0 0	￥ 5 0 0 0	

会计主管：蒋桂芳　　记账：刘玲　　审核：孟祥丽　　制单：马晓东

（4）经核查，上述现金短款系出纳人员责任造成，应由出纳赔偿，向出纳人员发出赔偿通知书。

借：其他应收款——出纳员××　　　50

贷：其他应收款——现金短款　　　　50

记 账 凭 证

2020 年 3 月 15 日　　　　　　字第 15 号

摘要	会计科目	借方金额 千百十万千百十元角分	贷方金额 千百十万千百十元角分	记账
由出纳赔偿短款	其他应收款／出纳员	5 0 0 0		
	其他应收款／现金短款		5 0 0 0	
合计		￥ 5 0 0 0	￥ 5 0 0 0	

会计主管：蒋桂芳　　记账：刘玲　　审核：孟祥丽　　制单：马晓东

◎现金错款的处理

出纳人员在清查过程中应当保证账实相符。如果出现长短款，应立即查找原因并进行账务处理。对于现金清查中发现的账实不符，即现金溢缺情况，首先应通过"待处理财产损溢"科目进行核算。现金清查中发现短缺的现金，应按短缺的金额，借记"待处理财产损溢"科目，贷记"库存现金"科目；在现金清查中发现溢余的现金，应按溢余的金额，借记"库存现金"科目，贷记"待处理财产损溢"科目，待查明原因后按如下要求进行处理。

现金溢余

现金溢余是指现金盘点时出现多于现金日记账余额的情况，一般有好几种原因形成：盘点错误、记账错误、汇总错误，报销时少付对方未发现等。

现金溢余，属于应支付给有关人员或单位的，应借记"待处理财产损溢"科目，贷记"其他应付款——应付现金溢余"科目；属于无法查明原因的现金溢余，经批准后，借记"待处理财产损溢"科目，贷记"营业外收入——现金溢余"科目。

现金短缺

现金短缺是指计划期现金期末余额与理想现金余额（又称最佳现金余额）相比后的差额。如果期末现金余额大于理想现金余额，说明现金有多余，应设法进行投资或归还债务；如果期末现金余额小于理想现金余额，则说明现金短缺，应进行筹资予以补足。

现金短缺，属于应由责任人赔偿的部分，借记"其他应收款——应收现金短缺款"或"库存现金"等科目,贷记"待处理财产损溢"科目;属于应由保险公司赔偿的部分,借记"其他应收款——应收保险赔款"科目,贷记"待处理财产损溢"科目;属于无法查明的其他原因,根据管理权限,经批准后处理,借记"管理费用——现金短缺"科目,贷记"待处理财产损溢"科目。

第五章
银行存款及结算方式的管理

我国会计法规定，凡是不符合可用现金支出的用途，一律要通过银行账户支出。银行存款是企业存在银行账户中的现金，银行存款的管理也由企业出纳来完成。通过本章的阅读，我们可以认识到企业银行存款及账户管理的重要性，知晓银行存款的种类、清查；了解银行存款账户的种类、管理原则、变更、迁移、合并与撤销；同时我们也会对企业银行结算的各种方式有一个大致的了解。

学习导读：

◆认识银行存款的管理

◆熟悉银行

◆梳理会计基本职能

◆掌握会计核算内容

◆了解会计日常工作

银行存款的管理

> 银行存款是单位存放在银行的资金,是单位货币资金的主要内容,为加强管理,建立健全银行存款管理制度。根据资金的不同性质、用途,分别在银行开设账户,严格遵守国家银行的各项结算制度和现金管理暂行条例,接受银行监督。

◎银行存款管理的内容

银行存款是指企业存放在开户银行的可随时支用的货币资金。银行存款管理就是国家、银行、企业、事业、机关、团体等有义务方对银行存款及相关内容进行的监督和管理。

银行存款管理的内容,根据其管理对象不同可分为银行存款账户的管理、银行存款结算管理、银行存款核算的管理。如表 5-1 所示。

表 5-1 银行存款管理的内容

分类	具体分析
银行存款账户的管理	指有关银行存款账户的开立、变更、合并、迁移、撤销和使用等内容的管理
银行存款结算的管理	银行存款管理的核心内容,主要是对由经济活动引起的银行存款收付业务管理
银行存款核算的管理	指根据《会计法》及会计准则、会计制度的规定对银行存款业务进行确认、计量、核算和报告的管理

企业的银行存款,要设置"银行存款"科目核算,本科目核算企业存入银行的各种存款。企业如有存入其他金融机构的存款也可以在本科目核算。有

多币种存款的企业,应当按照币种分别设置"银行存款日记账"进行明细核算。

企业应当按照开户银行和其他金融机构、存款种类、币种等,分别设置"银行存款日记账",由出纳人员根据收付款凭证,按照业务的发生顺序逐笔登记。每日终了,应结出余额。"银行存款日记账"应定期与"银行对账单"核对,至少每月核对一次。月末,企业银行存款账面余额与银行对账单余额之间如有差额,应按月编制"银行存款余额调节表"调节相符。

企业应当加强对银行存款的管理,定期对银行存款进行检查,对于存在银行或其他金融机构的款项已经部分不能收回或者全部不能收回的,应当查明原因进行处理,有确凿证据表明无法收回的,应当根据企业管理权限报经批准后,借记"营业外支出"科目,贷记本科目。

企业将款项存入银行或其他金融机构,借记本科目,贷记"库存现金"等有关科目;

提取现金和支出款项,借记"库存现金"等有关科目,贷记本科目。

【案例】企业销售产品收到销货款11700元,存入银行,编制会计分录如下:

借:银行存款　　　　　　　　　　　　　　　11700
　　贷:主营业务收入　　　　　　　　　　　　　10000
　　　　应交税费——应交增值税(销项税额)　　1700

记 账 凭 证

2020 年 8 月 2 日 　　　　　　　　　字第 2 号

摘要	会计科目	借方金额									贷方金额									记账
		千	百	十	万	千	百	十	元	角	分	千	百	十	万	千	百	十	元	角	分	
收到销货款	银行存款				1	1	7	0	0	0	0											
	主营业务收入														1	0	0	0	0	0	0	
	应交税费／应交增值税（销项税额）															1	7	0	0	0	0	
合计					¥1	1	7	0	0	0	0				¥1	1	7	0	0	0	0	

会计主管：蒋桂芳　　　记账：刘玲　　　审核：孟祥丽　　　制单：马晓东

企业收回应收账款 30000 元，银行已入账，编制会计分录如下：

借：银行存款　　　　　　　30000

　　贷：应收账款　　　　　　　　30000

记 账 凭 证

2020 年 8 月 2 日 　　　　　　　　　字第 2 号

摘要	会计科目	借方金额									贷方金额									记账
		千	百	十	万	千	百	十	元	角	分	千	百	十	万	千	百	十	元	角	分	
收回应收账款	银行存款					3	0	0	0	0	0											
	应收账款															3	0	0	0	0	0	
合计						¥3	0	0	0	0	0					¥3	0	0	0	0	0	

会计主管：蒋桂芳　　　记账：刘玲　　　审核：孟祥丽　　　制单：马晓东

企业行政部门支付电话费 5000 元，编制会计分录如下：

借：管理费用——电话费　　5000

　　贷：银行存款　　　　　　　　5000

记 账 凭 证

2020 年 8 月 2 日　　　　　　字第 2 号

摘要	会计科目	借方金额 千百十万千百十元角分	贷方金额 千百十万千百十元角分	记账
支付电话费	管理费用/电话费	5 0 0 0 0 0		
	银行存款		5 0 0 0 0 0 0	
合计		￥5 0 0 0 0 0	￥5 0 0 0 0 0 0	

会计主管：蒋桂芳　　　记账：刘玲　　　审核：孟祥丽　　　制单：马晓东

企业购入材料一批，支付购材料款 20000 元，增值税为 3400 元，合计 23400 元，编制会计分录如下：

　　借：材料采购　　　　　　　　　　　　　　　20000

　　　　应交税费——应交增值税（进项税额）　　3400

　　　　贷：银行存款　　　　　　　　　　　　　23400

记 账 凭 证

2020 年 8 月 2 日　　　　　　字第 2 号

摘要	会计科目	借方金额 千百十万千百十元角分	贷方金额 千百十万千百十元角分	记账
购入材料	材料采购	2 0 0 0 0 0		
	应交税费/应交增值税（进项税额）	3 4 0 0 0		
	银行存款		2 3 4 0 0 0 0	
合计		￥2 3 4 0 0 0 0	￥2 3 4 0 0 0 0	

会计主管：蒋桂芳　　　记账：刘玲　　　审核：孟祥丽　　　制单：马晓东

企业以银行存款偿还原欠外单位货款 10000 元，编制会计分录如下：

借：应付账款　　　　　　　10000

　　贷：银行存款　　　　　　10000

记　账　凭　证

2020年8月2日　　　　　　　　　　　　字第2号

摘要	会计科目	借方金额 千百十万千百十元角分	贷方金额 千百十万千百十元角分	记账
以银行存款偿还原欠外单位货款	应付账款	1 0 0 0 0 0 0		
	银行存款		1 0 0 0 0 0 0	
合计		¥ 1 0 0 0 0 0 0	¥ 1 0 0 0 0 0 0	

会计主管：蒋桂芳　　　记账：刘玲　　　审核：孟祥丽　　　制单：马晓东

◎银行存款的种类

银行存款通常有以下几种类别，如表5-2所示。

表5-2　银行存款的种类

分类	具体分析
活期存款	指单位有权随时支取或用于结算的款项，优点是可以随时存取，灵活度很大，但利率非常低
一般定期存款	人民币定期存款有三个月、半年、一年、二年、三年五个档次；外币定期存款有一个月、三个月、六个月、一年、二年五个档次
通知存款	在存款时不约定存期，并与银行约定存款支取时提前通知期限的一种存款品种。其利率高于活期存款，本金一次存入，多存不限，可一次或多次支取。目前人民币通知存款有一天通知存款和七天通知存款两种，最低起存金额为人民币50万元，最低支取金额为10万元；外币通知存款现有七天通知存款一种，最低存取金额不低于折合人民币一万元的等值外币
人民币协定存款	适用于在银行账户上经常留有大额资金，它通过设定存款基数，实行超额分户计息的办法，既保证了资金随时调度的要求，又取得高于活期存款利息的收益

◎银行存款的清查

银行存款的清查是指企业银行存款日记账的账面余额与其开户银行转来的对账单的余额进行的核对。企业每月应将银行存款日记账与银行对账单进行核对，以检查银行存款收付及结存情况。银行存款清查方法是为了防止记账发生错误，保证存款账目的正确性，企业应按期对银行存款进行清查。

银行存款清查，首先不一定是企业记账错误，因为企业和银行都有可能发生时间性记账差异，银行存款清查的基本方法是核对账目，即以银行存款日记账与银行对账单相互核对。在核对中，若发现两者账面余额不一致，不一致的原因主要有两方面：一是记账错误；二是存在未达账项。

在实际工作中，企业银行存款日记账余额与银行对账单余额往往不一致，其主要原因有两个：一是一方或双方账目存在错误，发生重记、漏记或者金额、科目记错等问题；二是存在未达账项。未达账项是指由于双方记账时间不一致而发生的一方已经入账，而另一方尚未入账的款项。未达账项有以下四种情况，如图 5-1 所示。

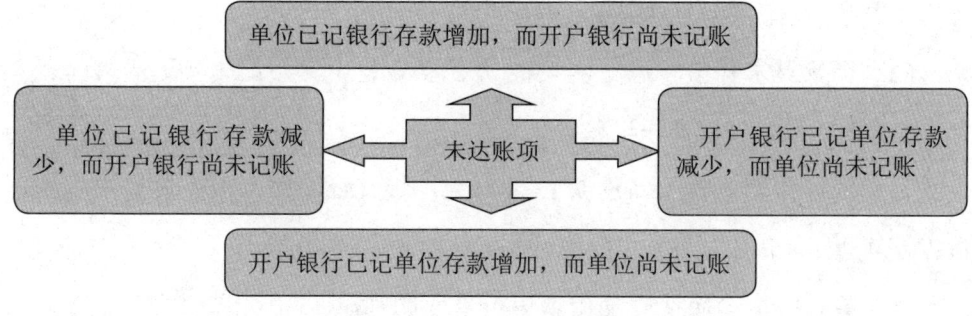

图 5-1　未达账项的四种情况

银行存款清查采用与银行核对账目的方法进行。清查前应先检查本单位银行存款日记账的正确性与完整性，然后将银行对账单与本单位"银行存款日记账"逐笔核对,以查明银行存款的收入、支出和结余的记录是否正确。

其次采用勾对法进行逐笔核对,借以发现记账差错或未达账项;最后根据未达账项和对账单的余额编制银行存款余额调节表。

编制"银行存款余额调节表",一般是在单位银行存款日记账账面余额和银行对账单余额的基础上,分别补记对方已入账而本方尚未入账的未达账项金额,然后验证经调节后双方的余额是否相等。如果相等,表明双方记账都是正确的,双方的余额不符,完全是由于存在未达账项造成的;如果调节后双方的余额仍不相等,则表明还存在记账错误,应进一步查明原因,并予以更正。

银行存款清查方法余额调节表调节后的双方余额如果相等,一般表明双方记账没有差错,企业银行存款账实相符。如果双方余额经调节后仍不相等,应进一步查找原因,以便更正错误记录。

【案例】某企业2020年3月31日银行存款日记账的账面余额为920000元,银行对账单余额为1050000元,经逐笔核对,查明有以下几笔未达账项:

(1)企业月末将收到的转账支票6000元送存银行,企业已记账,而银行因尚未办妥划款手续而未记账;

(2)企业月末开出转账支票4500元,企业已记账,而收票人尚未向银行办理进账手续,银行尚未记账;

(3)银行代企业收入销货款133000元,银行已记账,而企业尚未收到银行收款通知,尚未记账;

(4)银行收取了企业短期借款第一季度的利息1500元,银行已记账,而企业尚未收到银行的计付利息通知单,尚未记账。

根据上述资料,编制"银行存款余额调节表"如表所示:

银行存款余额调节表

2020 年 3 月 31 日　　　　　　　　　单位：元

项目	金额	项目	金额
企业银行存款账面余额	920000	银行对账单账面余额	1050000
加：银行已收，企业未收 减：银行已付，企业未付	133000 1500	加：企业已收，银行未收 减：企业付，银行未付	6000 4500
调节后的存款余额	1051500	调节后的存款余额	1051500

特别提示

调节后的银行存款余额，是月末企业银行存款的真正实有数额，即企业实际可动用的存款数额。需要注意的是：编制银行存款余额调节表，只是为了检查账簿记录的正确性，而不是要更改账簿记录。所以，企业不得按照银行存款余额调节表调整账面余额，各项未达账项要待收到银行转来的有关收、付结算凭证时，方可进行账务处理。

◎银行存款余额调节表编制

银行账上的存款余额（也就是银行对账单上的存款余额）同本单位账上的存款余额可能不一致，其原因主要有以下两点，如图 5-2 所示。

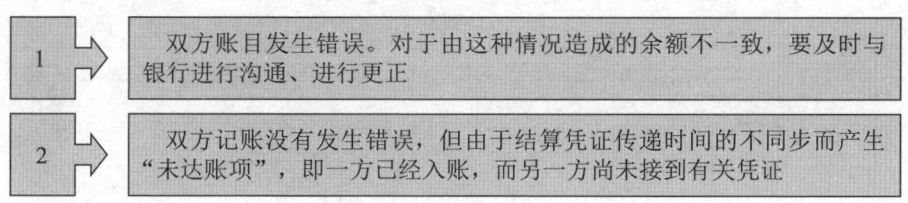

图 5-2　银行对账错误的原因

对于由第二种种情况造成的余额不一致，要消除未达账项的影响，具体做法是编制银行存款余额调节表。银行存款余额调节表的具体编制方法有五种，即补记法、冲销法、付项单冲法、收项单冲法和差额法。

为清楚表达这五种计算方法，将单位账面存款余额用"单余"表示，单位已收而银行未收账项用"单收"表示，单位已付而银行未付账项用"单付"表示，银行对账单存款余额用"银余"表示，银行已收而单位未收账项用"银收"表示，银行已付而单位未付账项用"银付"表示。如表 5-3 所示。

表 5-3　银行存款余额调节表的编制方法

类别	具体分析
补记法	即余额调节对方已增已减计算法。此种方法是将单位和银行的未达账项视为已发生处理。编制银行存款余额调节表时，在双方（单位和银行各为一方）现有余额的基础上，各自加上对方已收自方未收的账项，减去对方已付自方未付的账项 计算公式：单余 + 银收 - 银付 = 银余 + 单收 - 单付
冲销法	即余额调节自方已增已减计算法。此种方法是将单位和银行的未达账项视为未发生处理。编制银行存款余额调节表时，在双方（单位和银行各为一方）现有余额的基础上，各自加上自方已付对方未付的账项，减去自方已收对方未收的账项 计算公式：单余 + 单付 - 单收 = 银余 + 银付 - 银收
付项单冲法	即余额调节对方已增自方已减计算法。此种方法是将双方的付出未达账项视为未发生处理。编制银行存款余额调节表时，在双方（单位和银行各为一方）现有余额的基础上，各自加上对方已收自方未收的账项和自方已付对方未付的账项 计算公式：单余 + 银收 + 单付 = 银余 + 单收 + 银付
收项单冲法	即余额调节对方已减自方已增计算法。此种方法是将双方的收入未达账项视为未发生处理。编制银行存款余额调节表时，在双方（单位和银行各为一方）现有余额的基础上，各自减去对方已付自方未付的账项和自方已收对方未收的账项 计算公式：单余 - 银付 - 单收 = 银余 - 单付 - 银收
差额法	即余额差额调节法。此种方法是以双方余额的差额为依据，确认双方未达账项的差额是否与其相同，从而判断账簿记录的正确与否。编制银行存款余额调节表时，将双方（单位和银行各为一方）现有余额相减，同时按余额相减的顺序将双方各自未达账项分别相减 计算公式：单余 - 银余 = 单收 - 单付 - 银收 + 银付

【案例】 某公司 2020 年 4 月 30 日银行存款日记账上存款余额为 7200 元,银行送来的对账单上的余额为 6000 元,经逐笔核对,发现有以下情况:

①月末公司收到转账支票一张 2400 元,已入账,银行尚未入账;

②月末公司开出转账支票一张 600 元,已入账,持票人未到银行办理转账手续,银行未入账;

③银行代收货款 1200 元,已入账,公司未收到银行的收款通知,未入账;

④一银行代付的水电费 600 元,已入账,公司未收到银行的付款通知,未入账。

分析:

①属于企业已收,银行未收;

②属于企业已付,银行未付;

③属于银行已收,企业未收;

④属于银行已付,企业未付。

因此,实际的企业银行日记账金额应为 7200 +1200-600 =7800(元);实际的银行存款的金额应为 6000 +2400-600 =7800(元)。这个数字是月末银行存款的真实数字。对于银行已经入账而企业尚未入账的各项经济业务,不能根据上述调节表进行记账,而应于接到有关凭证以后再编制记账凭证,并记入有关账簿。

银行存款账户的管理

> 银行存款就是企业存放在银行或其他金融机构的货币资金。按照中国有关规定,凡是独立核算的单位都必须在当地银行开设账户。企业在银行开设账户以后,除按核定的限额保留库存现金外,超过限额的现金必须存入银行;除了在规定的范围内可以用现金直接支付的款项外,在经营过程中发生的一切货币收支业务,都必须通过银行存款账户进行核算。

◎银行存款账户管理原则

银行账户是各单位与其他单位通过银行办理结算和现金收付的重要工具,通过银行办理转账结算,有一个先决条件,那就是必须到银行开立账户;银行账户是各单位为办理结算和申请贷款在银行开立的户头,也是单位委托银行办理信贷和转账结算以及现金收付业务的工具,它具有监督和反映国民经济各部门、各单位活动的作用。

银行账户分为基本存款账户、一般存款账户、临时存款账户和专用存款账户,根据《银行账户管理办法》的规定,银行账户管理遵守以下基本原则,如表5-4所示。

表5-4 银行账户管理的基本原则

基本原则	解释	具体说明
一个基本账户原则	存款人只能在银行开立一个基本存款账户,不能开立多头基本存款账户	存款人在银行开立基本存款账户,由中国人民银行当地分支机构核发开户许可制度

续表

基本原则	解释	具体说明
自愿选择原则	存款人可以自主选择银行开立账户，银行也可以自愿选择存款人开立账户	任何单位和个人不得强制存款人和银行开立或使用账户
存款保密原则	银行必须依法为存款人保密，维护存款人资金的自主支配权	除国家法律规定和国务院授权中国人民银行总行监督的项目外，银行不得代任何单位和个人查询、冻结、扣划存款人账户内的存款
不垫款原则	不为任何单位垫付资金	银行在办理结算时只负责办理结算双方单位的资金转移

◎银行存款账户的种类

银行存款通常是指企业存放在银行和其他金融机构的货币资金。按照国家现金管理和结算制度的规定，每个企业都要在银行开立账户（即结算户）存款，用来办理存款、取款和转账结算。

一个企业可能在多家银行中开户，但这些账户的功能不尽相同，下面有必要对银行账户的知识所有了解。根据我国《银行账户管理办法》，银行账户一般分为基本存款账户、一般存款账户、临时存款账户和专用存款账户。具体如表 5-5 所示。

表 5-5 银行账户的分类

分类	解释
基本存款账户	存款人办理日常转账结算和现金收付的账户。存款人的工资、奖金等现金的支取需通过本账户办理。一个企业只能开立一个基本存款账户，开户时必须要有中国人民银行当地分支机构核发的开户许可证
一般存款账户	办理基本存款账户之外的银行借款转存。与企业的基本存款账户不在同一地点的附属非独立核算企业，可申请开设一般存款账户。企业可以通过此账户办理转账结算和现金交存，但不能办理现金支取

续表

分类	解释
临时存款账户	存款人因特定用途需要，依据当地工商行政机关核发的临时执照或当地有关部门同意设立外来临时机构的批件开立的账户
专用存款账户	企业因特定用途需要开立的账户。特定用途如基本建设、更新改造等

根据我国《银行账户管理办法》和《违反银行结算制度处罚规定》，对企业违反账户管理的行为也有严厉的处罚，如图5-3所示。

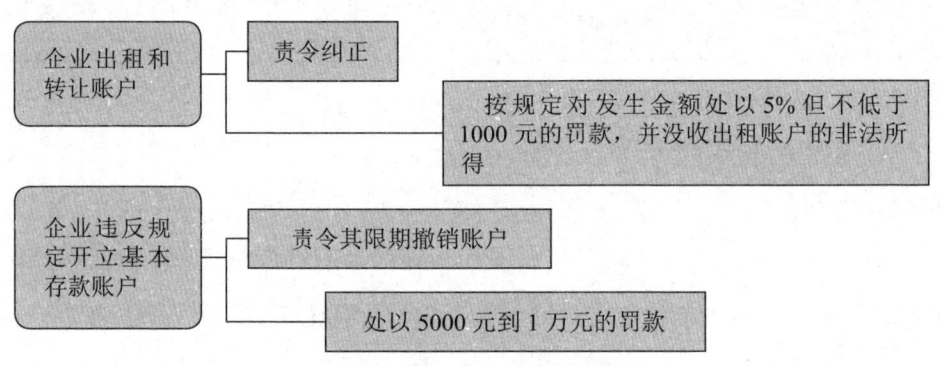

图5-3 违反账户规定的处罚

特别提示

银行的基本存款账户一般就是指企业合同章上印有"开户行和账号"的账户，这个账户一个企业只能开一个，并要由人民银行批准；而其他三个账户的开立比较容易，企业可在不同银行开有多个账户。

◎银行存款账户的变更、迁移、合并和撤销

在实务工作中，经常会出现人事的变动，办公大楼的迁移，甚至公司所

在城市的变化，这时候其银行账户就会相应的发生变更、迁移，甚至撤销，下面是这几种情况下银行账户的办理，如表 5-6 所示。

表 5-6　银行账户的管理

分类	具体分析
账户变更	开户单位由于人事变动或其他原因需要变更单位财务专用章、财务主管印鉴或出纳员印鉴的，应填写"更换印鉴申请书"，并出具有关证明，经银行审查同意后，重新填写印鉴卡片，并注销原预留的印鉴卡片
迁移账户	单位发生办公或经营地点搬迁时应到银行办理迁移账户手续。如果迁入迁出在同一城市，可以凭迁出行出具凭证到迁入行开立新户，搬迁异地应按规定向迁入银行重新办理开户手续。在搬迁过程中，如需要可要求原开户银行暂时保留原账户，但在搬迁结束已在当地恢复经营活动时，则应在一个月内到原开户银行结清原账户
撤销、合并账户	各单位因机构调整、合并、撤销、停业等原因，需要撤销、合并账户的，应向银行提出申请，经银行同意后，首先要同开户银行核对存贷款户的余额并结算全部利息，全部核对无误后开出支取凭证结清余额，同时将未用完的各种重要空白凭证交给银行注销，然后才可办理撤销、合并手续。由于撤销账户单位未交回空白凭证而产生的一切问题应由撤销单位自己承担责任

特别提示

单位因某些原因需要变更账户名称，应向银行交验上级主管部门批准的正式函件，企业单位和个体工商户需交验工商行政管理部门登记注册的新执照，经银行审查核实后，变更账户名称，或者撤销原账户，重立新账户。

另外，按照规定，连续在一年以上没有发生收付活动的账户，开户银行经过调查认为该账户无须继续保留即可通知开户单位来银行办理销户手续，开户单位接通知后一个月内必须办理，逾期不办理可视为自动销户，存款有余额的将作为银行收益。

银行结算方式

所谓结算方式,是指用一定的形式和条件来实现各单位(或个人)之间货币收付的程序和方法。结算方式是办理结算业务的具体组织形式,是结算制度的重要组成部分。企业单位合理选择银行结算方式对加速资金周转,抑制货款拖欠,加强财务管理,促进经济发展具有重要意义。

> 财务管理作为一种价值管理,包括筹资管理、投资管理、利润分配管理、营运资金管理等,是一项综合性很强的经济管理活动,在企业管理中占据相当重要的位置。通过财务管理活动,企业可以最大限度地增收节支,提高经济效益并促进整个管理系统的改善。因此,优秀的财务管理本身就是企业巨大的竞争优势。

◎支票结算方式

支票,是由单位或个人签发、委托办理支票存款业务的银行或者其他金融机构在见票时无条件支付确定的金额给收款人或者持票人的票据。在实际工作中,支票是同城结算中应用最为广泛的银行结算方式,凡是在同一票据交换区域内收付各种款项时,都可以使用支票。

支票的种类

我国《票据法》按照支付票款的方式,将支票结算凭证分为现金支票、转账支票和普通支票三种,还有一种空头支票。如图5-4所示。

第五章 银行存款及结算方式的管理

现金支票：支票上印有"现金"字样的为现金支票，专门用于支取现金。它可以由存款人签发给本单位提取现金，也可签发给其他单位和个人用来办理结算或者委托银行代为支付现金给付款人

转账支票：支票上印有"转账"字样的为转账支票，专门用于转账，不能用于提取现金。转账支票适用于存款人给同一城市范围内的收款单位划转款项

普通支票：支票上未印有"现金"或"转账"字样的为普通支票，可以用于支取现金，也可以用于转账。在普通支票正面的左上角划两条平行线的只能用于转账；不划线时则作为现金支票使用

空头支票：空头支票是指发票人与付款人并无资金关系，又未订立透支的信用契约或超出银行存额余额，发票人任意发出支票，致使支票不获付款，由于支票提款期限短，不可能设立承兑手续，又以迅速支付为必要，因此发票人签发空头支票无从事先预防，只能事后对发票人予以制裁

图 5-4　支票的种类

特别提示

在实践中，我国一直采用的是现金支票和转账支票，没有普通支票，但《票据法》为了方便当事人，借鉴国外的方法经验，规定了普通支票的形式。在这里，需要特别说明一点，支票除现金支票和转账支票外，还有一种支票，即定额支票。由于定额支票不仅具有特殊用途，实际上还可以作为"现金"使用，除农产品收购单位使用外，其他单位不使用。因此，我们习惯上说的支票是指现金支票和转账支票两种，不包括定额支票。

支票的特点

支票有以下两个特点,如表 5-7 所示。

表 5-7　支票的特点

支票的特点	支票是见票即付的票据。支票在有效提示期限内,执票人一旦提示,付款人则应当无条件地支付票面金额,法定抗辩的事由除外。各国、各地区以及有关国际公约在立法上都规定支票为见票即付,不存在支票到期日问题上的定日、计期,注期之说,从发票到付款的时间很短。不允许发行所谓"远期支票"
	支票的付款人只限于银行,而在发票人与付款人之间,要求必须有一定的资金关系存在。这与汇票、本票的付款人无身份限制有很大不同

支票的基本要素

一张完整的支票,必须记载以下事项,如图 5-5 所示。

- 1　注明"支票"的字样
- 2　无条件支付的委托
- 3　确定的金额
- 4　付款人的名称
- 5　出票日期
- 6　出票人签章(本单位财务专用章和个人名章)

图 5-5　支票的基本要素

出纳人员取得或开具一张支票时,首先要明确支票的类型及其使用要求;

其次要审查支票的基本要素是否齐全，书写是否规范，所记载的经济内容是否合理合法；确认无误后，方可办理有关的结算手续。因此，出纳人员应当熟悉《票据法》和《支付结算办法》的有关规定，提高自身的业务素质，保证出纳工作的质量。

支票结算的基本规定

支票结算的基本规定，主要包括以下内容，如表 5-8 所示。

表 5-8 支票结算的基本规定

分类	具体分析
支票的使用范围	按照规定，凡是在银行开立账户的企业、事业单位和机关、团体、部队、学校、个体经济户以及单位所附属食堂、幼儿园等，其在同一城市或票据交换地区的商品交易、劳务供应、债务清偿和其他款项结算等均可使用支票
支票一律记名	签发的支票必须注明收款人的名称，只准收款人或签发人向银行办理转账或提取现金。在中国人民银行总行批准的地区，转账支票可以背书转让
支票的有效期为 10 天	有效期从签发的次日算起，到期日遇到节假日顺延。超过提示付款期限的，银行不予受理，支票自动作废
支票的起点金额为 100 元	起点以下的款项结算通常不使用支票，但零散交纳公用事业费、缴拨基本养老保险基金、建房公积金等，可不受金额起点的限制
支票的书写	签发支票应使用墨汁、碳素墨水或使用支票打印机认真填写，未按规定填写而被涂改冒领的，由签发人负责。支票上各项内容要续写齐全，内容要真实，字述要清晰，数字要标准，大小写金额要一致
支票签发规定	签发人（出票人）必须在银行账户余额内按照规定向收款人（持票人）签发支票。不准签发空头支票或印章与预留银行印鉴不符的支票，否则，银行除退票外要按票面金额处以 5% 但不低于 1000 元的罚款，另收支票金额 2% 的赔偿金给持票人。对屡次签发空头支票的签发人，银行将根据情节给予警告、通报批评，直到停止其向收款人签发支票
遗失支票	已签发的现金支票遗失，可以向银行申请挂失。挂失前已经支付的，银行不予受理。已签发的转账支票遗失，银行不受理挂失，可请求收款人协助防范

特别提示

支票大小写金额、签发日期和收款人三处不得更改;其他内容如有更改,必须由签发人加盖预留银行的印鉴证明。

支票结算的基本程序

在采用支票结算方式时,出纳人员必须严格按照支票结算的要求取得或签发支票,并按银行规定的程序进行处理,保证支票在收款、支付及背书转让过程中的安全。

1. 现金支票的结算程序

开户单位用现金支票提取现金时,由单位出纳人员签发现金支票并加盖银行预留印鉴后,到开户银行提取现金,开户单位用现金支票向外单位或个人支付现金时,由付款单位出纳人员签发现金支票并加盖银行预留印鉴和注明收款人后交收款人,收款人持现金支票到付款单位开户银行提取现金,并按照银行的要求交验有关证件。

现金支票的结算程序如图 5-6 所示。

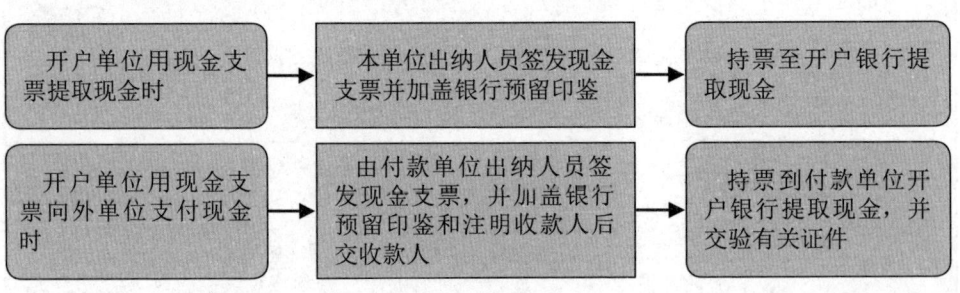

图 5-6 现金支票的结算程序

2. 转账支票的结算程序

转账支票的结算程序如图 5-7 所示。

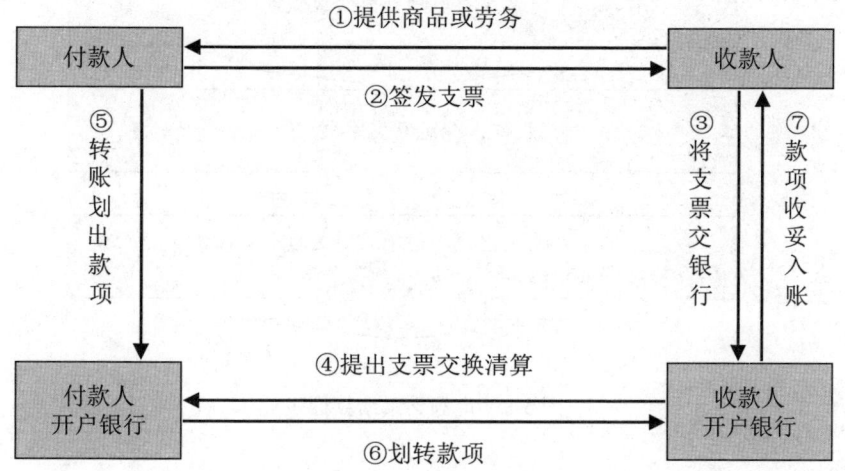

图 5-7　转账支票结算程序

付款人签发转账支票后交收款人，凭支票存根贷记"银行存款"科目，借记对应科目；收款人将支票送交本单位开户银行，经银行审查无误后，开具进账单退回款人，收款人可据此借记"银行存款"科目，贷记对应科目。

单位将转账支票送存开户行进账、汇款，或将现金送存开户行，均应填写进账单向银行办理进账手续。进账单第一联为回单或收款通知联，是收款人开户行交给收款人的回单；第二联为收入凭证联，此联由收款人开户行作收入传票。

3. 定额支票结算的基本程序

定额支票结算程序如图 5-8 所示。

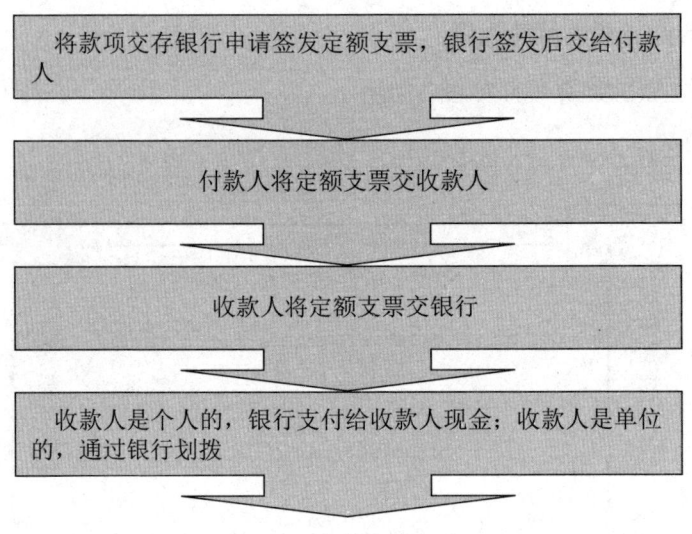

图 5-8　定额支票结算程序

4．转账支票的背书转让

转账支票可以根据需要在票据交换区域内背书转让。背书，是指在票面或者粘贴单上记载有关事项并签章的票据行为。背书连续，是指在支票转让中，转让支票的背书人与受让支票的被背书人在支票上的签章依次前后衔接。转账支票的背书转让需要注意以下事项，如图5-9所示。

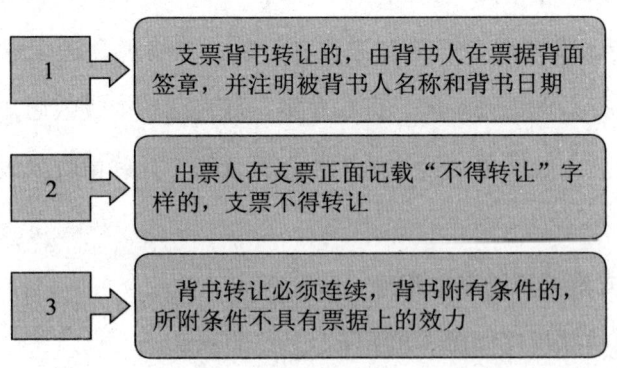

图 5-9　转账支票背书转让的注意事项

支票结算应注意的事项

支票结算注意事项如表 5-9 的所示。

表 5-9 支票结算应注意的事项

分类	具体分析
领取支票	领取支票时，必须填写"支票领用单"，并加盖预留银行印鉴章，经银行核对印鉴相符后，按规定收取工本费和手续费，发给空白支票，并在支票登记簿上注明领用日期、存款人名称、支票起止号码，以备查对。银行出售支票，每个账户只准一次一本，业务量大的可以适当放宽。出售时应在每张支票上加盖本行行名和存款人账号
用支票采购时	要严格控制携带空白支票外出采购。对事先不能确定采购物资的单价、金额的，经单位领导批准，可将填明收款人名称和签发日期、明确了款项用途和款项限额的支票交采购人员，使用支票人员回单位后必须及时向财务部门结算，款项限额的办法是在支票正面用文字注明所限金额，并在小写金额栏内用"*"填定数位
签发支票时	支票应由财会人员或使用人员签发，不得将支票交给收款人代为签发。支票存根要同其他会计凭证一样妥善保管
收到支票时	收款人在接受付款人交来的支票时，应注意审核以下内容：支票收款人或被背书人是否确为本收款人；支票签发人及其开户银行的所在地是否在本结算区；支票签发日期是否在付款期内；大小写金额是否一致；背书转让的支票其背书是否连续，有无"不准转让"字样；支票是否按规定用墨汁或碳素墨水填写；大小写金额、签发日期和收款人名称有无更改；其他内容更改后是否加盖印鉴证明；签发人盖章是否齐全等

特别提示

对持支票前来购货的购货人必须核对身份，查验有关证件。为了防止发生诈骗、冒领或收受空头支票，收款人或被背书人接受支票时，可检查持票人的身份证，摘录身份证号码并问明联系电话等。按常规应将受理的支票及时送存银行，待银行将款项收妥并存入本单位账户后再行发货。

空白支票的管理

经单位领导批准，出纳员可签发具有下列内容的空白支票，如图5-10所示。

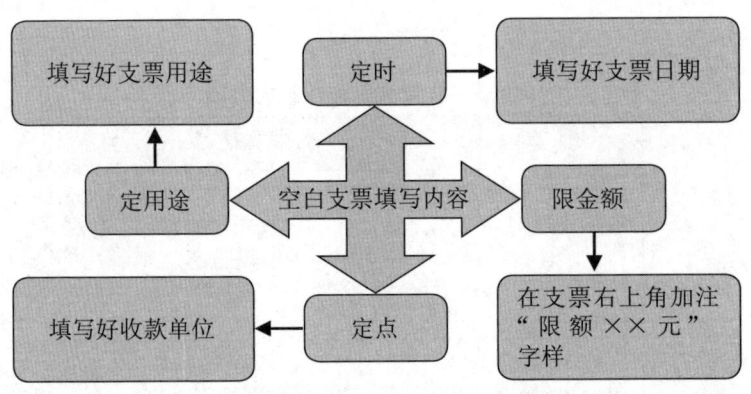

图 5-10　空白支票填写内容

企业签发空白支票要设置"空白支票签发登记簿"，实行空白支票领用销号制度，以严格控制空白支票的签发。"空白支票签发登记簿"的基本格式如表所示。领用人领用支票时要在登记簿"领用人员"栏签名或盖章；领用人将支票的存根或未使用的支票交回时．应在登记簿"销号日期"栏销号并注明销号日期。（如表 5-10 所示）

表 5-10　空白支票签发登记簿

领用日期	支票号码	领用人员	用途	收款单位	限额	批准人	销号日期	备注

企业内部领用支票的有关部门和人员应按规定及时报账，遇有特殊情况与单位财务部门及时取得联系，以便财务部门能掌握支票的使用情况，合理地安排使用资金。为避免签发空头支票，出纳人员要定期与开户银行核对往来账，了解未达账项情况，准确掌握和控制其银行存款余额，从而为合理地安排生产经营等各项业务提供决策信息。

◎银行本票结算方式

银行本票是申请人将款项交存银行，由银行签发给其凭以办理转账结算或支取现金的票据。银行本票是应客户请求而签发，以代替现金流通，节约现金使用，缓冲货币投放压力。银行本票一律为记名式，允许以背书转让，简化了结算手续，有利于实现资金清算的票据化，加速资金周转，扩展资金来源。《银行结算办法》规定，单位、个体经济者和个人在同城范围的商品交易和劳务供应以及其他款项的结算均可以使用银行本票。

银行本票的格式如下所示（以工商银行为例）：

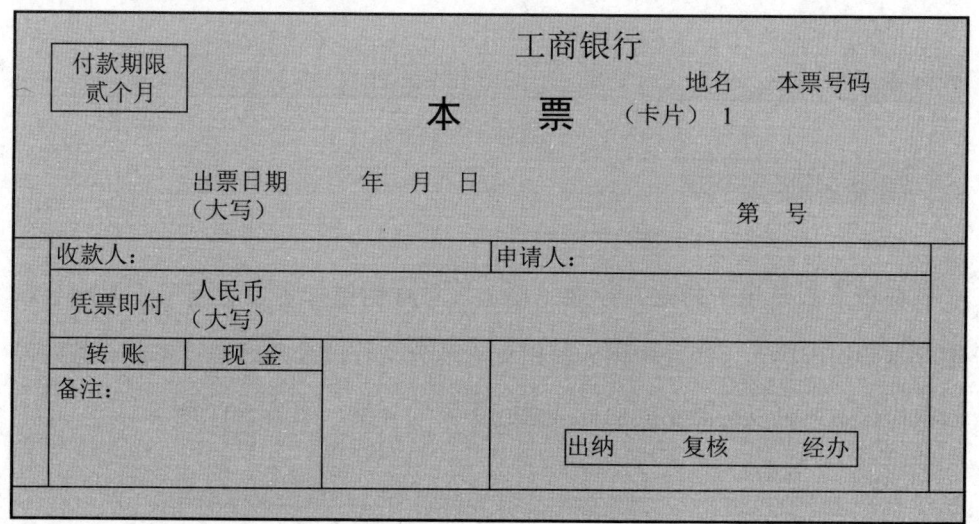

注：第一联出票行留存，待结清本票时作借方凭证附件。

付款期限 个月		工商银行	地名　本票号码	
		本　票　2		
	出票日期 （大写）	年　月　日	第　号	
收款人：			申请人：	
凭票即付	人民币 （大写）			
转　账	现　金			
备注：				
		出票行签字：	出纳　复核　经办	

注：第二联出票行结清本票时作借方凭证

	被背书人	被背书人	（贴粘单处）
	背书人签章： 年　月　日	背书人签章： 年　月　日	
持票人向银行 提示付款签字	身份证件名称： 号码	发证机关：	

银行本票的种类

银行本票可用于转账，注明"现金"字样的银行本票可用于支取现金。银行本票的出票人，为经中国人民银行当地分支行批准办理银行本票业务的银行机构。本票可以按照不同的标准进行不同的分类，如图5-11所示。

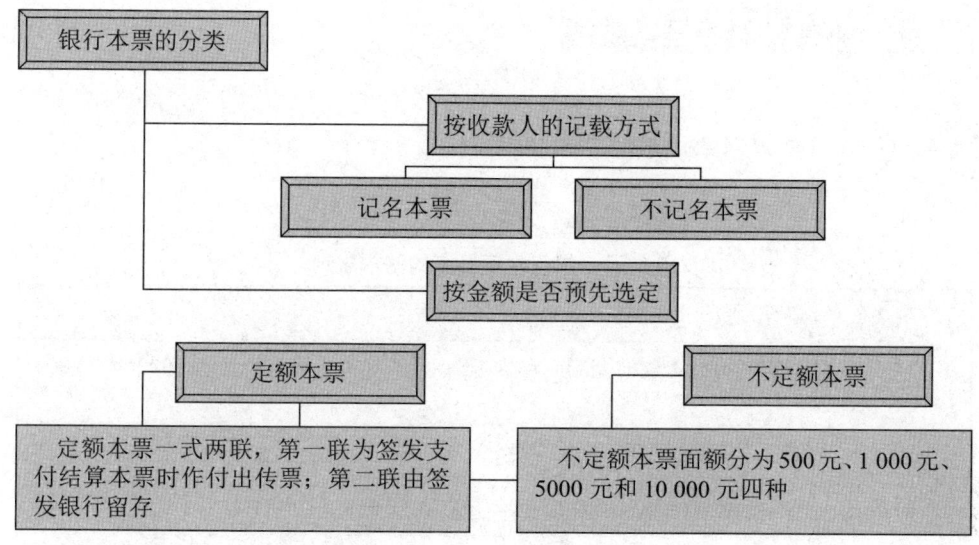

图 5-11 银行本票的分类

银行本票的记载事项

银行本票主要记载以下事项，如图 5-12 所示。

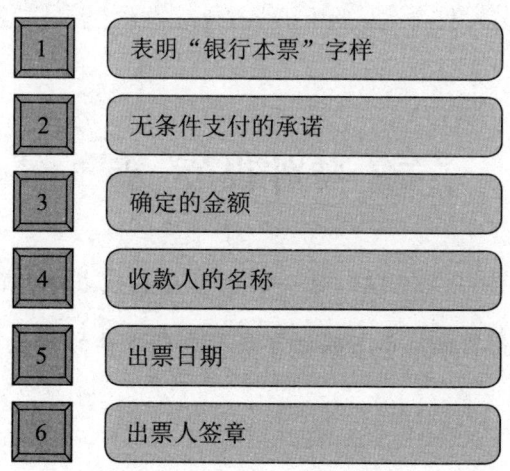

图 5-12 银行本票记载事项

银行本票结算的基本规定

银行本票结算基本规定如表 5-11 所示。

表 5-11　银行本票结算的基本规定

银行本票结算的基本规定	银行本票一律记名。允许背书转让
	不定额银行本票的金额起点为 1000 元。定额银行本票面额 1000 元、5000 元、10000 元和 50000 元。
	银行本票的付款期为一个月（不分大月、小月，统一按次月对日计算；到期日遇到节假日顺延） 逾期的银行本票，兑付银行不予受理
	申请人办理银行本票，应向银行填写"银行本票申请书"，详细填明收款人名称，需要支取现金的，在银行本票上划去"转账"字样，填明"现金"字样。不定额银行本票用压数机压印金额，将办妥的银行本票交给申请人
	未在银行开立账户的收款人，凭具有"现金"字样的银行本票向银行支取现金，应在银行本票背面签字或盖章，并向银行交验有关证件
	银行本票见票即付，不予挂失。遗失的不定额银行本票在付款期满后一个月，确未冒领，可以办理退款手续
	申请人因银行本票超过付款期或者其他原因要求退款时，可持银行本票到签发银行办理

特别提示

银行本票申请书一式三联，第一联由签发单位或个人留存，第二联由签发行办理本票的付款凭证，第三联由签发行办理本票的收款凭证。

银行本票的使用

1. 银行本票的申请

银行本票申请流程如图 5-13 所示。

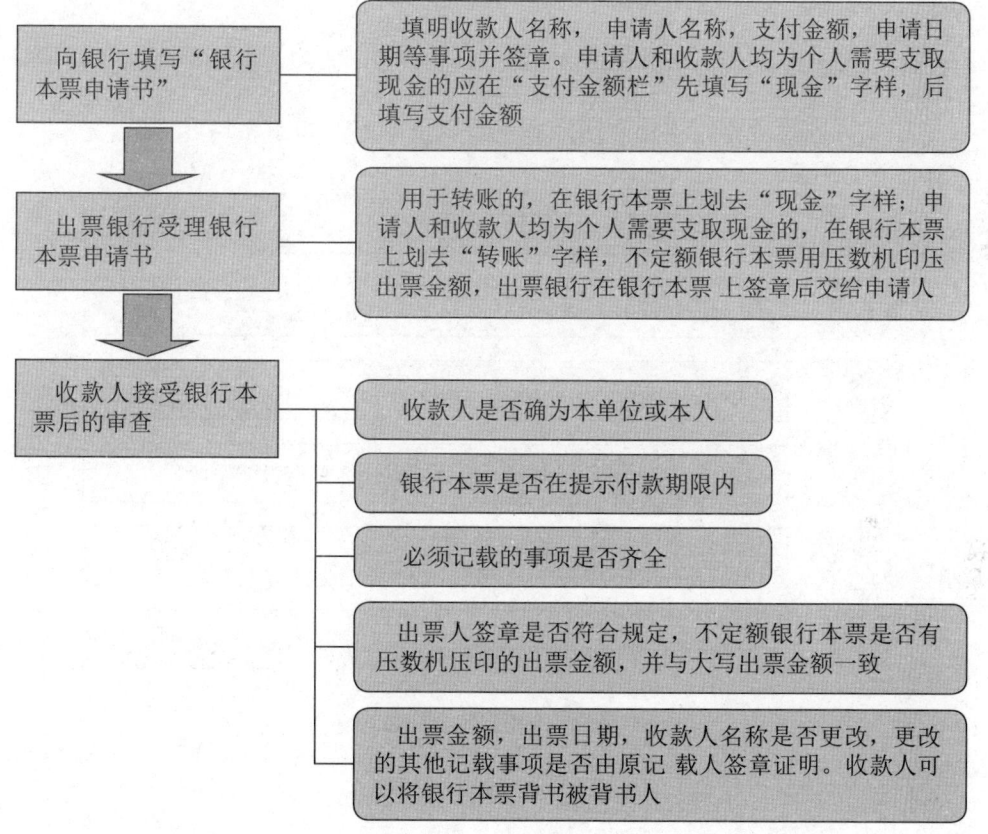

图 5-13　银行本票的申请流程

2. 银行本票使用

银行本票使用中须注意的内容，如表 5-12 所示。

表 5-12 银行本票使用的注意事项

银行本票使用的注意事项	银行本票见票即付
	申请人或收款人为单位的,不得申请签发现金银行本票
	申请人因银行本票超过提示付款期限或其他原因要求退款时,应将银行本票 提交到出票银行,申请人为单位的应出具该单位的证明。申请人为个人的,应出具本人的身份证证件。

3. 受理银行本票应注意事项

收款人在受理银行本票时应注意审查以下内容,如图 5-14 所示。

1. 收款人或被背书人是否确为本收款人
2. 背书是否连续
3. 银行本票付款期是否在规定的付款期内
4. 签发的内容是否符合规定,有无涂改,印章是否清晰、有效
5. 不定额银行本票是否有压数机压印的金额
6. 持票人身份查验,摘录身份证号码

图 5-14 受理银行本票应注意事项

银行本票的结算程序

银行本票结算程序如表 5-13 所示。

表 5-13　银行本票结算三步骤

分类	具体分析
申请办理银行本票	申请人办理银行本票,应向银行填写一式三联"银行本票申请书",其格式由人民银行各分行确定印制,详细填明收款人名称,个体经营者和个人需要支取现金的并应填明"现金"字样。如申请人在签发银行有关账户,则应在"银行本票申请书"上加盖预留银行印鉴
银行本票的签发	银行受理银行本票申请书,在办好转账或收妥现金后,签发银行本票。对个体经营户和个人需支取现金的,在银行本票上划去"转账"字样,加盖印章,不定额银行本票用压数机压印金额,将银行本票交给申请人
银行本票的付款	银行本票见票即付。申请人持银行本票可以向填明的收款单位或个体经营户办理结算。收款人为个人的也可以持转账的银行本票经背书向被背书的单位或个体经营户办理结算。具有"现金"字样的银行本票可以向银行支取现金。未在银行开立账户的收款人,凭具有"现金"字样的银行本票向银行支取现金,应在银行本票背面签字或盖章,并向银行交验有关证件

银行本票结算程序如图 5-15 所示。

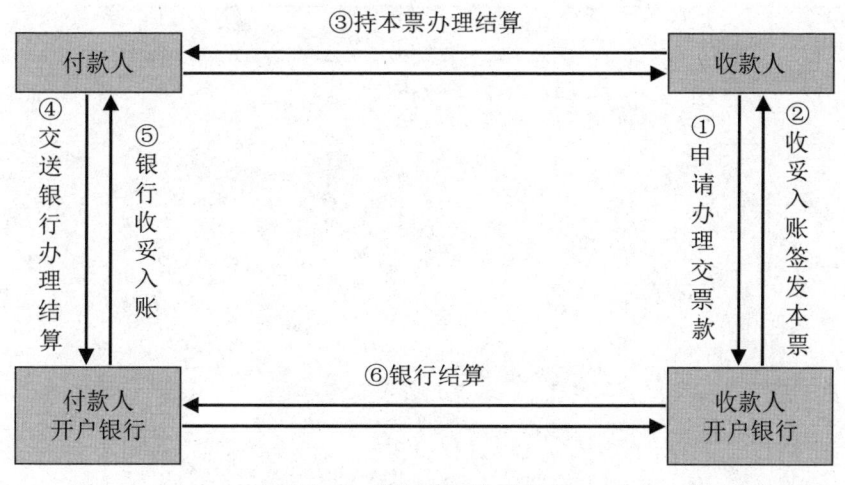

图 5-15　银行本票结算程序

特别提示

兑付银行在接到收款人或被背书人交来的本票和两联进账单时,应审查本票是否真实,本票上的收款人或被背书人名称是否为该收款人,背书是否连续,内容是否符合规定,是否在付款期内,印章是否齐全,金额是否为压数机压印,大小写金额是否一致,进账单与本票是否相符等,确认无误后,办理兑付手续。如是转账支取的,应在第一联进账单上加盖转讫章作收款通知交给收款人或被背书人,第二联进账单作收入传票。如是现金支取的,由收款人填制一联支款凭条,经审查本票上填明收款人姓名和具有"现金"字样,并查验收款人的身份证后,办理现金支付手续。

银行本票的转让

银行本票转让时的注意事项有以下几方面,如表 5-14 所示。

表 5-14 银行本票的转让

分类	具体分析
须记名背书并交付票据	记名背书,应记载在本票的背面或粘单上,由背书人签章、记明被背书人名称和背书日期
记名日期	如背书未记明日期的,视为作在本票到期日之前,粘单上的第一记载人应在本票和粘单的粘接处盖章。本票的背书转让,必须为票据的全额,对本票金额的一部分所作的背书或者将汇票金额分别转让给两人以上的背书无效
必须连续	即银行本票上的任意一个被背书人就是紧随其后的背书人,并连续不断
背书不得附有条件	如附有条件的,其条件视为没有记载。如本票的签发人在其正面记明"不准转让"字样的,该本票不得转让。背书人亦可记明"不准转让"字样,以禁止再转让,如其后手再背书并将本票转让他人,原背书人对其后的被背书人不负保证付款的责任。已经拒绝付款的本票和已逾付款期的本票,不得再背书转让

# 第五章
>>> 银行存款及结算方式的管理

特别提示

申请人因银行本票超过付款期或其他原因要求退款时，可持银行本票到签发银行办理。由于银行本票为见票即付票据，故不挂失，如被人拾得后冒领，则自负损失，如遗失的不定额银行本票在付款期满后一个月，确未冒领，可以办理退款手续。

银行本票的账务处理

企业采用银行本票进行结算时，应填写"银行本票委托书"，将款项交存银行。其账务处理如图 5-16 所示。

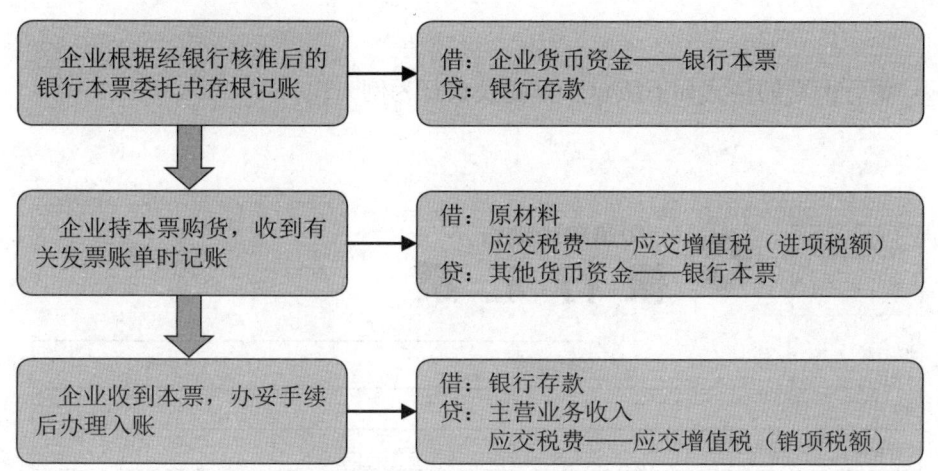

图 5-16　银行本票的账务处理

◎银行汇票结算方式

银行汇票，是指汇款人将款项交存当地银行，由银行签发给汇款人持往

· 165 ·

异地办理转账结算或支取现金的票据。银行汇票适用于异地单位、个体经营户、个人之间需要支付的各种款项。凡在银行开立账户的单位、个体经营户和未在银行开立账户的个人，都可以向银行申请办理银行汇票，而且也都可以受理银行汇票。（如图 5-17 所示）

银行汇票的特点

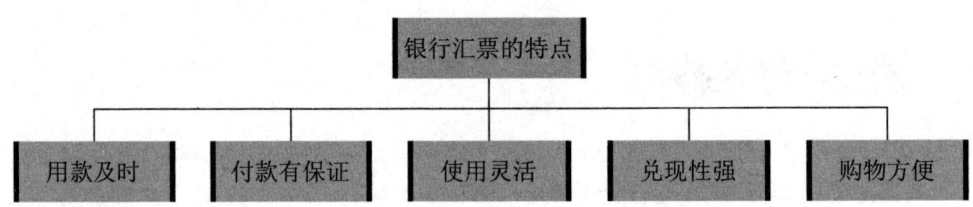

图 5-17　银行汇票的特点

银行汇票的格式如下所示（以建设银行为例）：

银行汇票结算的基本规定

银行汇票结算的基本规定如表 5-15 所示。

表 5-15　银行汇票结算的基本规定

银行汇票结算的基本规定	银行汇票一律为记名式，即必须记载收款人的姓名
	汇款金额起点为 500 元
	付款期为一个月。应该从签发日起算。逾期的汇票，兑付银行不予受理，原汇款人只能向签发行请求退款
	汇票上记载的事项有：汇款人、发票日（签发日期）、付款地（兑付地点）、三个金额（汇款金额、实际结算金额、多余金额）、付款日（兑付日期）
	汇票可以背书转让。汇票反面有背书栏，有填写被背书人和背书人的地方。汇票反面有记载收款人的证件的地方
	汇款人填写"银行汇票委托书"，向签发行申请办理银行汇票，详细填明兑付地点、收款人名称、汇款用途（军工产品可免填）等
	签发银行受理委托书，在收妥款项后，签发银行汇票，将汇票和解讫通知一并交给汇款人
	汇款人持汇票到兑付地点，或支取现金，或者与填明的收款人办理结算。收款人也可以用背书方式将汇票交给被背书人，办理结算
	被背书人在收受汇票时应审查：汇票未逾期，日期金额等填写无误，银行汇票和解讫通知齐全相符，汇款人或背书人证件无误，背书人证件上的姓名与其背书相符。审查完毕后将实际结算金额和多余金额填入汇票和解讫通知
	收款人（包括被背书人）将汇票与解讫通知提交兑付行。收款人在银行开有账户的可在汇票背面加盖印章，并填写进账单，连同汇票、解讫通知交开户银行办理转账。未在银行开立账户的在交验证件后可支取现金
	兑付行转账或付款后将解讫通知送交签发行。签发行将多余款收账通知单交给汇款人。汇款人可凭此领取多余款项
	汇款人可以要求签发行办理退款
	汇票遗失时，持票人应立即向兑付行或签发行挂失。挂失前被冒领，银行不负责任。如在付款期满后一个月未被冒领，银行可以退款

银行汇票的拒收

银行在收到收款人提交的银行汇票时，经过审查发现有下列情况的，将予以拒付，如图5-18所示。

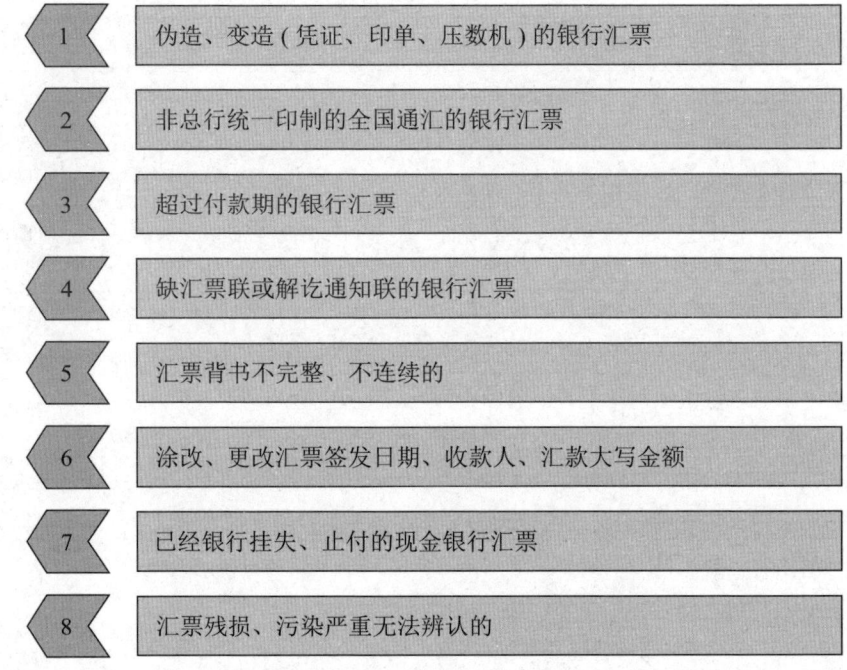

图5-18　银行汇票的拒收

━━━━━ 特 别 提 示 ━━━━━

对拒付的汇票银行将退还给持票人。对伪造、变造以及涂改的汇票，银行除了拒付以外，还报告有关部门进行查处。

银行汇票的结算程序

银行汇票的结算程序如表 5-16 所示。

表 5-16　银行汇票的结算程序

分类	具体分析
签发银行汇票	汇款人需要办理银行汇票时，应先填写"银行汇票委托书"一式三联，送本单位开户银行申请签发银行汇票。银行受理后，根据"银行汇票委托书"第二、第三联办理银行收款手续，然后签发银行汇票一式四联，留下第一联和第四联，将第二联汇票、第三联解讫通知和加盖印章后的银行汇票委托书第一联交给汇款人。汇款人对银行给其签发的银行汇票，要通过"其他货币资金——银行汇票"账户进行结算
兑付	汇款人取得签发银行签发的银行汇票后，即可到异地向收款人办理结算。对已注明收款人的银行汇票，可直接将汇票交收款人到兑付银行办理兑付；对收款人为持票人的银行汇票，可由持票人到兑付银行办理兑付手续，也可将银行汇票背书转让给收款人，由收款人到兑付银行办理兑付。收款人向银行兑付时，应将实际结算金额填入第二联正票和第三联解讫通知，并填写进账单一式两联，一并送交开户银行办理入账手续
结算余额	兑付银行按实际结算金额办理入账后，将银行汇票第三联解讫通知传递给汇票签发银行，签发银行核对后将余款转入汇款人账户，并将银行汇票第三联多余款收账通知单转给汇款人，汇款人据此办理余款入账手续。汇款人收到通知后借记"银行存款"科目，贷记"其他货币资金——银行汇票"科目

银行汇票结算经过承汇、结算、兑付和结清余额四个步骤，具体结算程序如图 5-19 所示。

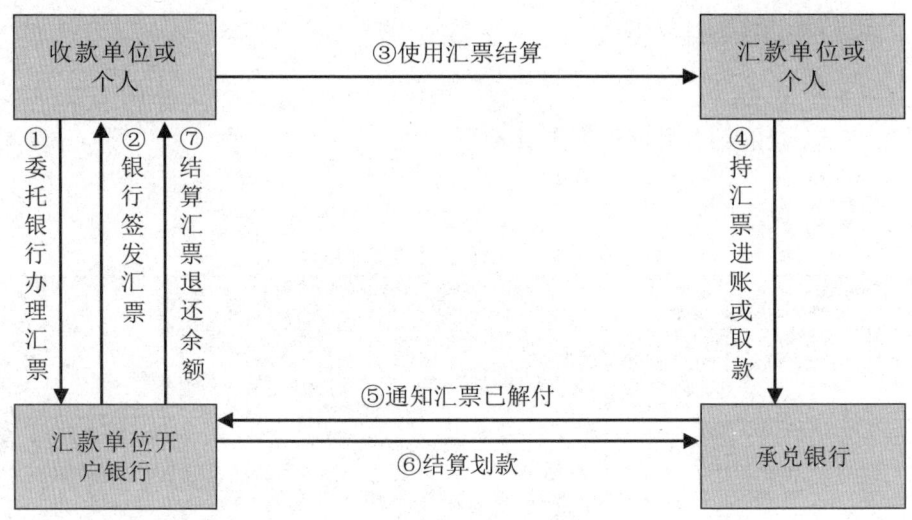

图 5-19　银行汇票结算程序

银行汇票结算的注意事项

银行汇票结算的注意事项有以下几方面内容：

1. 汇款人申请办理银行汇票时，应根据需要确定是否支付现金和允许转汇。（如图 5-20 所示）

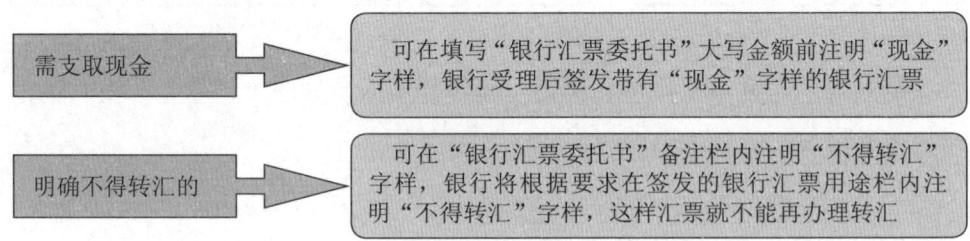

图 5-20　申请办理银行汇票的注意事项

2. 收款人为个人的银行汇票，如需背书转让给兑付地点的单位或个体经营户，则可办理背书转让手续。（如图 5-21 所示）

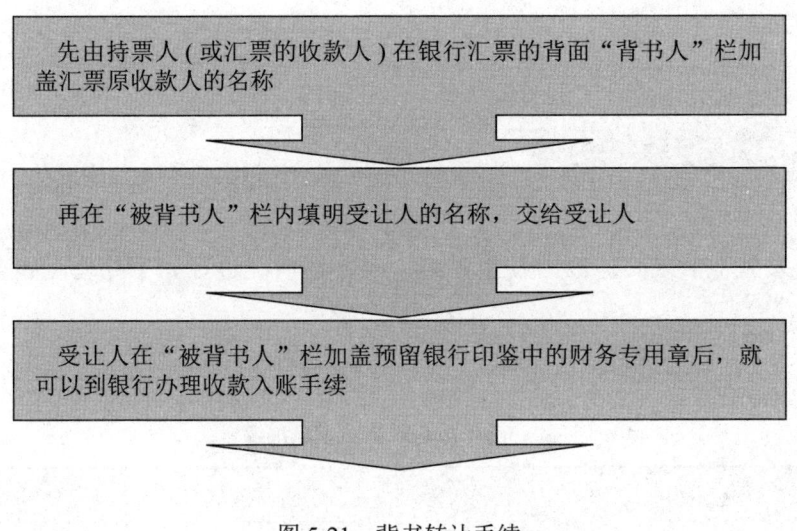

图 5-21　背书转让手续

3. 收款人受理银行汇票时，要注意审查。

审查的内容如图 5-22 所示。

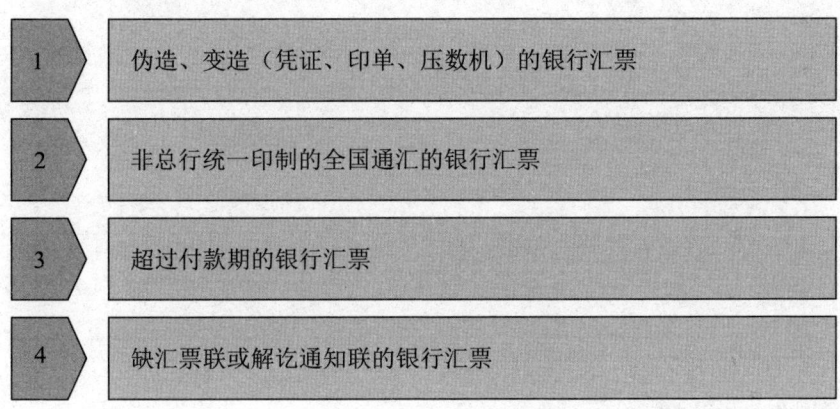

图 5-22　审查的内容

4. 收款人在受理银行汇票、办理转账时，如果将实际结算金额或多余金额填错，可用红线划去金额，在其上方重新填上正确的数字并加盖印章，但只限更改一次。

银行汇票丢失的处理

如果因不慎或其他原因发生丢失，应分别情况进行如下处理，如表 5-17 所示。

表 5-17　银行汇票丢失的处理

分类	具体分析
收款单位（或持票人）丢失的银行汇票是已填写收款单位名称，但没有指定汇入行的转账汇票	这种汇票没有指定汇入银行，而且可以直接到收款单位去提货。因此，银行不予挂失，但可向收款单位说明情况，请求其协助防范。如果丢失的是填写持票人姓名的转账汇票，由于这种汇票可以背书转让，没有确定收款和兑付银行，所以很难找到对方单位请求协助，可以要求银行予以协助
收款单位丢失的是可以支取现金的银行汇票	可以向银行申请挂失，单位向银行申请挂失时，应填写一式三联"汇票挂失申请书"，送交汇票指定的兑付银行或签发银行申请挂失止付。经银行审查同意后，挂失申请单位向银行交付手续费，上银行办理挂失手续并迅速与汇款单位联系，说明汇票丢失情况，请其另行汇款，以便及时办理结算
汇款单位采购员自行丢失现金汇票	向银行申请挂失的，也应填写一式三联"汇票挂失申请书"向兑付银行办理挂失，经取得银行受理挂失的回单后，立即将汇票挂失回单返回本单位交给财会部门妥善保管，待付款期满一个月后，确未冒领的由汇票签发银行办理退汇

银行汇票的账务处理

企业采用银行汇票进行结算时，应填写"银行汇票委托书"，将款项交存银行。其账务处理如图 5-23 所示。

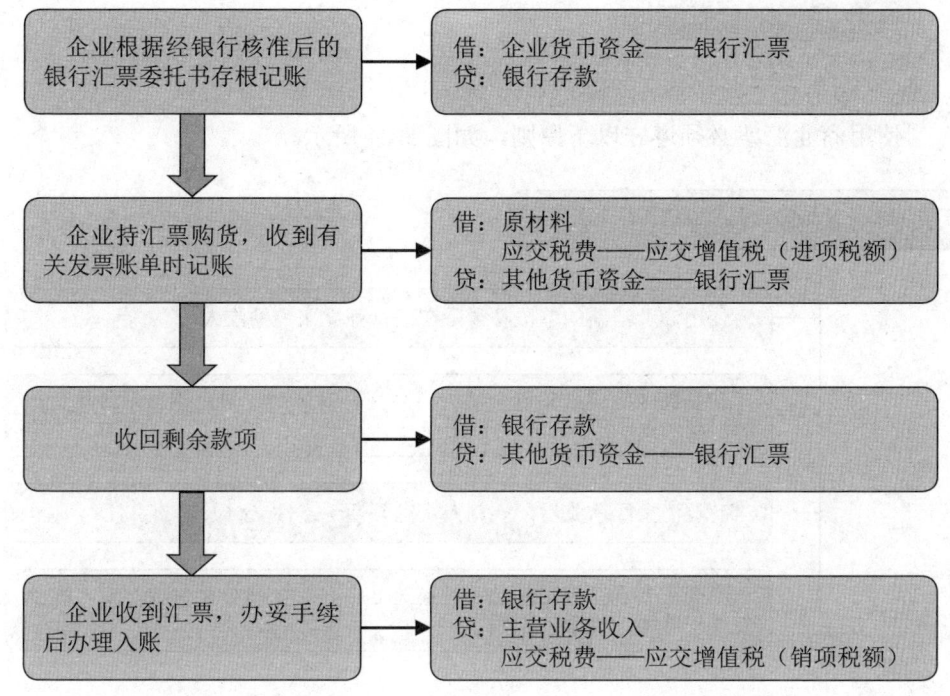

图 5-23　银行汇票的账务处理

◎商业汇票结算方式

商业汇票是由收款人、付款人或承兑申请人签发，由承兑人承兑，并于到期日向收款人或被背书人支付票款的一种票据。按其承兑人的不同，商业汇票可分为商业承兑汇票和银行承兑汇票。

商业汇票适用于在银行开立账户的法人之间根据购销合同进行商品交易款项的结算。国有企业、股份制企业、集体所有制工业企业、供销合作社以及三资企业之间根据购销合同进行的商品交易，可使用银行承兑汇票。其他法人和个人不得使用银行承兑汇票。商业汇票结算方式适用于企业先发货、后收款，或者是双方约定近期付款的商品交易，同城和异地均可使用。

商业汇票的使用原则

使用商业汇票必须遵守以下原则，如图 5-24 所示。

```
使用商业汇票的原则
├── 使用商业汇票的单位必须是在银行开立账户的法人
├── 签发商业汇票必须以合法的商品交易为基础，禁止签发无商品交易的汇票
├── 商业汇票经承兑后，承兑人负有到期无条件支付票款的责任
└── 商业汇票承兑期限最长不得超过 6 个月。如属分期付款，应一次签发若干张不同期限的汇票
```

图 5-24　使用商业汇票的原则

商业汇票分为商业承兑汇票和银行承兑汇票。商业承兑汇票是由收款人签发、经付款人承兑，或由付款人签发并承兑票据。银行承兑汇票是由收款人或承兑申请人签发，并由承兑申请人向开户银行申请，经银行审查同意承兑的票据。

银行承兑汇票

银行承兑汇票，是指收款人或承兑申请人签发，由承兑申请人向开户银行提出申请，经银行审查同意承兑的票据。银行承兑汇票的出票人必须具备下列条件，如图 5-25 所示。

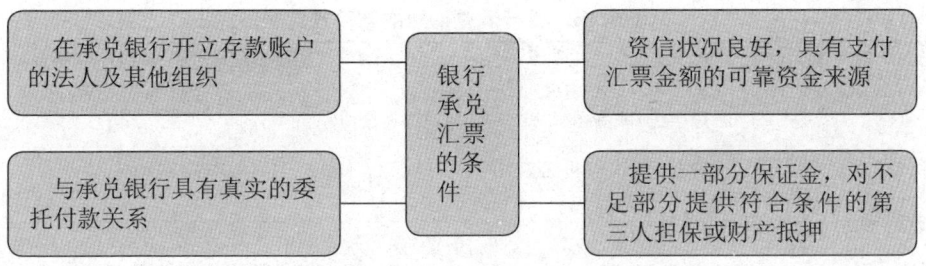

图 5-25　银行承兑汇票的条件

银行承兑汇票的格式如下所示:

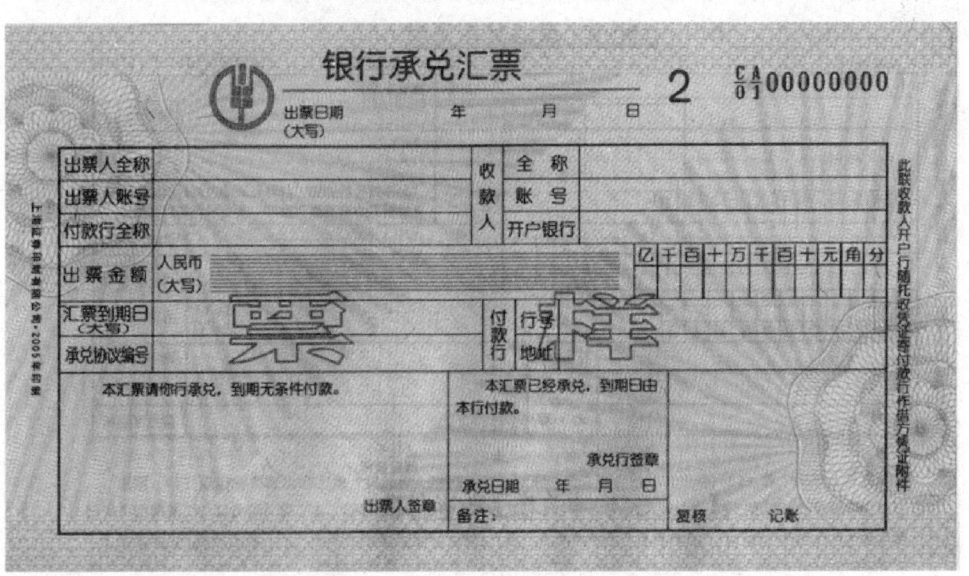

1. 银行承兑汇票的结算规定（如表 5-18 所示）

表 5-18　银行承兑汇票的结算规定

银行承兑汇票的结算规定	银行承兑汇票按双方约定签发。由收款人签发的银行承兑汇票，应交承兑申请人持汇票和购销合同向其开户银行申请承兑；自承兑申请人签发的银行承兑汇票，应由本人持汇票和购销合同向其开户银行申请承兑
	每张银行承兑汇票的承兑金额最高不得超过 1000 万元。承兑申请人持银行承兑汇票和购销合同向其开户银行申请承兑
	银行按照有关规定审查，符合承兑条件的，与承兑申请人签订承兑协议，并在银行承兑汇票上盖章，用压数机压印汇票金额后，将银行承兑汇票和解讫通知交给承兑申请人
	银行承兑汇票的承兑银行，应按票面金额向承兑申请人收取 0.5‰ 的手续费、手续费每笔不足 10 元的，按 10 元计收
	银行承兑汇票的收款人或被背书人应在银行承兑汇票到期时，将银行承兑汇票、解讫通知连同进账单送交开户银行办理转账，对逾期的汇票应于汇票到期日的次日起 10 日内，送交开户银行办理转账，超过期限的银行不予受理
	银行承兑汇票的承兑申请人应于银行承兑汇票到期前将票款足额交存其开户银行。承兑银行于到期日凭票将款项付给收款人、被背书人或贴现银行
	银行承兑汇票的承兑申请人于银行承兑汇票到期日未能足额交存票款时，承兑银行除凭票向收款人、被背书人或贴现银行无条件支付外，应根据承兑协议规定，对承兑申请人执行扣款，并对尚未扣回的承兑金额每天按 0.05% 计收罚息

2．银行承兑汇票结算程序

银行承兑汇票结算，一般包括以下操作流程，如图 5-26 所示。

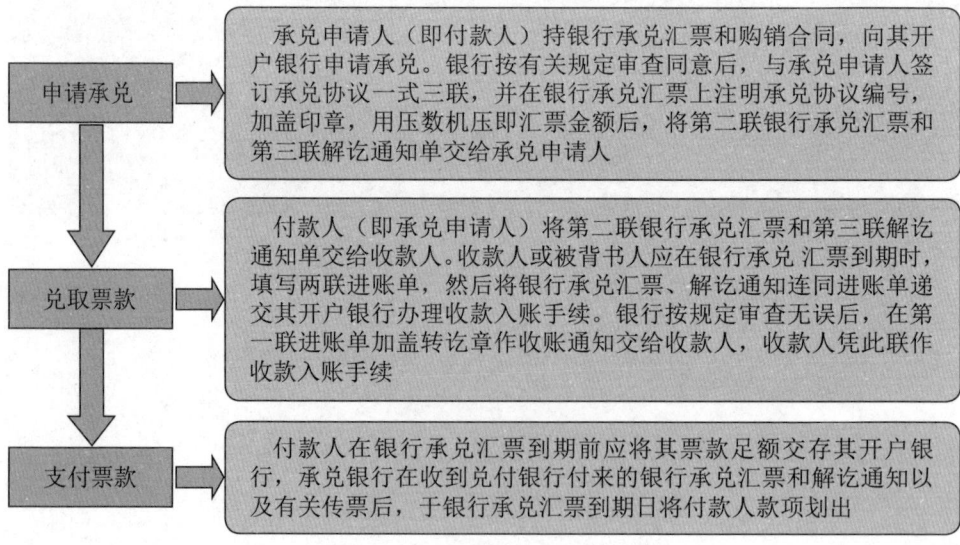

图 5-26　银行承兑汇票结算程序

银行承兑汇票结算程序如图 5-27 所示。

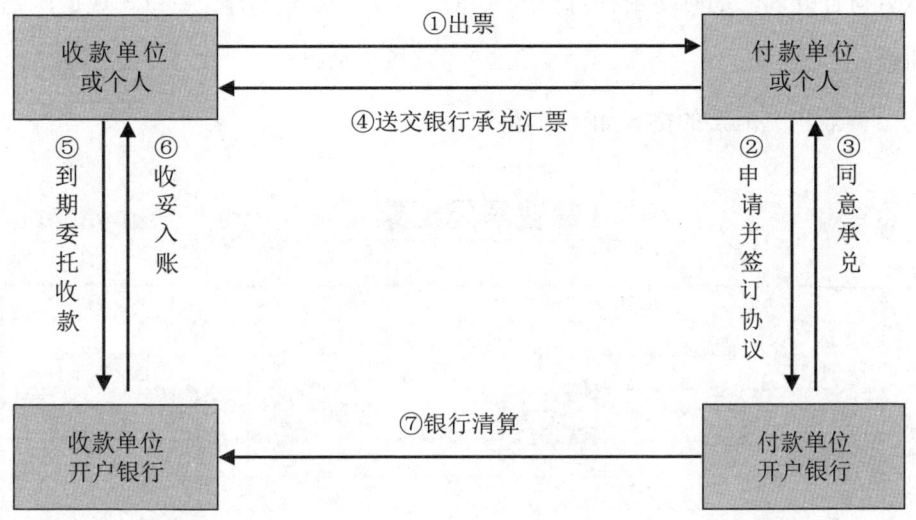

图 5-27　银行承兑汇票结算程序

商业承兑汇票

商业承兑汇票，是指由收款人签发，交付款人承兑；或者由付款人签发并承兑的票据。商业承兑汇票的出票人，应为在银行开立账户的法人以及其他组织，与付款人存在真实的委托付款关系，具有支付汇票金额的可靠资金来源。

商业承兑汇票按购、销双方约定签发。由收款人签发的商业承兑汇票，应交付款人承兑；由付款人签发的商业承兑汇票，应经本人承兑。承兑时，付款人须在商业承兑汇票下面签署"承兑"字样，并加盖预留银行印章，再将商业承兑汇票交给收款人。

付款人应于商业承兑汇票到期前将票款足额交存其开户银行，银行于到期日凭票将款项从付款人账户划转给收款人或贴现银行。付款人对其所承兑的汇票负有到期无条件支付票款的责任。如果汇票到期时，付款人银行存款账户上不足支付票款，银行将不承担付款责任而只负责将汇票退给收款人，由收付双方自行处理。同时，银行对付款人按照签发空头支票的有关罚款规定，处以罚金。

商业承兑汇票的格式如下所示：

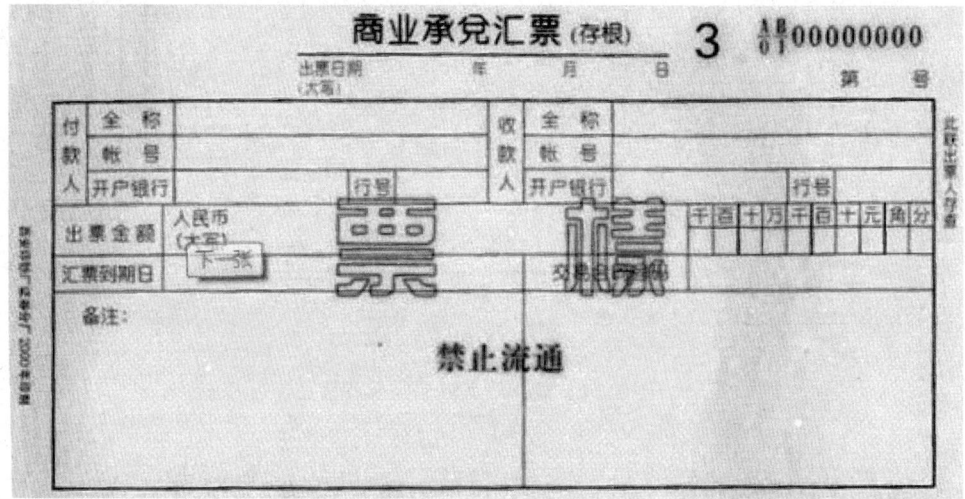

1．商业承兑汇票结算的基本规定

（1）商业汇票承兑期限由交易双方商定，一般为3~6个月，特殊情况可以适当延长，但最长不超过9个月。商业汇票到期后，承兑人（即付款人）负有无条件支付票款的责任。需要分期付款时，应一次签发若干张不同期限的汇票。

（2）无款支付的规定。商业承兑汇票到期，付款人账户存款不足而不能支付票款时，如果属于异地办理委托收款的，由付款人开户银行在委托收款凭证备注栏内注明付款人"无款支付"字样，按照委托收款结算无款支付手续处理，将委托收款凭证和商业承兑汇票退回收款人开户银行。如果属于同城用进账单划款的，比照空头支票退票处理。

2．商业承兑汇票的审查

商业承兑汇票的审查应注意以下问题，如表5-19所示。

表 5-19　商业承兑汇票的审查

商业承兑汇票的审查	是否为中国人民银行统一印制的商业承兑汇票
	汇票的签发和到期日期、收付款单位的名称（必须是全称）和账号及开户银行（大小写金额）等栏目是否填写齐全正确
	汇票上的签章（签发人处应加盖签发单位的法人印章，承兑人盖章处盖付款人预留银行印章并填写承兑的日期）是否齐全正确
	汇票是否超过有效承兑期限（最长为六个月，但应注意：有效期是从承兑日开始计算，而不是从汇票的签发日开始）
	汇票上有无批注"不得转让"的字样。经转让的汇票，背书是否连续（每一手的背书是否为前一手的被背书人或收款人），背书的签章是否正确（是否为单位公章、财务专用章）

3. 商业承兑汇票结算程序

商业承兑汇票结算，一般包括以下操作流程，如表 5-20 所示。

表 5-20　商业承兑汇票结算程序

分类	具体分析
签发和承兑商业承兑汇票	商业承兑汇票一式三联，可由收款人签发，也可由付款人签发。汇票签发后，第一联为卡片，由承兑人留存；第二联为商业承兑汇票，由收款人开户银行随结算凭证寄往付款人开户银行作付出票据附件；第三联为存根联，由签发人留存备查。第一联由付款人（即承兑人）暂存，付款人据此借记有关科目，贷记"应付票据"科目；第二联汇票由付款人（即承兑人）在承兑栏加盖预留银行印签章，并在商业承兑汇票正面签署"承兑"字样，以示承兑后，将商业承兑汇票交给收款人。收款人据此借记"应收票据"科目，贷记有关科目
委托收款	收款人或被背书人将要到期的商业承兑汇票交开户银行办理收款手续，收款一般采取的是委托收款方式
到期兑付	付款人应于商业承兑汇票到期日前筹集款项，于到期日前将票款足额交存其开户银行，付款人开户银行收到传来的委托收款凭证和商业承兑汇票后，将款项划给收款人或被背书人。付款方借记"应付票据"科目，贷记"银行存款"科目；收款方借记"银行存款"科目，贷记"应收票据"科目

商业承兑汇票结算程序如图 5-28 所示。

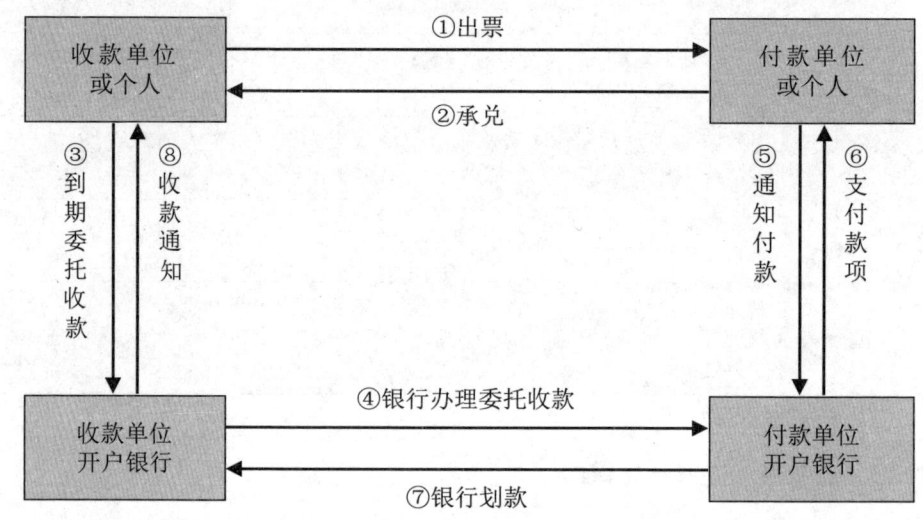

图 5-28　商业承兑汇票结算程序

【案例】某企业于 2020 年 4 月 2 日向乙公司销售产品一批，货款为 50000 元，增值税税额为 8500 元，已向银行办妥托收手续。编制会计分录如下：

发出商品，办妥托收手续时：

借：应收账款　　　　　　　　　　　　　　　　58500

　　贷：主营业务收入　　　　　　　　　　　　　　　50000

　　　　应交税费——应交增值税（销项税额）　　　　8500

记 账 凭 证

2020 年 4 月 2 日　　　　　　　字第 2 号

摘要	会计科目	借方金额 千百十万千百十元角分	贷方金额 千百十万千百十元角分	记账
发出商品，办妥托收手续	应收账款	5 8 5 0 0 0 0		
	主营业务收入		5 0 0 0 0 0 0	
	应交税费／应交增值税（销项税额）		8 5 0 0 0 0	
合计		￥5 8 5 0 0 0 0	￥5 8 5 0 0 0 0	

会计主管：蒋桂芳　　记账：刘玲　　审核：孟祥丽　　制单：马晓东

4 月 10 日，收到乙公司面值为 58500 元的商业承兑汇票一张。

借：应收票据　　　　　58500

　　贷：应收账款　　　　　　　58500

记 账 凭 证

2020 年 4 月 10 日　　　　　　字第 10 号

摘要	会计科目	借方金额 千百十万千百十元角分	贷方金额 千百十万千百十元角分	记账
收到乙公司商业承兑汇票	应收票据	5 8 5 0 0 0 0		
	应收账款		5 8 5 0 0 0 0	
合计		￥5 8 5 0 0 0 0	￥5 8 5 0 0 0 0	

会计主管：蒋桂芳　　记账：刘玲　　审核：孟祥丽　　制单：马晓东

应收票据到期，收回货款时：

借：银行存款　　　　　58500

　　贷：应收票据　　　　　　　58500

记 账 凭 证

2020 年 4 月 15 日　　　　　　　字第 15 号

摘要	会计科目	借方金额 千百十万千百十元角分	贷方金额 千百十万千百十元角分	记账
应收票据到期	银行存款	5 8 5 0 0 0 0		
	应收票据		5 8 5 0 0 0 0	
合计		¥ 5 8 5 0 0 0 0	¥ 5 8 5 0 0 0 0	

会计主管：蒋桂芳　　记账：刘玲　　审核：孟祥丽　　制单：马晓东

【案例】2019 年 9 月甲企业向乙公司销售产品一批，货款为 50000 元，增值税税额为 8500 元。10 月 1 日收到乙公司交来 6 个月期限的商业承兑汇票一张，票面年利率为 6%。编制会计分录如下：

收到商业承兑汇票时：

借：应收票据　　　　　　　　　　　　　　58500

　　贷：主营业务收入　　　　　　　　　　　50000

　　　　应交税费——应交增值税（销项税额）　8500

记 账 凭 证

2019 年 10 月 1 日　　　　　　　字第 1 号

摘要	会计科目	借方金额 千百十万千百十元角分	贷方金额 千百十万千百十元角分	记账
收到商业承兑汇票	应收票据	5 8 5 0 0 0 0		
	主营业务收入		5 0 0 0 0 0 0	
	应交税费/应交增值税（销项税额）		8 5 0 0 0 0	
合计		¥ 5 8 5 0 0 0 0	¥ 5 8 5 0 0 0 0	

会计主管：蒋桂芳　　记账：刘玲　　审核：孟祥丽　　制单：马晓东

年末，计提票据利息时：

应计提的票据利息 =58500×6%/12×3=877.50（元）

借：应收票据　　　　　　877.50

　　贷：财务费用　　　　　　　877.50

记 账 凭 证

2019 年 12 月 31 日　　　　字第 31 号

摘要	会计科目	借方金额 千 百 十 万 千 百 十 元 角 分	贷方金额 千 百 十 万 千 百 十 元 角 分	记账
计提票据利息	应收票据	8 7 7 5 0		
	财务费用		8 7 7 5 0	
合计		¥ 8 7 7 5 0	¥ 8 7 7 5 0	

会计主管：蒋桂芳　　　　记账：刘玲　　　　审核：孟祥丽　　　　制单：马晓东

商业承兑汇票到期，收回贷款时：

收款金额 =58500×（1+6%/12×6）=60255（元）

票据利息 =58500×6%/12×3 =877.50（元）

借：银行存款　　　　　　60255

　　贷：应收票据　　　　　　59377.50

　　　　财务费用　　　　　　　877.50

记 账 凭 证

2020 年 3 月 30 日　　　　字第 30 号

摘要	会计科目	借方金额									贷方金额									记账
		千	百	十	万	千	百	十	元	角	分	千	百	十	万	千	百	十	元	角	分	
收回贷款	银行存款				6	0	2	5	5	0	0											
	应收票据														5	9	3	7	7	5	0	
	财务费用																8	7	7	5	0	
合计					¥	6	0	2	5	5	0	0			¥	6	0	2	5	5	0	0	

会计主管：蒋桂芳　　　记账：刘玲　　　审核：孟祥丽　　　制单：马晓东

◎汇兑结算方式

　　汇兑结算方式是汇款人（付款企业）委托银行将其款项支付给收款人的结算方式。这种结算方式划拨款项简便、灵活。汇兑分为信汇、电汇两种。

　　信汇是指汇款人委托银行通过邮寄方式将款项划给收款人；电汇是指汇款人委托银行通过电讯手段将款项划转给收款人，两种方式可由汇款人根据需要选择使用。汇兑适用于异地单位、个体经营户和个人的各种款项的结算。

汇兑结算方式的特点

汇兑结算方式的特点如图 5-29 所示。

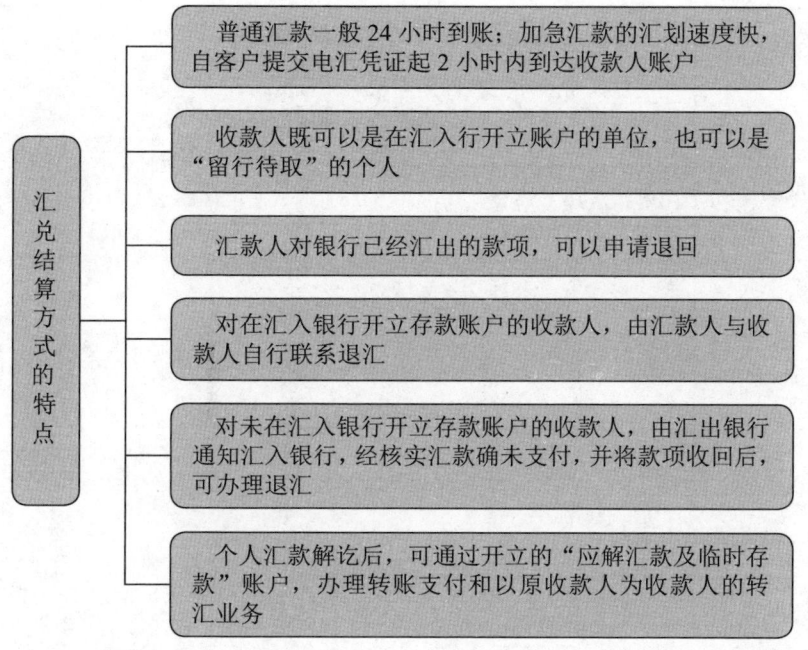

图 5-29 汇兑结算方式的特点

汇兑结算的基本规定

汇兑结算的基本规定如表 5-21 所示。

表 5-21 汇兑结算的基本规定

分类	具体分析
汇款金额起点	汇兑结算不受金额起点的限制，即不论汇款金额多少均可以办理信汇和电汇结算
支取现金的规定	收款人要在汇入银行支取现金，付款人在填制信汇或电汇凭证时，须在凭证"汇款金额"大写金额栏中填写"现金"字样。款项汇入异地后，收款人需携带本人的身份证件或汇入地有关单位足以证实收款人身份的证明，到银行一次办理现金支付手续。信汇或电汇凭证上未注明"现金字样"而需要支取现金的，由汇入银行按现金管理规定审查支付；需部分支取现金的，收款人应填写取款凭证和存款凭证送交汇入银行，办理支取部分现金和转账手续

续表

分类	具体分析
留行待取的规定	汇款人将款项汇往异地需派人领取的,在办理汇款时,应在签发的汇兑凭证各联的"收款人账号或地址"栏注明"留行待取"字样。留行待取的汇款,需要指定单位的收款人领取汇款的,应注明收款人的单位名称。信汇凭印鉴支取的,应在第四联凭证上加盖预留的收款入印鉴。款项汇入异地后,收款人须携带足以证明本人身份的证件,或汇入地有关单位足以证实收款人身份的证明向银行支取款项。如,信汇凭印鉴支取的,收款人必须持与预留印鉴相符的印章,经银行验对无误后,方可办理支款手续
分次支取的规定	收款人接到汇入银行的取款通知后,若收款人需要分次支取的,要向汇入银行说明分次支取的原因和情况,经汇入银行同意,以收款人名义设立临时存款账户,该账户只付不收,结清为止,不计利息
转汇的规定	收款人如需将汇款转到另一地点,应在汇入银行重新办理汇款手续。转汇时,收款人和用途不得改变,汇入银行必须在信汇或电汇凭证上加盖"转汇"戳记
退汇的规定	汇款人对汇出的款项要求退汇时,应出具正式函件,说明要求退汇的理由或本人身份证明和原信、电汇凭证回单,向汇出银行办理退汇。汇出银行审查后,通知汇入银行,经汇入银行查实款项确未解付,方可办理退汇。如汇入银行回复款项已经解付或款项已直接汇入收款入账户,则不能办理退汇。此外,汇入银行对于收款人拒绝接受的汇款,应立即办理退汇。汇入银行对从发出取款通知之日起,两个月内仍无法交付的款项,可主动办理退汇

汇兑结算的程序

汇兑结算的程序如图 5-30 所示。

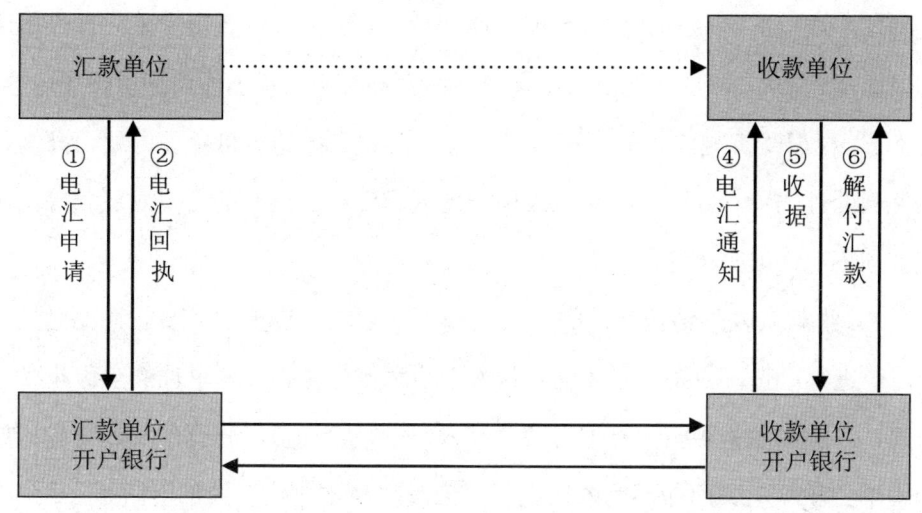

图 5-30　汇兑结算的程序

汇款人办理信汇时，应填写信汇凭证一式四联，送交本单位开户银行办理信汇。银行受理后，将第一联回单退给汇款人记账，留下第二联用于银行记账，将第三联、第四联传给收款银行。收款银行收到凭证后，留下第三联收款凭证用于记账，将第四联传给收款人，收款人收到第四联收款通知后，进行账务处理。

汇款人办理电汇时应填写电汇凭证一式三联，送交本单位开户银行办理电汇。银行受理后，将第一联回单退给汇款人记账，留下第二联凭证用于银行记账，依照第三联编制电划代收报单向收款银行拍发电报。收款银行收到电报后，签发电划代收补充单一式三联，将第三联传给收款人。收款人凭代收报单第三联进行账务处理。

汇兑结算的注意事项

1. 汇款人办理异地汇款时，可根据款项汇入地点的远近和时间的要求，选择信汇或电汇结算方式。填写汇款凭证时，要按照凭证各栏要求，详细填明汇入地点、行名、收款人及汇款用途等项内容并在第二联上加盖预留银行印鉴。

2. 根据结算规定，信汇汇款可附带与汇款有关的少量单证，如向外地订购书刊的订购单、商品订购单以及向外地人员汇付工资时的工资发放表等。电汇款项不允许附带单证。

3. 收款人收到银行转来的收款通知或电划代收报单时。要认真地对凭证的内容进行审查，主要查看凭证收款人全称和账号是否与本单位的全称和账号一致，汇款用途是否与本单位有关，汇入银行是否加盖了转讫印章，在确认属于本单位款项但又用途不明的情况下，应及时与本单位有关部门联系．尽快查明款项用途，从而准确归属有关核算账户。

◎委托收款结算方式

委托收款是指收款人委托银行向付款人收取款项的结算方式。单位和个人凭承兑商业汇票、债券、存单等付款人债务证明办理款项的结算。均可以使用委托收款结算方式，委托收款在同城、异地均可以使用，其结算款 项的划回方式分为邮寄和电报两种，由收款人选用。

邮寄划回和电报划回凭证均一式五联。第一联回单，由收款人开户行给收款人的回单；第二联收款凭证，由收款人开户行作收入传票；第三联支款凭证，由付款人开户行作付出传票；第四联收款通知（或发电依据），由收款人开户行在款项收妥后给收款人的收款通知（或付款人开户行凭以拍发电报）；第五联付款通知，由付款人开户行给付款人按期付款的通知。

委托收款记载事项

委托收款记载事项如图 5-31 所示。

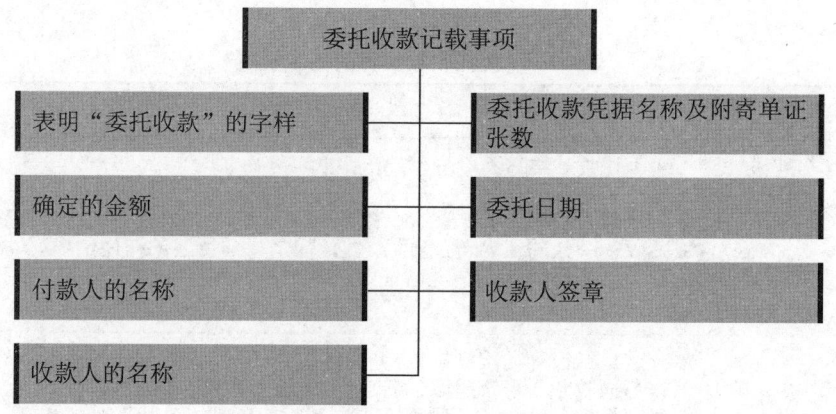

图 5-31 委托收款记载事项

委托收款人以银行以外的单位为付款人的,委托收款凭证必须记载付款人银行名称。

凡在银行或其他金融机构开立账户的单位和个体经营户的商品交易,公用事业单位向用户收取水电费、邮电费、煤气费、公房租金等劳务款项以及其他应收款项,无论是在同城还是异地,均可使用委托收款的结算方式。

委托收款结算的基本规定

委托收款结算的基本规定如表 5-22 所示。

表 5-22 委托收款结算的基本规定

分类	具体分析
结算起点	委托收款结算不受金额起点限制
委托	这是指收款人向银行提交委托收款凭证和有关债务证明并办理委托收款手续的行为。委托收款凭证即是如前所述的按规定填写凭证；有关债务证明即是指能够证明付款到期并应向收款人支付一定款项的证明
付款	这是指银行在接到寄来的委托收款凭证及债务证明，并经审查无误后向收款人办理付款的行为。根据《支付结算办法》的规定，银行可根据付款人的不同而在不同的时间付款，从而改变了原《银行结算办法》统一 3 天的付款期。 ①以银行为付款人的，银行应在当日将款项主动支付给收款人； ②以单位为付款人的，银行应及时通知付款人
付款人拒绝付款	付款人审查有关债务证明后，对收款人委托收取的款项需要拒绝付款的，可以办理拒绝付款。付款人对收款人委托收取的款项需要全部拒绝付款的，应在付款期内填制"委托收款结算全部拒绝付款理由书"，并加盖银行预留印鉴章，连同有关单证送交开户银行，银行不负责审查拒付理由，将拒绝付款理由书和有关凭证及单证寄给收款人开户银行转交收款人。需要部分拒绝付款的，应在付款期内出具"委托收款结算部分拒绝付款理由书"，并加盖银行预留印鉴章，送交开户银行，银行办理部分划款，并将部分拒绝付款理由书寄给收款人开户银行转交收款人
无款支付的规定	付款人在付款期满日、银行营业终了前如无足够资金支付全部款项，即为无款支付。银行于次日上午开始营业时，通知付款人将有关单证（单证已做账务处理的，付款人可填制"应付款项证明书"），在两天内退回开户银行，银行将有关结算凭证连同单证或应付款项证明单退回收款人开户银行转交收款人
逾期付款	付款人逾期不退回单证的，开户银行应按照委托收款的金额自发出通知的第 3 天起，每天处以 0.5‰ % 但不低于 50 元的罚金，并暂停付款人委托银行向外办理结算业务，直到退回单证时为止

委托收款结算的程序

委托收款结算程序如图 5-22 所示。

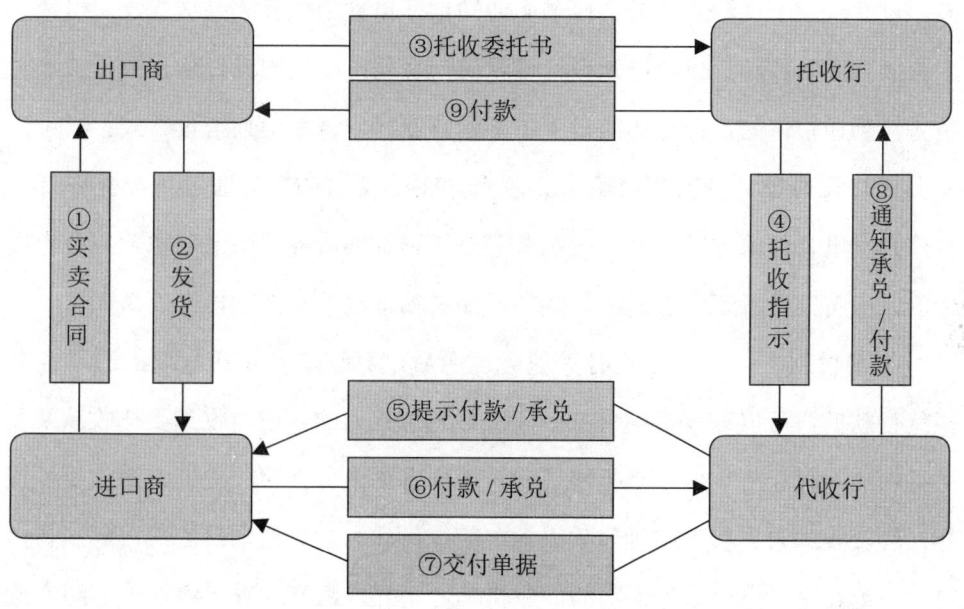

图 5-32 委托收款结算的程序

1. 委托

收款人办理委托收款应向银行提交委托收款凭证和有关的债务证明并办理委托收款有关手续的行为。委托收款凭证即如前所述的按规定填写的凭证;有关债务证明,是指能够证明付款人到期并应向收款人支付一定款项的证明,如水电费单、电话费单、已承兑的商业汇票、债券、存单等。

签发委托收款凭证必须记载下列事项:表明"委托收款"的字样;确定的金额;付款人名称;收款人名称;委托收款凭据名称及附寄单证张数;委托日期;收款人签章。

2. 付款

银行接到寄来的委托收款凭证及债务证明，经审查无误后向收款人办理付款的行为。以付款银行为付款人的，银行应当在当日将款项主动支付给收款人。付款人应于接到通知的当日书面通知银行付款。按有关办法规定，付款人未在接到通知日起三日内通知银行付款的，视同付款人同意付款，银行应于付款人接到通知日的次日起第四日上午开始营业时，将款项划给收款人。

银行在办理划款时，付款人存款账户不足支付的，应通过被委托银行向收款人发出未付款项通知书。按照有关办法规定，债务证明留存付款人开户银行的，应将其债务证明连同未付款项通知书邮寄被委托银行转交收款人。

拒绝付款。付款人审查有关债务证明后，对收款人委托收取的款项需要拒绝付款的，可以办理拒绝付款。以银行为付款人的，应自收到委托收款及债务证明的次日起三日内出具拒绝证明，连同有关债务证明、凭证寄给被委托银行，转交收款人；以单位为付款人的，应在付款人接到通知日的次日起三日内出具拒绝证明，持有债务证明的，应将其送交开户银行。银行将拒绝证明、债务证明和有关凭证一并寄给被委托银行，转交收款人。

付款人的审核内容主要包括以下三项，如图5-33所示。

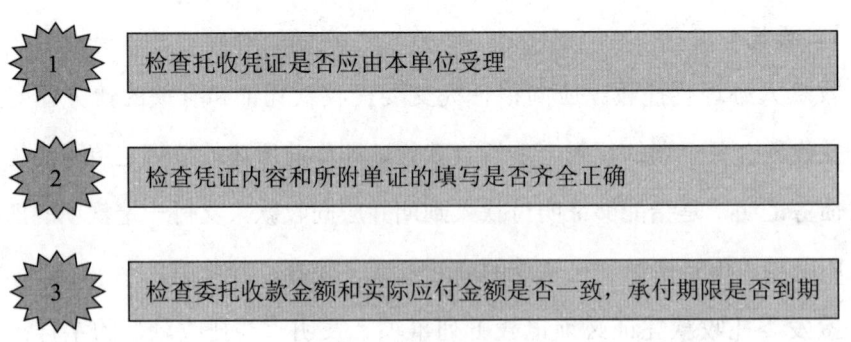

图5-33 付款人的审核内容

【案例】 公司采用委托收款方式购买 B 公司某产品,委托收款凭证注明委收金额 40000 元,因乙公司需要补充购买该产品 10000 元,故要求办理多付款手续。财务部门根据委托收款凭证第五联和有关单证编制银行存款付款凭证,其会计分录为:

  借:商品采购   34188.03

    应交税金——应交增值税(进项税额) 5811.97

    贷:银行存款   40000

记 账 凭 证

2020 年 2 月 10 日   字第 10 号

摘要	会计科目	借方金额 千 百 十 万 千 百 十 元 角 分	贷方金额 千 百 十 万 千 百 十 元 角 分	记账
购买 B 公司产品	商品采购	3 4 1 8 8 0 3		
	应交税金/应交增值税(进项税额)		5 8 1 1 9 7	
	银行存款		4 0 0 0 0 0 0	
合计		¥ 3 4 1 8 8 0 3	¥ 3 4 1 8 8 0 3	

会计主管:蒋桂芳   记账:刘玲   审核:孟祥丽   制单:马晓东

同时根据委托收款凭证第五联和银行盖章退回的"多付款理由书"第一联编制银行存款付款凭证,其会计分录为:

  借:预付账款——B 公司 10000

    贷:银行存款   10000

记 账 凭 证

2020 年 2 月 10 日　　　　　字第 10 号

摘要	会计科目	借方金额 千 百 十 万 千 百 十 元 角 分	贷方金额 千 百 十 万 千 百 十 元 角 分	记账
银行存款付款凭证	预付账款/B公司	1 0 0 0 0 0 0		
	银行存款		1 0 0 0 0 0 0	
合计		￥1 0 0 0 0 0 0	￥1 0 0 0 0 0 0	

会计主管：蒋桂芳　　　记账：刘玲　　　审核：孟祥丽　　　制单：马晓东

收到 B 公司的发票账单等凭证时，作如下会计分录：

借：商品采购　　　　　　　　　　　　　　　　8547

　　应交税金——应交增值税（进项税额）　　1453

　　贷：预付账款——B 公司　　　　　　　　　　　　10000

记 账 凭 证

2020 年 2 月 10 日　　　　　字第 10 号

摘要	会计科目	借方金额 千 百 十 万 千 百 十 元 角 分	贷方金额 千 百 十 万 千 百 十 元 角 分	记账
收到B公司的发票账单	商品采购	8 5 4 7 0 0		
	应交税金/应交增值税（进项税额）	1 4 5 3 0 0		
	预付账款/B公司		1 0 0 0 0 0 0	
合计		￥1 0 0 0 0 0 0	￥1 0 0 0 0 0 0	

会计主管：蒋桂芳　　　记账：刘玲　　　审核：孟祥丽　　　制单：马晓东

◎托收承付结算方式

托收承付结算，是指根据购销合同由收款人发货后委托银行向异地购货单位收取货款，购货单位根据合同核对单证或验货后，向银行承认付款的一种结算方式。

托收承付结算方式只适用于异地订有经济合同的商品交易及相关劳务款项的结算。代销、寄销、赊销商品的款项，不得办理异地托收承付结算。

异地托收承付结算款项的划回方法，分邮寄和电报两种，由收款人选用。邮寄和电报两种结算凭证均为一式五联。（如图5-34所示）

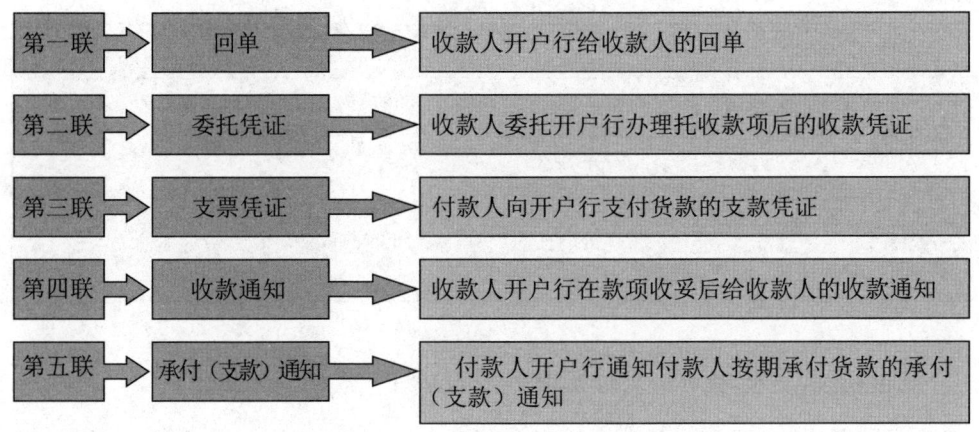

图5-34 托收承付的结算凭证

托收

托收是指销货单位（即收款单位）委托其开户银行收取款项的行为。办理托收时，必须具有符合合同法规定的经济合同，并在合同上注明使用托收承付结算方式和遵守"发货结算"的原则。所谓"发货结算"是指收款方按照合同发货,并取得货物发运证明后,方可向开户银行办理托收手续。

托收金额的起点为 10000 元。款项划转方式有邮划和电划两种,电划比邮划速度快,托收方可以根据缓急程度选用。

承付

承付是指购货单位(即付款单位)在承付期限内,向银行承认付款的行为。承付方式有两种,即验单承付和验货承付。(如表 5-23 所示)

表 5-23 承付方式

分类	具体分析
验单承付	指付款方接到其开户银行转来的承付通知和相关凭证,并与合同核对相符后,就必须承认付款的结算方式。验单承付的承付期为 3 天,从付款人开户银行发出承付通知的次日算起,遇假日顺延
验货承付	指付款单位除了验单外,还要等商品全部运达并验收入库后才承付货款的结算方式。验货承付的承付期为 10 天,从承运单位发出提货通知的次日算起,遇假日顺延

付款方若在验单或验货时发现货物的品种、规格、数量、质量、价格等与合同规定不符,可在承付期内提出全部或部分拒付的意见。拒付款项填写"拒绝承付理由书"送交其开户银行审查并办理拒付手续。

特别提示

应注意,拒付货款的商品是对方所有,必须妥善为其保管。付款人在承付期内未向开户银行提出异议,银行作默认承付处理,在承付期满的次日上午将款项主动从付款方账户划转到收款方账户。付款方在承付期满后，如果其银行账内没有足够的资金承付贷款，其不足部分作延期付款处理。延期付款部分要按一定比例支付给收款方赔偿金。待付款方账内有款支付时，由付款方开户银行将欠款及赔偿金一并划转给收款人。

异地托收承付结算

异地托收承付结算规定如表 5-24 所示。

表 5-24 异地托收承付结算的规定

异地托收承付结算的规定	结算的款项必须是商品交易，以及因商品交易而产生的劳务供应的款项，代销、寄销、赊销商品的款项，不得办理托收承付结算
	收付双方使用托收承付结算必须签有符合《合同法》的购销合同，并在合同上订明使用异地托收承付结算方式
	收付双方办理托收承付结算，必须重合同、守信用
	收款人办理托收，必须有商品确已发运的证件（包括铁路、航运、公路等运输部门签发的运单、运单副本和邮局包裹回执等）
	异地托收承付结算只能在异地使用，不能在同城使用
	异地托收承付结算每笔金额起点为 10000 元，新华书店系统每笔金额起点为 1000 元
	大中型国营工业企业和商业一、二级批发企业办理异地托收承付，如果需要补充在途占用的结算资金，可以向银行申请结算贷款
	付款单位开户银行对不足支付的托收款项可作逾期付款处理，但对拖欠单位按每日 0.005% 计算逾期付款赔偿金

1. 异地托收承付拒绝付款

付款人在承付期内，有正当理由，可向银行提出全部或部分拒绝付款。依照《支付结算办法》规定，该理由如图 5-35 所示。

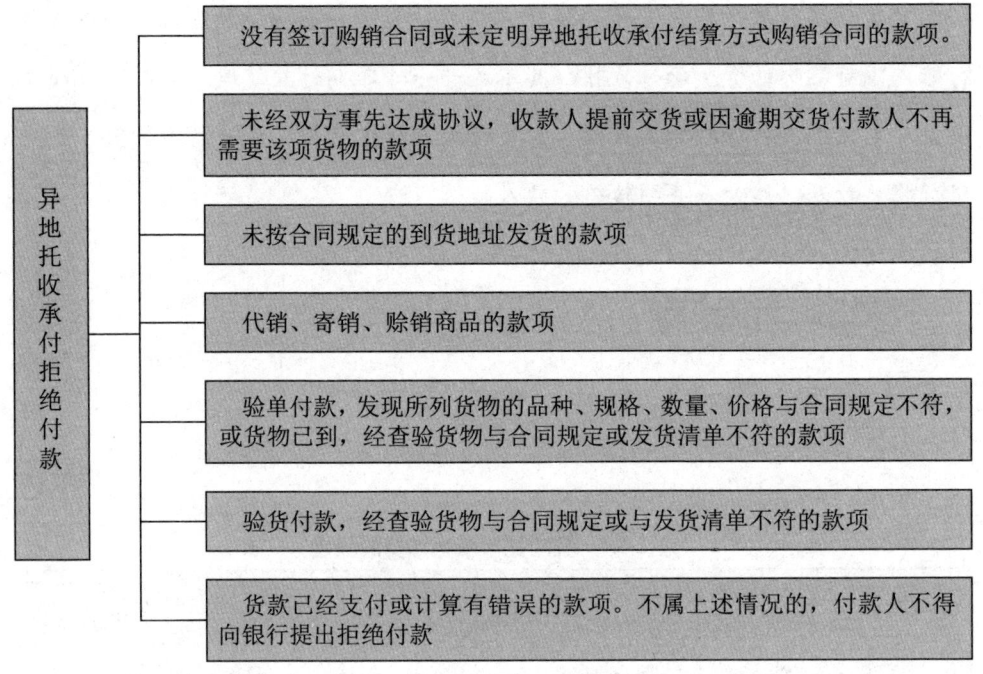

图 5-35 异地托收承付拒绝付款

在处理拒绝付款问题时，有以下情况须注意：

（1）外贸部门托收进口商品的款项，在承付期内，订货部门除因商品的质量问题不能提出拒绝付款，应当另行向外贸部门提出索赔外，如果属前述其他情形的，可以向银行提出全部或部分拒绝付款。

（2）付款人对以上情况提出拒绝付款时，必须填写"拒绝付款理由书"，并加盖单位公章，注明拒绝付款理由，涉及合同的应引证合同上的有关条款。属于商品质量问题，需要提出商品检验部门的检验证明；属于商品数量问题，需要提出数量问题的证明及其有关数量的记录；属于外贸部门进口商品，应当提出国家商品检验或运输等部门出具的证明，一并送交开户银行。

（3）开户银行经审查，认为拒付理由不成立，均不受理，应实行强制扣款。银行同意部分或全部拒付的，应在拒绝付款理由书亡签注意见。如果是部分拒绝付款，除办理部分付款外，应将拒绝付款理由书连同拒付证明和拒付商品清单邮寄收款人开户银行转交收款人。如果是全部拒绝付款．应将拒绝付款理由书连同拒付证明和有关单证邮寄收款人开户银行转交收款人。

（4）凡涉及军品的拒绝付款，银行不审查拒绝付款理由。

（5）收款人对无理拒付的，可委托银行重办托收。收款人在收到退回的结算凭证及其所附单证后，需要委托银行重办托收，应当按规定回联"重办托收理由书"。将其中三联连同购销合同、有关证据和退回的原托收凭证及交易单证一并送交银行。确属无理拒绝付款，可以重办托收。

（6）收款人开户银行对逾期尚未划回，又未收到付款人开户银行寄来逾期付款通知或拒绝付款理由书的托收款项，应当及时发出查询。付款人开户银行要积极查明，及时答复。

（7）银行无法审查拒绝付款是非的，应由收付双方自行协商处理，或向仲裁机关、人民法院申请调解或裁决。

（8）未经开户银行批准使用托收承付结算方式的城乡集体所有制工业企业，收款人开户银行不得受理其办理托收，付款人开户行为其承付的款项按规定支付款项外，还要对该付款人按结算金额处以 5% 的罚款。

2．异地托收承付结算程序

异地托收承付结算的程序如图 5-36 所示。

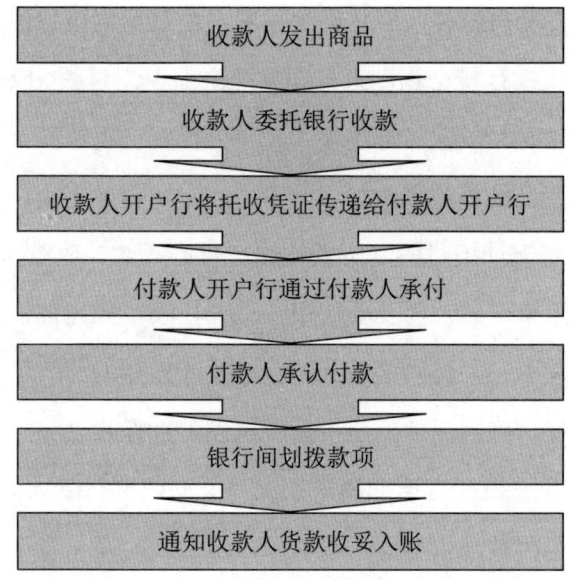

图 5-36　异地托收承付结算的程序

3．异地托收承付逾期付款

付款人在承付期满日银行营业终了时，如无足够资金支付，其不足部分，即为逾期未付款项，按逾期付款处理。

（1）付款人开户银行对付款人逾期支付的款项，应当根据逾期付款金额和逾期天数，按每天 10.5%。计算逾期付款，但对无理的拒绝付款，而增加银行审查时间的，应从承付期满日起，计算逾期付款赔偿金。

（2）赔偿金实行定期扣付，每月计算一次，于次月 3 日内单独划给收款人。在月内有部分付款的，其赔偿金随同部分支付的款项划给收款人，对尚未支付的款项，月终再计算赔偿金，于次月 3 日内划给收款人；次月又有部分付款时，从当月 1 日起计算赔偿金，随同部分支付的款项划给收款人，对尚未支付的款项，从当月 1 日起至月终再计算赔偿金，于第 3 月 3 日内划给收款人。第 3 月仍有部分付款的，按照上述办法计扣赔偿金。

（3）付款人开户银行要随时掌握付款人账户逾期未付的资金情况，当账户有款时，必须将逾期未付款项和应付的赔偿金及时划给收款人，不得拖延扣划。

（4）付款人开户银行对不执行合同规定，三次拖欠货款的付款人，应当通知收款人开户银行转告收款人，停止对该付款人办理托收。如果收款人不听劝告，继续对该付款人办理托收，付款人开户银行对发出通知的次日起1个月之后收到的托收凭证，可以拒绝受理，注明理由，原件退回。

（5）付款人开户银行对逾期未付的托收凭证，负责进行扣款的期限为3个月（从承付期满日算起）。在此期限内，银行必须按照扣款顺序陆续扣款。期满时，如果付款人仍无足够资金支付该笔尚未付清的欠款，银行应于次日通知付款人将有关交易单证（单证已做账处理或已部分支付的，可以填制"应付款项证明单"），在2日内退回银行。银行将有关结算凭证连同交易单证或应付款项证明单退回收款人开户银行转交收款人，并将应付的赔偿金划给收款人。对付款人逾期不退回单证的，开户银行从发出通知的第3天起，按照该笔尚未付清欠款的金额，每天处以0.05%的罚款，并暂停付款人向外办理结算业务，直到退回单证时止。

【案例】 某私营公司甲与另一私营公司乙签订一项买卖合同，甲企业向乙企业购买一台机床，价款为100000元，增值税17000元，两企业约定以托收承付方式结算。

会计处理过程如下：

（1）交货时：

甲企业：

借：固定资产　　　　　　　　　　117000

　　贷：应付账款——乙企业　　　　117000

记 账 凭 证

2019 年 9 月 8 日　　　　　字第 8 号

摘要	会计科目	借方金额 千百十万千百十元角分	贷方金额 千百十万千百十元角分	记账
交货	固定资产	1 1 7 0 0 0 0 0		
	应付账款／乙企业		1 1 7 0 0 0 0 0	
合计		¥ 1 1 7 0 0 0 0 0	¥ 1 1 7 0 0 0 0 0	

会计主管：蒋桂芳　　记账：刘玲　　审核：孟祥丽　　制单：马晓东

乙企业：

借：应收账款——甲企业　　　　117000

　　贷：主营业务收入　　　　　　　　100000

　　　　应交税金——应交增值税（销项税额）　17000

记 账 凭 证

2019 年 9 月 8 日　　　　　字第 8 号

摘要	会计科目	借方金额 千百十万千百十元角分	贷方金额 千百十万千百十元角分	记账
乙企业	应收账款／甲企业	1 1 7 0 0 0 0 0		
	主营业务收入		1 0 0 0 0 0 0 0	
	应交税金／应交增值税（销项税额）		1 7 0 0 0 0 0	
合计		¥ 1 1 7 0 0 0 0 0	¥ 1 1 7 0 0 0 0 0	

会计主管：蒋桂芳　　记账：刘玲　　审核：孟祥丽　　制单：马晓东

（2）甲企业付款时：

甲企业：

借：应付账款——乙企业　　　　117000

　　贷：银行存款　　　　　　　　　　　117000

记　账　凭　证

2019 年 9 月 18 日　　　　　　　字第 8 号

摘要	会计科目	借方金额									贷方金额									记账
		千	百	十	万	千	百	十	元	角	分	千	百	十	万	千	百	十	元	角	分	
甲企业付款	应付账款/乙企业			1	1	7	0	0	0	0	0											
	银行存款													1	1	7	0	0	0	0	0	
合计		¥		1	1	7	0	0	0	0	0	¥		1	1	7	0	0	0	0	0	

会计主管：蒋桂芳　　　记账：刘玲　　　审核：孟祥丽　　　制单：马晓东

乙企业：

借：银行存款　　　　　　　　　117000

　　贷：应收账款——甲企业　　　　　117000

记　账　凭　证

2019 年 9 月 18 日　　　　　　　字第 8 号

摘要	会计科目	借方金额									贷方金额									记账
		千	百	十	万	千	百	十	元	角	分	千	百	十	万	千	百	十	元	角	分	
乙企业	银行存款			1	1	7	0	0	0	0	0											
	应收账款/甲企业													1	1	7	0	0	0	0	0	
合计		¥		1	1	7	0	0	0	0	0	¥		1	1	7	0	0	0	0	0	

会计主管：蒋桂芳　　　记账：刘玲　　　审核：孟祥丽　　　制单：马晓东

◎信用卡结算方式

信用卡,是指由银行或专营机构签发,可在约定银行或部门存取现金、购买商品及支付劳务报酬的一种信用凭证。持卡人可在同城和异地凭卡支取现金、转账结算和消费信用等。信用卡产生的结算关系一般涉及三方当事人:即银行、持卡人和商户。商户向持卡人提供商品或服务的商业信用,然后向持卡人的发卡行收回货款或费用,再由发卡行或代办行向持卡人办理结算。

迄今为止,中国银行、中国工商银行、中国农业银行、中国建设银行已分别先后向社会推出了"长城卡""牡丹卡""金穗卡""建设银行万事达、维萨卡",一些地方银行亦在各地发行了自己的信用卡。

信用卡的申领与使用

根据《支付结算办法》的规定,单位卡和个人卡的申请与使用不尽相同。(如表 5-25 所示)

表 5-25 信用卡的分类

分类	具体分析
单位卡	凡申领单位卡的单位,必须在中国境内金融机构开立基本存款账户,并按规定填制申请表,连同有关资料一并送交发卡银行。该单位符合条件并按银行要求交存一定金额的备用金以后,银行为申请人开立信用卡存款账户,并发给信用卡。单位卡可以申领若干张,持卡人资格由申领单位法定代表人或其委托的代理人书面指定和注销
个人卡	凡具有完全民事行事能力的公民可申领个人卡。个人卡的主卡持卡人可为其配偶及年满 18 周岁的亲属申领附属卡,申领的附属卡最多不超过两张,也有权要求注销其附属卡

特别提示

在单位卡的使用过程中，其账户的资金一律从其基本存款账户转账存入，不得交存现金，不得将销货收入的款项存入其账户。单位卡的持卡人不得用于10万元以上的商品交易、劳务供应款项的结算，并一律不得支取现金。如果需要向其账户续存资金的，单位卡的持卡人必须按前述转账方式转账存入。

信用卡的结算程序

持卡人持信用卡消费时，应按以下程序进行：

1. 持卡人将信用卡和身份证件一并交特约单位

如果信用卡属智能卡、照片卡可免验身份证件。特约单位不得拒绝受理持卡人合法持有的、签约银行发行的有效信用卡，不得因持卡人使用信用卡而向其收取附加费用。

2. 特约单位应审查信用卡

特约单位受理信用卡时，应审查下列事项，如图5-37所示。

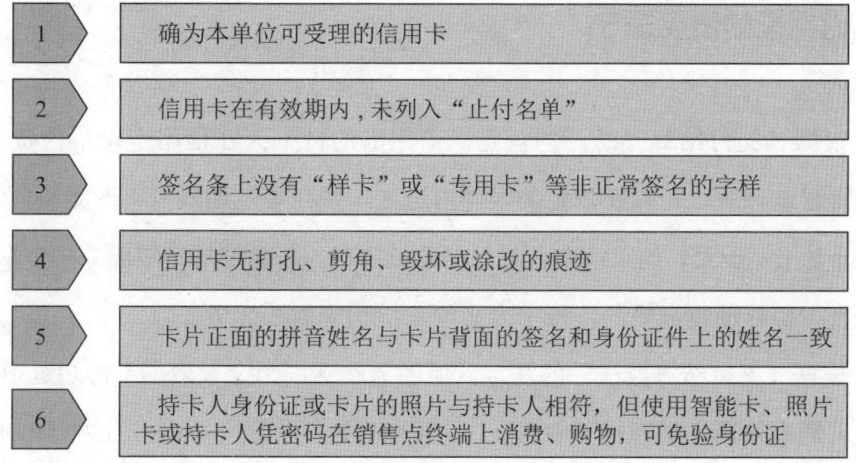

1	确为本单位可受理的信用卡
2	信用卡在有效期内，未列入"止付名单"
3	签名条上没有"样卡"或"专用卡"等非正常签名的字样
4	信用卡无打孔、剪角、毁坏或涂改的痕迹
5	卡片正面的拼音姓名与卡片背面的签名和身份证件上的姓名一致
6	持卡人身份证或卡片的照片与持卡人相符，但使用智能卡、照片卡或持卡人凭密码在销售点终端上消费、购物，可免验身份证

图5-37 受理信用卡的审查事项

3. 办理结算手续

特约单位受理信用卡审查无误的,在签购单上压卡,填写实际结算金额、用途、持卡人身份证件号码,特约单位名称和编号。如超过支付限额的,应向发卡银行索取并填写授权号码,交持卡人签名确认,同时核对其签名与卡片背面签名是否一致。经审查无误后,对同意按经办人填写的金额和用途付款的,由持卡人在签购单上签名确认并将信用卡、身份证件和第一联签购单交还给持卡人。

特别提示

特约单位在每日营业终了,应将当日受理的信用卡签购单汇总,计算手续费和净计金额,并填写汇计单和进账单,连同签购单一并送交收单银行办理进账。收单银行接到特约单位送交的各种单据,经审查无误后,为特约单位办理进账。

信用卡的透支规定

根据《支付结算办法》的规定,信用卡的持卡人在信用卡账户内资金不足以支付款项时,可以在规定的限额内透支,并在规定期限内将透支款项偿还给发卡银行。但是,如果持卡人进行恶意透支的,即超过规定限额或规定期限,并经发卡银行催收无效的,持卡人必须承担相应的法律责任。

根据《支付结算办法》的规定,信用卡透支额,金卡最高不得超过10000元,普通卡最高不得超过5000元。信用卡透支期限最长为60天。关于信用卡透支的利息,依《支付结算办法》的规定,自签单日或银行记账日起15日内按日息 0.05% 计算。超过 15 日按日息 0.1%。计算．超过 30 日或透支金额超过规定限额的，按日息 1.5‰计算，透支计息不分段，按最后期限或最高透支额的最高利率档次计算。

信用卡的销户

持卡人不需要继续使用信用卡的，应持信用卡主动到发卡银行办理销户。持卡人办理销户时，如果账户内还有余额，属单位卡的，则应将该账户内的余额转入其基本存款账户，不得提取现金；个人卡账户可以转账结清，也可以提取现金。

持卡人透支之后，只有在还清透支本息后，在下列情况下，可以办理销户，如图 5-38 所示。

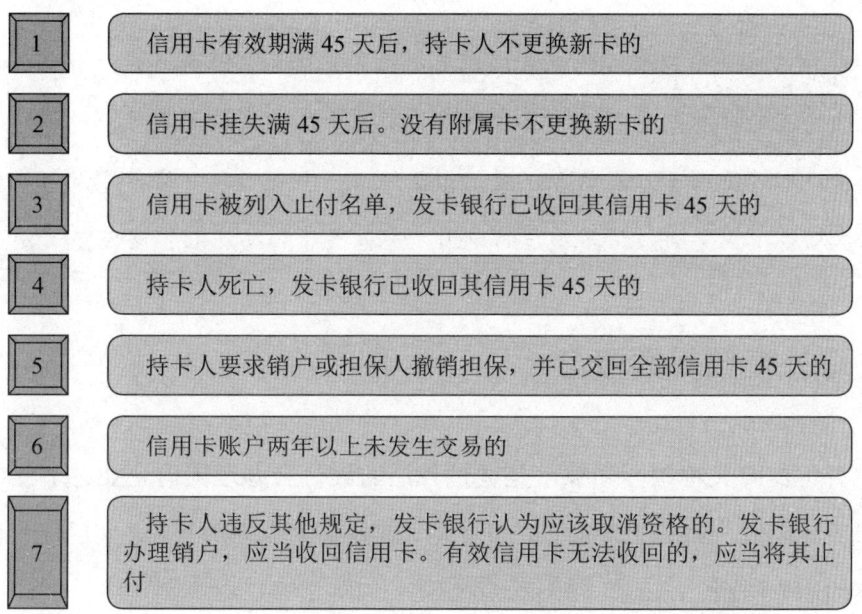

图 5-38　信用卡销户的规定

信用卡的挂失

信用卡丢失后，持卡人应立即持本人身份证件或其他有效证明，并按规定提供有关情况，向发卡银行或代办银行申请挂失。发卡银行或代办银行审核后办理挂失手续。如果持卡人不及时办理挂失手续而造成损失的，则应自行承担该损失；如果持卡人办理了挂失手续而因发卡银行或代办银行的原因给持卡人造成损失的，则应由发卡银行或代办银行承担该损失。

外汇结算方式

> 根据有关境内外汇账户管理规定，境内机构开立结算账户，应当按规定经外汇局批准或备案，其收入范围为来源于经常项目的外汇以及经外汇局批准的其他项下外汇收入，支出用于经常项目支出或者经外汇局批准的资本项目项下支出，结算账户的使用，应当遵守相关外汇管理规定。

◎外汇结算的概念

外汇结算又称国际结算，是通过外汇的收付来办理国内企业、事业单位和机关、团体、部队及其他单位和个人与国外有关单位和个人之间的债权债务关系的清算活动。

小故事：收到外汇怎么办

2019年10月25日，某公司出纳小李收到一笔国外客户的10万美元应收账款。收到外汇后，小李按收到当天美元对人民币汇率为6.1333折算成人民币计价，并进行账务处理如下：

（1）收到外币时

借：银行存款——美元户　　　　613330（10万美元）

　　贷：主营业务收入　　　　　　613330（10万美元）

（2）若月末美元与人民币汇率为6.0827

调整外币现金年末余额，10万美元折合人民币由原来的613330元变为608270元，减少了5060元，作为汇兑损失。

借：财务费用——汇兑损益　　　5060

　　贷：银行存款——美元户　　　5060

特别提示

企业如果有外币现金的收付业务，应该设立外币现金日记账，可按收到当天的外币汇率折算成人民币计价（一般是同时标注价值，例如收到100美元，当天的折算率是7.9，那在日记账上的记录是：100美元，790元人民币）；月底再根据汇率的变动，对相应的人民币计价的变动部分计入财务费用中的汇兑损益中即可。

外汇结算的类型

外汇结算可分为三类：即国际贸易结算、国际非贸易结算和国际金融交易结算。（如图 5-39 所示）

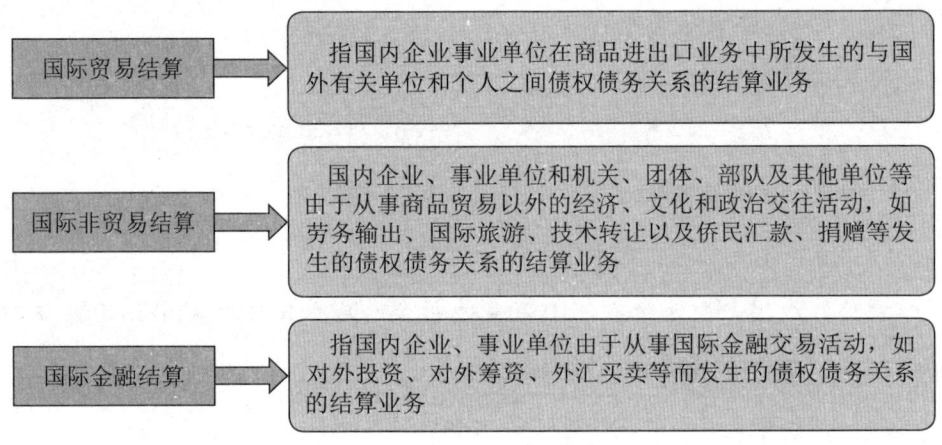

图 5-39　外汇结算的方式

外汇结算的特点

与国内结算相比，外汇结算具有如下几方面的特点，如图 5-40 所示。

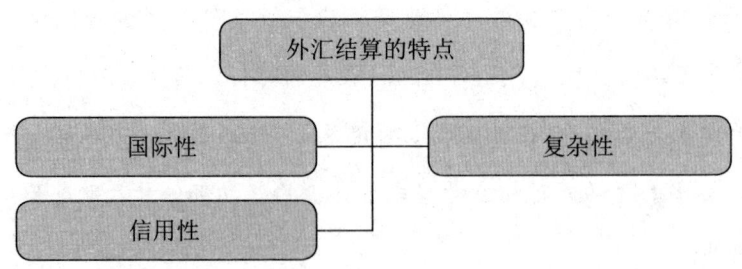

图 5-40　外汇结算的特点

外汇和汇率的概念

1. 外汇

外汇是指外国货币或者以外国货币表示的用于国际清偿的支付手段和资产。外汇必须具备的特征有三点,如图 5-41 所示。

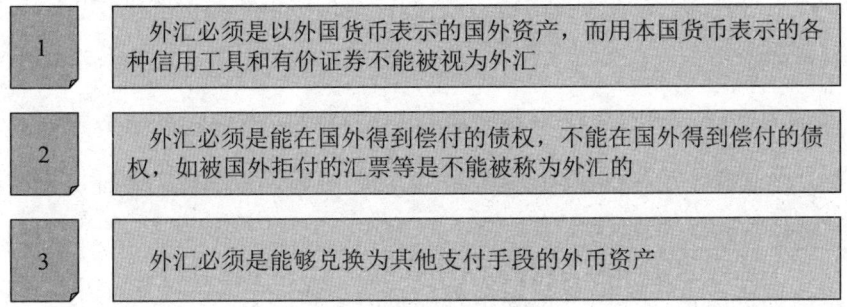

图 5-41 外汇的特征

在外汇结算中,外汇是清偿债权债务关系的支付手段。按照上述规定,一切在国内外银行的外币存款,在国外能得到偿付的外币、外币票据、各种支付凭证、股票和债券,以及可以用来清偿国际间债务的其他资产,都是外汇。相应地外汇可以包括如下五个方面,如图 5-42 所示。

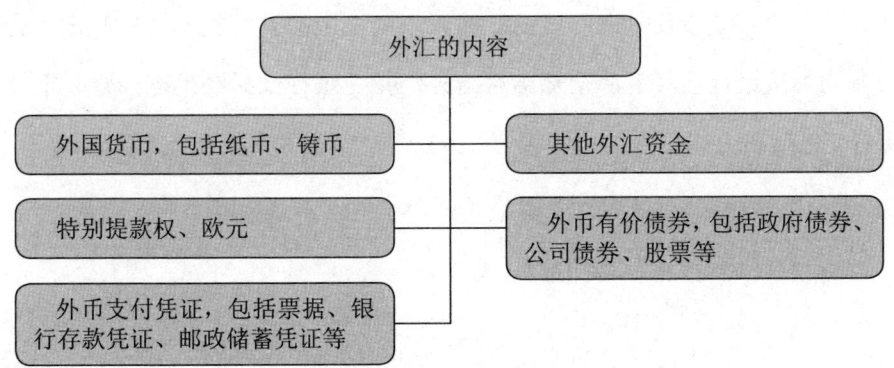

图 5-42 外汇的内容

2. 汇率

外汇汇率是一个国家货币折算成另一个国家货币的比率、比价或价格，也可以说是以本国货币表示的外国货币的价格。

汇率按照银行买卖业务划分，可以分为买入汇率、卖出汇率和中间汇率。买入汇率又称买价，是指银行买入外币时所依据的汇率；卖出汇率又称卖价，是指银行卖出外币时所依据的汇率；中间价是指买价和卖价的平均价，等于买价加上卖价除以2。

将一国家货币折算成另一个国家货币，首先应当确定以哪个国家的货币为标准。由于确定的标准不同，因而外汇汇率的标价方法也有两种：直接标价法和间接标价法。

直接标价法是以本国货币表示外国货的价格的方法。世界上大多数国家采用此法，我国也是如此。间接标价法是以一定单位的本国货币来计算折合成多少外国货币的方法。英国一直使用间接标价法。

外汇管理制度

按照规定，境内所有企事业单位、机关和社会团体（以下简称境内机构）的各类外汇收入必须及时调回境内。属于下列范围的外汇收入（外商投资企业除外）均须按银行挂牌汇率全部结售给外汇指定银行（指经批准经营外汇业务的银行，包括在中国境内的中资银行、外资和中外合资银行），如表5-26所示。

表 5-26　按银行挂牌汇率全部结售给外汇指定银行的情况

按银行挂牌汇率全部结售给外汇指定银行的情况	出口或先支后收转口货物及其他交易行为取得的外汇
	境外贷款项下国际招标中标收入的外汇
	交通运输（包括各种运输方式）及港口（包括海港、空港）、邮电（不包括国际汇兑款）、旅游、广告、咨询、展览、寄售、维修等行业及各类代理业务提供商品或服务收入的外汇
	行政、司法机关收入的各项外汇规费、罚没款等
	土地使用权、著作权、商标权、专利权、非专利技术、商誉等无形资产转让收入的外汇
	向境外出售房地产及其他资产收入的外汇
	境外投资企业汇回的外汇利润、对外经援项下收回的外汇和境外资产的外汇收入
	对外索赔收入的外汇、退回的外汇保证金等
	保险机构受理外汇风险所得外汇的收入
	取得《经营外汇业务许可证》的金融机构经营外汇业务的收入
	国外捐赠、资助及援助收入的外汇
	国家外汇管理局规定的其他应结汇的外汇

按照规定，境内机构的下列外汇，可以向国家外汇管理局或其分支局（以下简称"外汇局"）申请，在外汇指定银行开立外汇账户，按规定办理结汇，如表 5-27 所示。

表 5-27　办理结汇的情况

办理结汇的情况	经营境外承包工程，向境外提供劳务、技术合作及其他服务业务的公司，在上述业务项目进行过程中收到的业务往来外汇
	从事代理对外或境外业务的机构代收待付的外汇
	暂收待付或暂收待结项下的外汇，包括境外汇入的投标保证金、履约保证金、先收后支的转口贸易收汇、邮电部门办理国际汇兑业务的外汇汇兑款、一类旅行社收取的国外旅游机构预付的外汇、铁路部门办理境外保价运输业务收取的外汇、海关收取的外汇保证金、抵押金等
	保险机构受理外汇风险、需向外分保以及尚未结算的保费

上述各项外汇，根据会计制度按期结算实现的收入，应全部结售给外汇指定银行。只有下列范围内的外汇可不结汇，在外汇指定银行开立外汇账户，如图 5-43 所示。

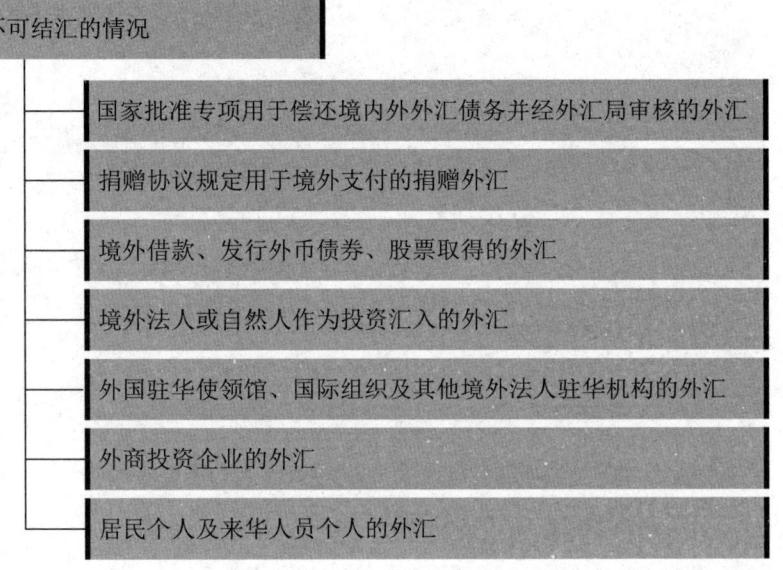

图 5-43　不可结汇的情况

◎外汇账户的管理

外汇账户根据用途的不同分为外汇结算账户和外汇专用账户。外汇结算账户用于企业经常项目下的外汇资金结算。外汇专用账户（外债专户、资本金专户、贷款专户、还本付息专户等）用于专用资金的结算。

外汇账户的开立手续

企业开立外汇账户是进行外汇结算的第一步。根据不同银行的政策，企业可在开立美元、欧元、日元、法郎、港元等币别的外汇账户。不同的外汇，办理开户的手续各不相同：

1．下列外汇，开户单位应首先向外汇局提出申请，持外汇局核发的《外汇账户使用证》到开户银行办理开户手续，如表 5-28 所示。

表 5-28　办理开户手续需要外汇账户使用证的外汇

经营境外承包工程、向境外提供劳务、技术合作及其他服务业务的公司，在上述业务项目进行过程中收到的业务往来外汇
从事代理对外或境外业务的机构代收待付的外汇
暂收待付或暂收待结项下的外汇，包括境外汇入的投标保证金、履约保证金、先收后支的转口贸易收汇、邮电部门办理国际汇兑业务的外汇汇兑款、一类旅行社收取的国外旅游机构预付的外汇、铁路部门办理境外保价运输业务收取的外汇、海关收取的外汇保证金、抵押金等
保险机构受理外汇风险、需向境外分保以及尚未结算的保费
捐赠协议规定用于境外支付的捐赠外汇

外汇管理局审查同意后，发给《外汇账户使用证》，在其中注明账户的币种、收支范围、使用期限及相应的结汇方式。

2．下列外汇，开户单位可以持下列有效凭证直接到开户银行办理开户手续。（如表 5-29 所示）

表 5-29　直接到开户银行办理开户的情况

直接到开户银行办理开户的情况	外商投资企业的外汇，持外汇局核发的《外商投资企业外汇登记证》
	境外借款、发行外币债券取得的外汇，持外汇局核发的《外债登记证》或者《外汇（转）贷款登记证》
	驻外机构的外汇，持机构设立批准部门的批准文件或者投资意向书

3．下列外汇，开户单位须持经批准文件向外汇管理局提出申请，持外汇

管理局核发的《开户通知》，然后再到开户银行办理开户手续，如图5-44所示。

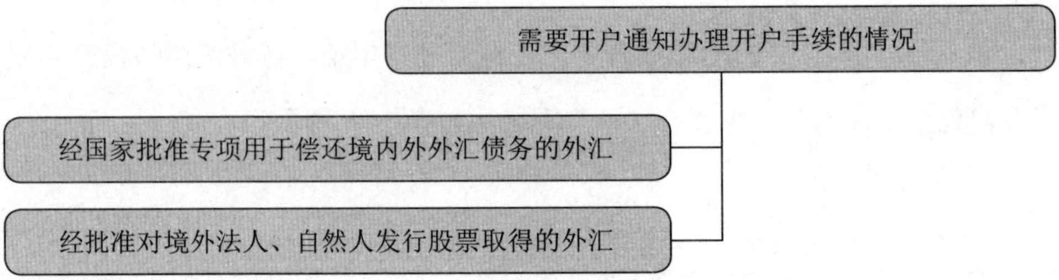

```
                            ┌─────────────────────────────────┐
                            │ 需要开户通知办理开户手续的情况  │
                            └─────────────────────────────────┘
                                          │
    ┌──────────────────────────────────────┤
    │ 经国家批准专项用于偿还境内外外汇债务的外汇 │
    └──────────────────────────────────────┘
    ┌──────────────────────────────────────┐
    │ 经批准对境外法人、自然人发行股票取得的外汇 │
    └──────────────────────────────────────┘
```

图5-44　需要开户通知办理开户手续的情况

特别提示

按照规定，中国境内的企业、事业单位、机关和团体应当在其注册或者在当地开户银行办理开户，需要在境内其他地区开立外汇账户的，应在当地注册或者登记所在地外汇管理局的核准文件及有关材料向开户所在地外汇管理局申请，并按照规定办理开户手续。开户单位向银行办理开户手续，除了应持有上述有关材料外，同样应填制开户申请书，经银行审查同意后办理开户。境内机构在境外开立外汇账户的，须向外汇管理局提出申请，经批准后方可在境外开户。

开立外汇结算账户的流程

开立外汇结算账户的流程分两步：第一，外管局审批；第二，向银行提交。

企业填妥开立经常项目外汇账户申请书及印鉴卡后携下列资料去外管局审批。（如图5-45所示）

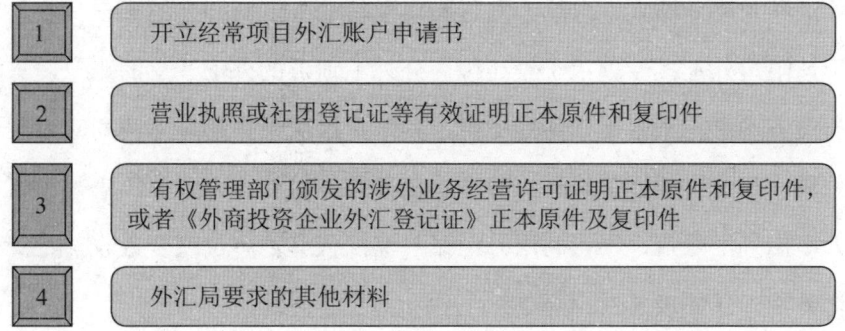

图 5-45　审批时所需的资料

外管局审批后携外管局批件（如《外汇账户使用证》）及以下资料，如图 5-46 所示。

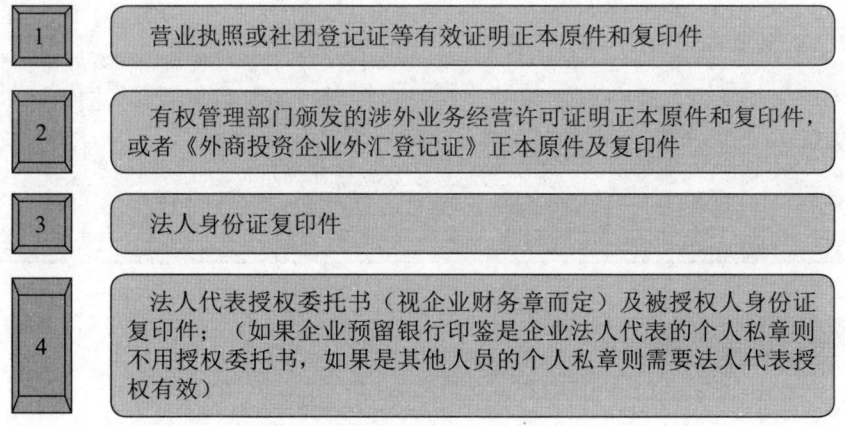

图 5-46　审批后所需资料

账户的使用

开户单位使用外汇账户应当严格遵守国家外汇管理的有关规定和外汇账户的收支范围，并接受开户银行的监督。按照规定，境外借款、发行外币债券取得外汇和对境外法人、自然人发行股票取得的外汇所开立的账户其收入应严格限于该限定外汇；专项用于偿还境内外外汇债务的外汇开立的账户，只能用于支付债务本息，不得用于其他支付，其账户余额不得超过下两期应当偿还的本息总额，其收付须逐笔经外汇管理局核准等。此外，开户单位不得出租、出借或者串用外汇账户，不得利用外汇账户非法代其他单位或个人收付、保存或者转让外汇。（如表5-30所示）

表5-30 账户的变更和撤销规定

类别	具体分析
变更	按照规定，凡是应先向外汇管理局提出申请、凭外汇管理局核发的《外汇账户使用证》到银行开户的外汇账户，如开户单位需要变更账户的币种、收支范围、使用期限以及结汇方式等内容，应持相应的有关材料首先向外汇管理局提出申请，变更《外汇账户使用证》的有关内容，然后到银行去办理账户的变更手续，否则银行将不予办理
撤销	按照规定，外汇账户使用期满或者由于其他种种原因需要撤销外汇账户时，外汇管理局按照规定对开户银行和开户单位下达《撤销外汇账户通知书》，并对该账户余额作出明确处理，限期办理撤户手续。境内企事业单位、机关和社会团体按照规定关闭账户时，其外汇余额全部结汇；其中属于外商投资企业外方投资者的部分，允许其转移或汇出。账户关闭后，开户单位应当将《外汇账户使用证》《外债登记证》和《外汇（转）贷款登记证》退回外汇管理局

外汇业务核算

记账本位币，又称功能货币，是指各单位从事生产经营和业务活动的主要环境中的货币，是各单位计量其资金流动和业务经营成果的统一尺度。外币是指除本国货币以外的其他货币，在会计核算中通常指记账本位币以外的各种货币。（如表5-31所示）

表 5-31　外汇汇率和汇兑损益

分类		具体分析
记账汇率	固定汇率	指在一定时期内保持不变的记账汇率,如采用当月1日或者上季末的汇率,作为记账汇率,在本月或本季内保持不变
	变动汇率	指根据外汇牌价的变动而经常变动的记账汇率,如采用当天外汇牌价作为记账汇率,则其记账汇率每天都在变动
账面汇率		指企业采用的已登记入账的汇率。账面汇率可以采用先进先出法、逐笔认定法、月终调整法、加权平均法等方法加以确定
汇兑损益	指各单位的外币存款、外币借款以及用外币结算的往来款项的变动时和因两种不同外币之间折算而发生的差额	不同币种之间的折算发生的记账本位币的差额
		外币账户的期末余额,按照期末国家的外汇牌价折合为记账本位币金额和按账面汇率记载的记账本位币金额之间的差额

特别提示

按照财务准则的规定,各单位应当以人民币为记账本位币,业务收支主要以外币为主的单位,也可以选定某种外币为记账本位币,但在向政府有关部门报送报表时应当折算为人民币。

外汇业务核算的原则

按照财务会计制度规定,外汇业务核算应遵循以下原则,如表 5-32 所示。

表 5-32　外汇业务核算的原则

外汇业务核算的原则	企业发生外币现金、存款以及外币债权债务等业务时，应将有关外币金额折合人民币记账，并同时在账户上登记原币金额和折合率
	企业将外币折合成人民币记账时，所采用的折合率可以是业务发生时当日的中国人民银行公布的市场汇价，也可以采用当月一日的市场汇价，会计期末再按期末市场汇价折合成人民币进行调整，调整后的人民币余额与原账面余额的差额作为汇兑损益处理
	企业事业单位等向银行结汇时，一方面按照银行兑付给单位的人民币金额记银行存款增加数，另一方面按市场汇价计算的人民币金额记应收账款的减少数，两者的差额作为汇兑损益；单位向银行购汇时，一方面按实际支付的人民币金额记银行存款的减少数，另一方面按照市场汇价折合的人民币金额记减少的应付款项等

◎外汇结算方式

外汇汇款

付款方通过银行将应付的款项汇给收款方，这种支付方式就叫作汇款方式。

1. 汇款的种类

汇款可以分为信汇、电汇和票汇三种。（如表 5-33 所示）

表 5-33　汇款的种类

类别	具体分析
信汇	信汇是汇出银行应汇款人的申请，用航空信函将信汇委托寄汇入银行，授权汇入银行将款项支付给收款人的一种汇款方式。采用信汇方式的优点是价格较为低廉，但相对来说收款人收到汇款的时间较迟
电汇	电汇是汇出银行应汇款人的申请，用拍发电报或电传给汇入银行，授权汇入银行将款项支付给收款人的一种汇款方式。采用电汇方式的优点是收款人可以迅速收到汇款，但相对来说费用较高。以前电汇都使用电报，现在主要使用电传，因而使产生差错的可能性大为降低，而且费用也大为降低，因而现在电汇使用得较为广泛
票汇	票汇是汇出银行应汇款人的申请，代汇款人开立以其国外分行或代理行为解付银行的银行即期汇票，收款人持汇票到解付银行取得款项的一种结算方式

汇款凭证格式如下:

```
        中国××银行信汇(电汇)凭证(回单) 1
              委托日期   年  月  日       第   号
┌────┬────────┬─────────────┬────┬────────┬─────────────┐
│    │全  称  │             │    │全  称  │             │
│收款├────────┤             │汇款├────────┤             │
│    │账  号  │             │    │账  号  │             │
│人  │或住址  │             │人  │或住址  │             │
│    ├────────┼──┬───┬──────┤    ├────────┼──┬───┬──────┤
│    │汇 出  │省│市县│汇入行名│    │汇 出  │省│市县│汇入行名│
│    │地 点  │  │    │称      │    │地 点  │  │    │称      │
├────┼────────┴──┴───┴──────┴────┴────────┼──┬──┬──┬──┬──┬──┬──┬──┤
│金  │人民币                               │千│百│十│万│千│百│十│元│角│分│
│额  │(大写)                               │  │  │  │  │  │  │  │  │  │  │
├────┴────────────────────────────────────┴──┴──┴──┴──┴──┴──┴──┴──┴──┴──┤
│汇款用途                                                                │
│上列款项已根据委托办理,如需查询,请持此回单                            │
│来行面谈。                                                              │
│                                                          汇出行盖章    │
│单位主管    会计    复核    记账                          年  月  日    │
└────────────────────────────────────────────────────────────────────────┘
```

特别提示

在具体业务实践中,多数使用信汇和电汇两种方式。这两种方式,对收付款双方的利害关系各不相同。对于收款方来说,采用电汇方式可以较早地收到货款,从而加速资金的周转,增加利息收入,避免由于汇率波动而带来的风险,因此收款方在必要时,比如款项金额较大、汇率波动较大以及结算货币贬值较快等等,应要求在合同中注明采用电汇方式,反过来,对于付款方来说,采用电汇方式意味着必须负担较多的电报费用和银行手续费用,因而在收款还没要求使用电汇支付的情况下应尽量使用信汇方式,如果收款方明确要求使用电汇,对于由此增加的费用可以通过压低合同价格等方式要求对方承担一部分甚至全部。

2. 汇款结算方式的特点

在国际贸易中,汇款结算方式按照汇付货款与装运货物先后的不同,又可分为预付货款和货到付款两种。与其他外汇结算方式相比,汇款结算具有如下特点,如图 5-47 所示。

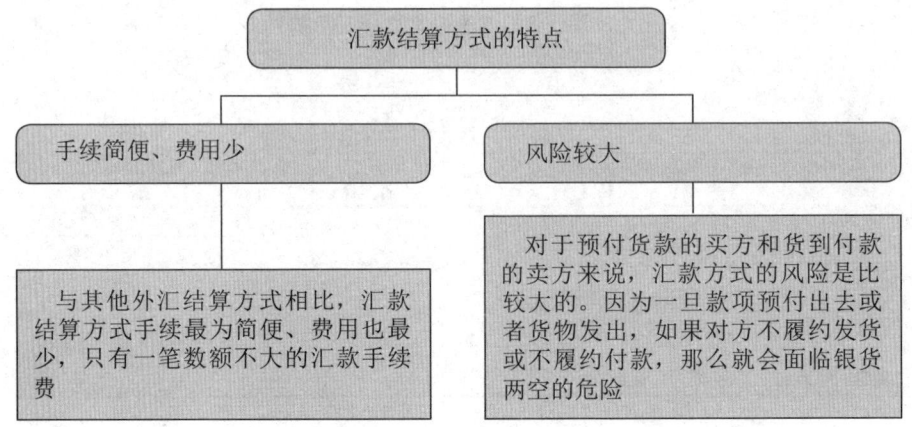

图 5-47　汇款结算方式的特点

3．汇款的业务流程

汇款方式的业务流转如图 5-48 所示。

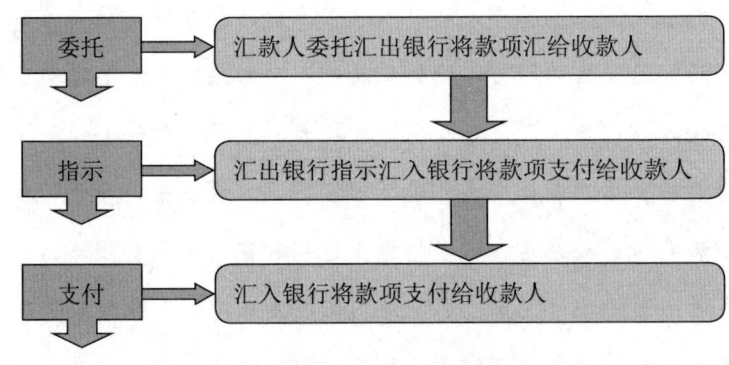

图 5-48　汇款的业务流程

外汇托收

托收是指债权人(出口企业)出具汇票,委托银行向债务人(进口企业)收取销售货款或劳务价款的一种外汇结算方式。托收这种结算方式,从性质上说是一种商业信用。它虽然通过银行办理，但是无论是托收银行还是代收银行只是按照委托人的指示办事，并没有承担付款的责任，也不过问单据本身的真伪，如果事先没有特殊的约定，银行也不负责提取、保管、转运或拍卖到达目的地后付款人拒绝付款赎单的货物。

在托收结算方式中，一般有四个当事人，如图5-49所示。

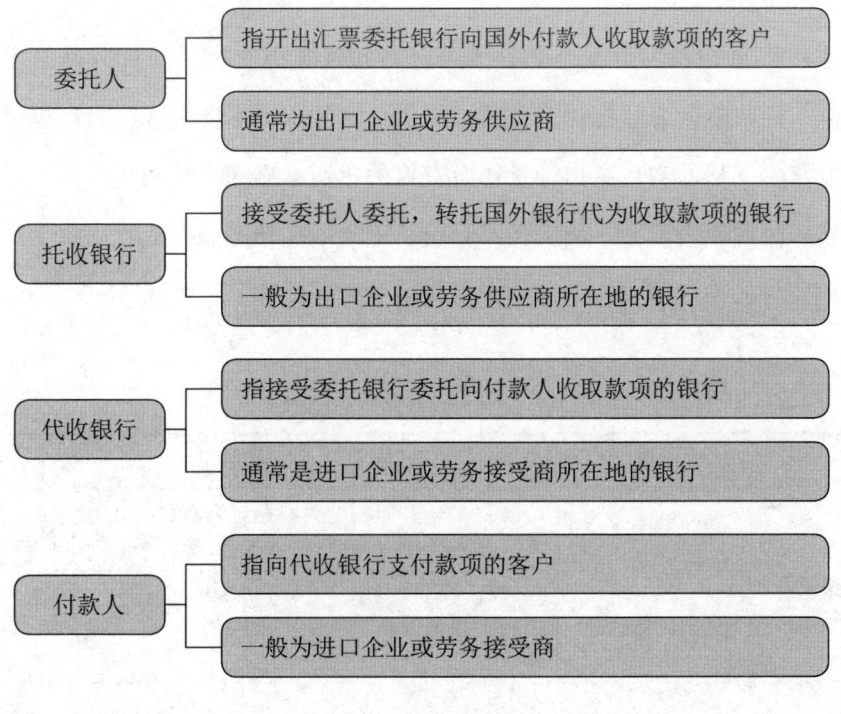

图 5-49 托收的当事人

1．托收的种类

托收是外汇结算，特别是国际贸易结算中采用得较多的一种结算方式。托收按照是否附带货运单据分为光票托收和跟单托收两种方式。（如表5-34所示）

表 5-34　托收的种类

类别	具体分析
光票托收	指不附货运单据，只凭汇票付款的托收。附有非货运单据（如发票、垫款清单等）的托收，也属于光票托收。光票托收一般多用于取出口货款尾数、样品费、佣金、代垫款项、其他贸易从属费用和进口索赔款等
跟单托收	指委托人将汇票连同货运单据（如提单、保险单等）一并交给托收银行办理的托收

实行跟单托收，付款人必须按照合同的规定提交有关的货运单据才能取得货款，而收款人必须在付清货款或提供一定的保证后才能取得货运单据并据此提取货物，从而实现了作为货物所有权的货运单据和货款的一手来一手去当面两讫，因而较为安全。所以在国际贸易中一般都使用跟单托收。跟单托收根据交单条件的不同可以分为付款交单和承兑交单两种。（如表 5-35 所示）

表 5-35　跟单托收的种类

分类		具体分析
付款交单	即期付款交单	收款人开具即期汇票，通过银行向付款人提示，付款人见到汇票后应立即付款，在付清货款后领取货运单据
	远期付款交单	收款人开具远期汇票，通过银行向付款人提示，由买方对汇票进行承兑，于汇票到期日付清贷款后再领取货运单据
承兑交单		委托人开具远期汇票，连同货运单据交银行办理托收，通过银行向付款人提示，付款人承兑汇票后代收银行即将货运单据交给付款人，付款人即可凭此提取货物，汇票到期后付款人方履行付款义务

2. 托收结算方式的流程

托收结算方式的流程如图 5-50 所示。

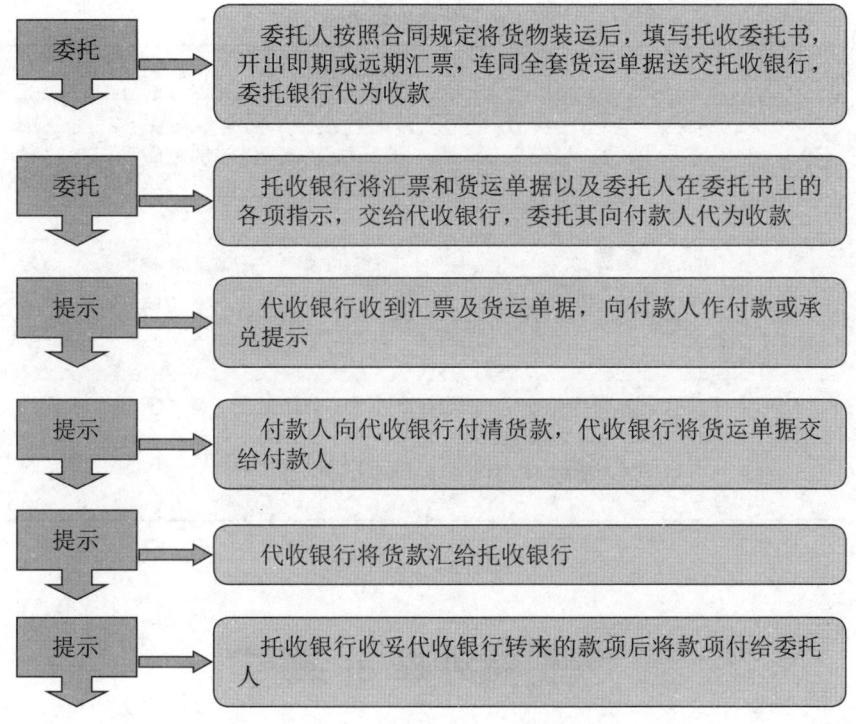

图 5-50 托收结算方式的流程

信用证结算

信用证，是指由银行（开证行）依照客户（申请人）的要求和指示，在符合信用证条款的条件下，凭规定单据，向第三者（受益人）或者指定方进行付款，或者承兑和支付受益人开立的汇票；或者授权另一银行进行该项付款，或承兑和支付汇票；或授权另一银行议付。通俗地讲，信用证是银行开立的一种有条件地承诺付款的书面文件。

1. 信用证的当事人

信用证的当事人主要有开证申请人、开证银行、受益人等。（如表 5-36 所示）

表 5-36　信用证的当事人

类别	具体分析
开证申请人	向银行申请开立信用证的人，即进口商。当交易双方签订的交易合同规定采用信用证方式结算时，进口商应当在合同规定的期限内，向进口地银行申请开出符合合同规定的信用证。如果信用证是由银行主动开立的，则没有开证申请人
开证银行	指应开证申请人的要求开立信用证的银行，一般为进口商所在地银行。开证银行应根据开证申请人的要求及时、正确地开立信用证。信用证开立之后，开证银行便承担凭单付款的责任，而不管进口商是否拒绝赎单或无力支付
受益人	信用证上明确指定并由其接受信用证，凭发票、提单等收取货款的人，即出口商。受益人接受信用证后，应按信用证的有关条款的规定，装运货物，提交单据，据以收取货款。受益人应对所发货物和所提交的单据全面负责

特别提示

除此之外，信用证的当事人还包括：通知银行，指接受开证银行委托将信用证转交出口商的银行，一般为出口商所在银行，只负责证明信用证的真实性，不承担其他义务；议付银行，指愿意买入受益人交来的跟单汇票的银行，可以信用证上的开证行负责条款及有关指示将有关单据寄给开证银行，向开证银行索回所垫货款；付款银行，是指信用证上指定的信用证项下汇票付款的，一般为开证银行，也可以是开证银行指定的另一家银行。

2. 信用证的种类

信用证可以从不同的角度进行不同的分类。（如图 5-51 所示）

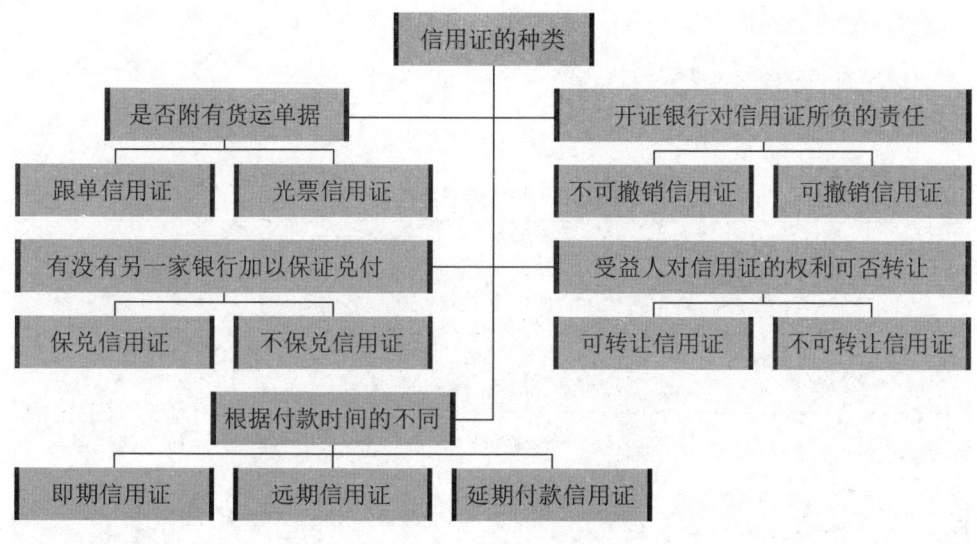

图 5-51　信用证的种类

3．信用证的特点

从性质上讲，信用证结算首先是一种银行信用，开证银行以自己的信用作为付款保证。开证银行保证当受益人在信用证规定的期限内提交符合信用证条款的单据时履行付款义务。这与汇款、托收结算方式的商业信用性质不同。因而比汇款、托收结算收款更有保障。其次，信用证是一种独立的文件。信用证业务是一种单据买卖，银行凭表面合格的单据付款，而不以货物为准。（如图 5-52 所示）

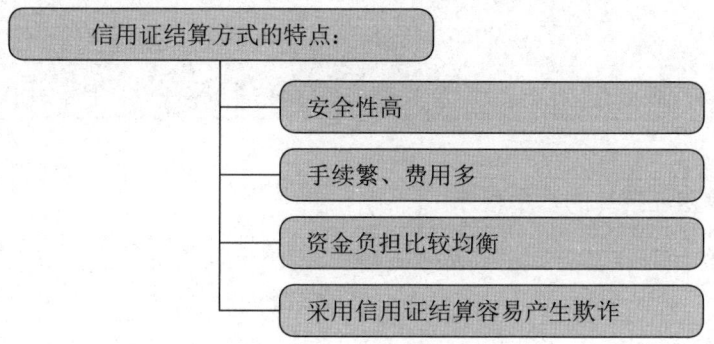

图 5-52　信用证结算方式的特点

4. 信用证的内容

信用证的内容如表 5-37 所示。

表 5-37 信用证的内容

内容	具体分析
开证银行的名称	包括其全称以及地址、电报挂号、电传号码等，以便联系
信用证的种类	如"不可撤销信用证"或"可撤销信用证"，"即期信用证"或"远期信用证"等
信用证金额和货币	信用证金额是开证银行付款责任的最高限额，一般应用大小写记载
信用证的号码和日期	信用证上的日期为开证银行出具信用证的日期
开证申请人	包括其全称和详细地址
受益人	包括其全称和地址
汇票和单据	如规定受益人凭汇票收款，则应规定应开立什么汇票，如即期汇票还是远期汇票，汇票的金额和付款银行等。如信用证未规定汇票条款，则受益人可只凭信用证上规定的单据收款。信用证上应规定单据的种类，包括货物单据（如发票、产地证明书、商检证明书、重量单、装箱单等）、运输单据（如提单）和保险单据（保险单），以及单据的份数
对运输的要求	包括装运期限、装运港、目的港、运输方式以及是否可分批装运和中途转运等
对货物本身的要求	包括货物的品名、品质、规格、数量、包装等
信用证的有效期和到期地点	指银行承担付款的期限，如出口商交单时间超过该期限，银行有权解除自己的付款责任和是在什么国家和地区到期
保证条款	指开证银行对受益人和汇票持有人保证付款的条款
其他特殊条件	由开证银行根据每一笔业务的具体情况作出不同的规定

5. 信用证结算的基本程序

采用信用证结算方式，其基本业务程序如图 5-53 所示。

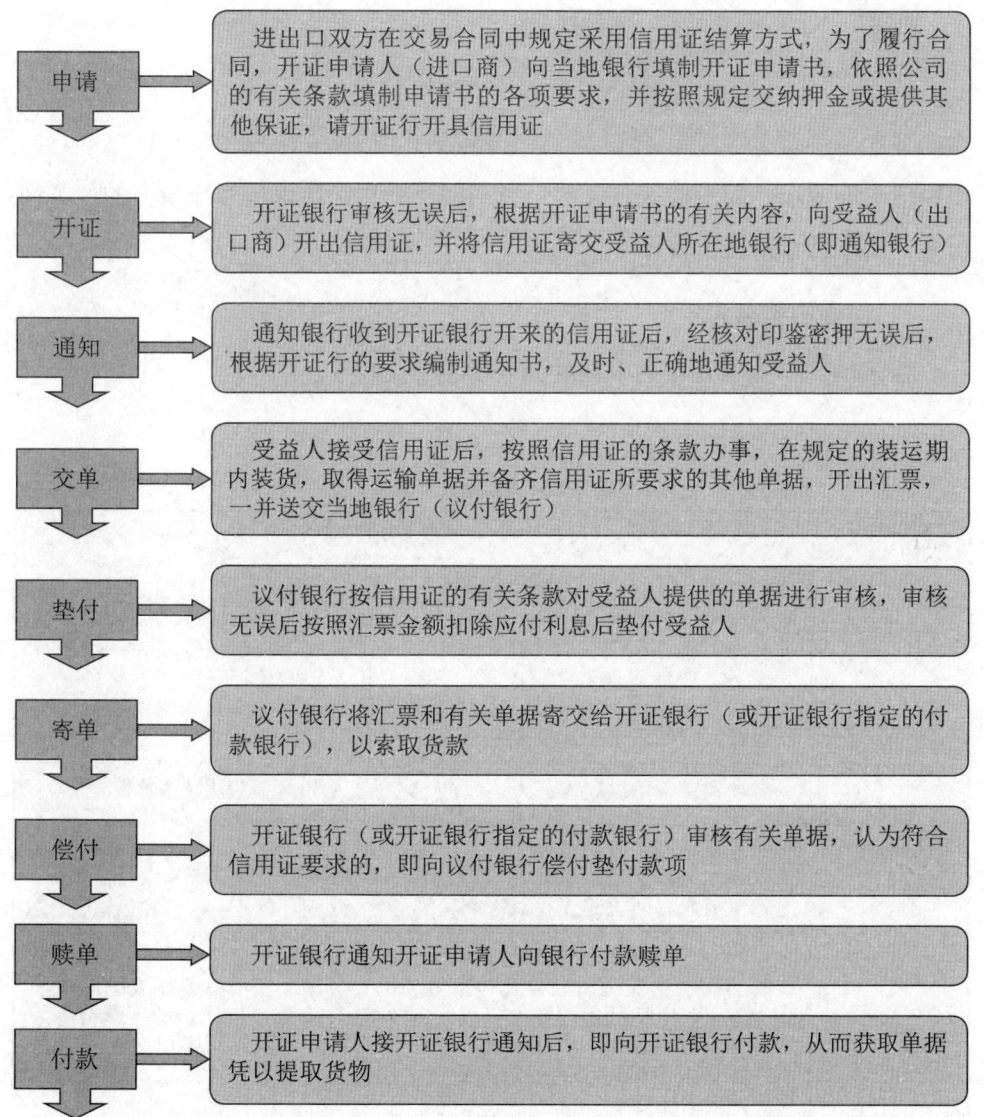

图 5-53 信用证结算的基本程序

保函

保函,又称保证书,指银行、保险公司、担保公司或个人(即保证人)应申请人的请求,向受益人开立的一种书面保证凭证,保证对申请人的债务或应履行的义务承担赔偿责任。

1. 保函的当事人

保函的当事人主要有如下几种如表5-38所示。

表5-38 保函的当事人

类别	具体分析
委托人	是指要求保证人开立保证书的当事人。保函的委托人一般是债务人(还款保证书)、投标人(投标保证书)、出口商(出口保证书)等。作为委托人,根据他和受益人之间签订的经济合同,它必须偿还债务或履行其义务,在使用保函的情况下,如果委托人不偿还债务或履行义务(比如提供货物或劳务时),那么受益人将要求保证人付款或赔偿损失,当然保证人付款后是一定要委托人偿还的,除非委托人破产
受益人	指收到保函凭以向保证人索偿的当事人,通常为债权人(还款保证书)、招标人(投标保证书)、进口商(出口保证书)等。根据它和委托人之间的经济合同,它有权要求委托人偿还债务或履行其义务,如果委托人未偿还债务或履行义务时它有权凭保函要求保证人偿付债务或赔偿损失。因此保函能保证受益人权益得到实现
保证人	指开立保函并在保函中许诺的当事人。保证人一般为银行,也可能是保险公司、担保公司以及其他单位和个人。保证人根据委托人的申请,在一定条件下比如由委托人提供一定的担保,交纳一定比例的手续费等,向受益人开立保函。在委托人不按合同规定偿还债务或履行义务的情况下,保证人应按保函的规定向受益人偿付债务或者给予赔偿,赔付后再向委托人索还

2. 保函的种类

在国际贸易、非贸易以及融资活动中,保函的使用范围十分广泛,相应的保函的种类也很多。以下介绍几种最常见的保函,如表5-39所示。

表 5-39 保函的种类

类别	具体分析
投标保函	在国际投标时,保证人向招标人(受益人)承诺:当投标人(委托人)万一中标而不履行其义务时,保证人将向招标人赔偿一定金额的款项。投标保函主要用于担保投标人在投标后开标前不撤销投标和片面修改投标条件,中标后保证签约并支付履约金,否则将由保证人向招标人赔偿一定数额的损失,从而保护招标人的利益
履约保函	保证人向受益人承诺,如果委托人没有履行它与受益人签订的合同时,保证人将按规定向受益人支付一定金额的赔款。履约保函的使用范围较广。在国际招标中,招标人往往要求中标人在签订合同时提供履约保函,以保证中标人未履约时由保证人赔偿损失。在货物进出口业务中,出口商要求进口商提供履约保函,在出口商履约交货后,如进口商未按合同按期付款则由保证人负责偿还;进口商也可要求出口商提供履约保函,如出口商未能按期交货则由保证人向进口商赔偿损失
还款保函	保证人向受益人(贷款人)承诺:如果委托人(借款人)未按期偿还贷款本息,保证人将向受益人偿还本息

3. 保函的内容

保函一般无固定格式,由保证人根据需要而定,其基本内容如表5-40所示。

表 5-40 保函的内容

类别	具体分析
三方当事人	保函中应当列明委托人、受益人和保证人的完整名称和详细地址,其中保证人的地址尤为重要,因为保函通常是受开立地的法律约束的。由于各国法律差别很大,许多国家的受益人只接受本国银行或其他机构开立的保函,因而许多外国的委托人只能通过本国银行请受益人所在地的银行或其他机构开立保函
交易内容	保函中必须明确规定为交易双方的哪一项交易提供担保。在交易双方的义务是根据双方签订的合同确定的情况下,保函应列明合同号、合同签订日期、签约双方的名称等
担保责任	保函的主体是保函中保证人向受益人所承担责任的条款。其中最主要的就是担保金额。担保金额是保证人责任限度,它通常就是受益人的索偿金额。担保金额不一定是具体的金额,也可以是交易金额或合同金额的一定比例。除非保函中有明确规定,担保金额不因义务的部分履行而减少

续表

类别	具体分析
保函的有效期限	保函一般都规定一个明确的有效期限。除非保函中有特别说明，保函的有效期指收到受益人索偿文件的最后期限。有效期限一过，保证人的责任便解除了
保函终止到期日	保函应明确规定其终止的有效的日期。如保证人在终止到期日以前未接到受益人的索偿文件，则保函自动失效，如发生索偿，受益人按保函规定应享有的权利已得到充分满足，索偿了结时，保函即告终止。保函终止后受益人应将保函退还给保证人

外汇结算方式的选择

企业在发生对外经济业务时，必须选择合适的结算方式，这样才能保证外汇资金的安全，同时加速资金的周转，扩大对外经济贸易与合作的发展。一般来说，在出口贸易中，为保证收汇的安全迅速，一般多采用不可撤销的即期信用证方式；在进口贸易中，大多数应采用信用证方式，对于某些小额交易也可采用汇款和托收方式。有时，还可以将汇款方式和保函相结合，即由卖方通过银行向买方出具保函，保证卖方先汇付一部分定金或一部分货款，余款等货物装船后卖方提供货运清单时支付，等等。

对于成套设备、大型机械产品或交通工具的交易中，一般采用分期付款和延期付款的方法，并将汇款、托收、信用证三种方式结合使用：即按照合同规定，在产品投产前，买方用汇款方式先汇付部分定金，其余货款按工程进度或交货进度分期支付，由买方开立不可撤销信用证，即期付款；最后一部分货款是在交货后或者在卖方承担质量保证期满时采用托收方式付清。

第六章
工商、税务的管理

纳税是每个公民和每个企业所必须履行的义务，企业运营之后必须按一定的比例上缴税款，企业的一些营业信息也需要在工商信息公示系统进行年报，这样才可以保证企业的正常运营，也使企业权益受到更好的保护。通过本章的阅读，我们可以了解一些企业进行工商注册、合并、分立、解散、破产清算和变更登记的常识；并能够理解企业纳税和参与社保的一些基础知识。

学习导读：

◆认识企业工商注册、合并、分立

◆熟悉企业解散、破产清算、变更登记

◆梳理企业税务管理

◆掌握企业社保管理

工商管理

> 公司设立是指按照法律规定的条件和程序，发起人为组建公司，使其取得法律人格，必须采取和完成的一系列行为之总称。公司的设立是一个跨越了私法和公法两大领域，融合了实体法和程序法，具有多种法律关系和法律效果的有机整体，是一个复杂的过程。

◎企业注册

企业法人登记注册的主要事项

企业法人登记注册事项是申请登记时，需要由登记主管机关审核登记的主要内容，是确认企业法人资格的实体要件。根据《中华人民共和国企业法人登记管理条例》规定，企业法人登记注册的主要事项：企业法人名称、住所、经营场所、法定代表人、经济性质、经营范围、经营方式、注册资金、从业人数、经营期限、分支机构。（如表6-1所示）

表6-1 企业法人登记注册的主要事项

名称	企业法人只准使用一个名称。企业法人申请登记注册的名称由登记主管机关核定，经核准登记注册后在规定的范围内享有专用权
住所	是企业法人从事民事活动的主要场所，是企业法人主要办事机构所在地。一个企业只能确定一个住所。住所可以是自有的，也可以是租赁的
经营场所	经营场所是企业进行生产、经营、服务的基本条件，也是确定企业经营规模的依据之一。企业的经营场所可以是一个，也可以是多个
法定代表人	依照法律或者法人组织章程规定，代表法人行使职权的负责人，是代表企业行使职权的签字人

续表

经济性质	我国目前有以下几种经济性质的企业：全民所有制企业、集体所有制企业、私营企业和多种经济成分联营的企业
经营范围	指企业生产经营的商品类别、品种或服务项目
经营方式	指企业在生产经营活动中采取的具体方法和形式
注册资金	国家授予企业法人经营管理的财产或者企业法人自有财产的数额体现，包括企业法人的固定资金和流动资金
从业人数	包括企业法人的管理人员、技术人员、业务人员
经营期限	指企业登记主管机关核准的允许企业从事生产经营活动的时限
分支机构	指企业法人为了生产经营的需要而设立的直接从事对外经营活动的机构，不具有法人资格

公司注册步骤

1. 办理企业名称核准（如图 6-1 所示）

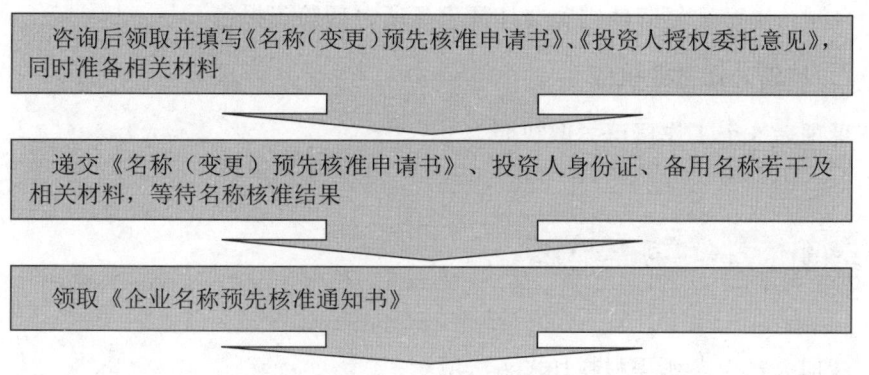

图 6-1　办理企业名称核准的过程

2. 确定公司住所

租房后要签订租房合同，并且一般要求必须用工商局的同一制式租房协议，并让房东提供房产证的复印件，房东身份证复印件。

3. 形成公司章程

可以在工商局网站下载"公司章程"的样本，修改一下就可以了。章程的最后由所有股东签名，并署名日期。

4．刻私章

刻法人代表和其他股东的私章。

5．办理验资

凭会计师事务所出具的"银行询征函"选择银行开立公司验资户。所有股东携带出资比例等额资金、工商核名通知书、法人代表和其他股东的私章、身份证、空白询征函表格，到银行去开立公司验资账户。银行会发给每个股东缴款单、并在询征函上盖银行的章。

6．办理验资报告

银行出具股东投资的现金缴款单（或进账单）、银行对账单、银行盖章后的询征函由银行寄至会计师事务所，携带公司章程、名称预先核准通知书、房租合同、房产证复印件送到会计师事务所办理验资报告。

7．申请公司营业执照

受理后5个工作日可领取执照。

注册公司查名所需材料

注册公司查名所需材料如图6-2所示。

全体投资人签署的《企业名称预先核准申请书》

全体投资人签署的《指定代表或者共同委托代理人的证明》及指定代表或者共同委托代理人的身份证复印件（本人签字）应标明具体委托事项、被委托人的权限、委托期限

申请名称冠以"中国""中华""国家""全国""国际"字词的，提交国务院的批准文件复印件

图6-2　注册公司查名所需材料

注册公司所需材料

注册公司所需材料如表 6-2 所示。

表 6-2　注册公司所需材料

注册公司所需材料	公司法定代表人签署的《公司设立登记申请书》
	全体股东签署的《指定代表或者共同委托代理人的证明》及指定代表或委托代理人的身份证复印件（本人签字）应标明具体委托事项、被委托人的权限、委托期限
	全体股东签署的公司章程（股东为自然人的由本人签字；自然人以外的股东加盖公章）
	股东的主体资格证明或者自然人身份证明复印件。股东为企业的，提交营业执照副本复印件；股东为自然人的，提交身份证明复印件
	依法设立的验资机构出具的验资证明
	董事、监事和经理的任职文件及身份证明复印件
	依据《公司法》和公司章程的规定和程序，提交股东会决议、董事会决议或其他相关材料。股东会决议由股东签署（股东为自然人的由本人签字；自然人以外的股东加盖公章），董事会决议由董事签字
	法定代表人任职文件及身份证明复印件
	住所使用证明。自有房产提交产权证复印件；租赁房屋提交租赁协议原件或复印件以及出租方的产权证复印件；以上不能提供产权证复印件的，提交其他房屋产权使用证明复印件
	《企业名称预先核准通知书》
	法律、行政法规和国务院决定规定设立有限责任公司必须报经批准的，提交有关的批准文件或者许可证书复印件
	公司申请登记的经营范围中有法律、行政法规和国务院决定规定必须在登记前报经批准的项目，提交有关的批准文件或者许可证书复印件或许可证明复印件

◎公司的合并和分立

公司的合并

公司的合并，是指两个以上的公司，通过订立合同，依法定程序，合并为一个公司。公司之间合并，可以强化原公司的竞争能力，扩大生产经营规模，促进社会化大生产的发展。

公司合并可以采取吸收合并和新设合并两种方式。所谓吸收合并，是指两个或两个以上的公司合并时，其中一个公司吸纳其他公司继续存在，其他公司随之消灭；所谓新设合并，是指在公司合并时，原先公司同时归于消灭，共同联合创立一个新公司。从实践情况看，公司合并以吸收合并，也就是我们常讲的兼并为多数。

公司吸收合并的程序如下所示：

1. 董事会提出合并方案或者合并计划；公司法授予公司董事会"拟定公司合并方案"的职权；

2. 股东会（大会）表决通过合并决议；公司法规定合并要有合并各方股东会（大会）做出特别决议；

3. 签订合并合同并编制资产负债表和财产清单；合并各方必须对合并的形式、条件、支付方式以及双方的其他权利义务做出规定并编制资产负债表和财产清单；

4. 实施债权人的保护程序；实施债权人的保护程序，即在做出合并的决议后通过邮寄、公告等方式通知债权人，要求其在规定的时间内可对合并提出异议；

5. 公司合并应当办理相应的登记手续；合并其他公司的公司应当于公司合并之后就发生变化的登记事项向登记机关申请办理变更登记；被合并的公司应到登记机关依法办理注销登记手续。

特别提示

公司合并,应当由合并各方签订合并协议,并编制资产负债表及财产清单。公司应当自作出合并决议之日起10日内通知债权人,并于30日内在报纸上至少公告三次。债权人自接到通知书之日起30日内,未接到通知书的自第一次公告之日起90日内,有权要求公司清偿债务或者提供相应的担保。不清偿债务或者不提供相应的担保的,公司不得合并。公司合并时,合并各方的债权、债务,应当由合并后存续的公司或者新设的公司承继。

公司的分立

公司的分立,是指一个公司依法定程序分开设立为两个以上的公司。公司分立主要采取两种方式进行,如图6-3所示。

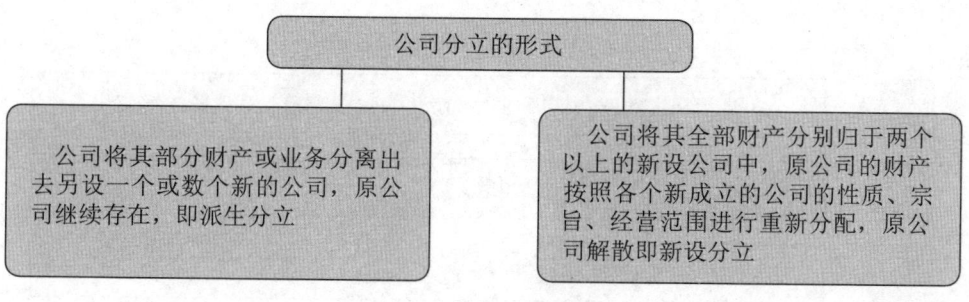

图6-3 公司分立的形式

公司分立时,应当编制资产负债表及财产清单。公司应当自作出分立决议之日起10日内通知债权人,并于30日内在报纸上至少公告三次。债权人自接到通知书之日起30日内,未接到通知书的自第一次公告之日起90日内,有权要求公司清偿债务或者提供相应的担保。不清偿债务或者不提供相应的担保的，公司不得分立。公司分立前的债务按所达成的协议由分立后的公司承担。

公司合并或者分立，登记事项发生变更的，应当依法向公司登记机关办理变更登记；公司解散的，应当依法办理公司注销登记；设立新公司的，应当依法办理公司设立登记。

◎公司的解散和破产清算

公司的解散

公司解散是指业已成立的公司，因公司章程或者法定事由的出现而自动或者被动地停止存续的行为，它是公司法人资格消灭的前提条件，但它又是公司法人资格消灭进程中的一个独立的阶段。

根据我国《公司法》的规定，公司的解散原因大致有以下几种，如图6-4所示。

1	公司章程规定的营业期限届满或者公司章程规定的其他解散事由出现；
2	股东会或者股东大会决议解散
3	因公司合并或者分立需要解散
4	依法被吊销营业执照、责令关闭或者被撤销
5	当公司经营管理发生严重困难，继续存续会使股东利益受到重大损失，通过其他途径不能解决的，持有公司全部股东表决权百分之十以上的股东，请求人民法院解散公司

图6-4 公司的解散原因

公司的清算

公司清算，是指当公司解散事由出现以后，由公司依法自行组成或者由人民法院依法指定有关人员组成清算组，按照法定程序对公司的财产和债权债务关系进行清理、处分和分配，从而了结其债权债务关系、消灭公司法人资格的法律行为。在一般情况下，公司解散后都要经过清算，但公司清算不是公司解散的组成部分，而是公司法人资格消灭进程中与公司解散相互联结的一个独立的阶段。

公司解散后多数情况下都要产生清算问题，根据我国《公司法》的规定，除因公司合并或者分立需要解散这种情况外，在公司因其他解散后，公司应当在解散事由出现之日起十五日内成立清算组，开始清算。在正常的情况下，有限责任公司的清算组由股东组成，股份有限公司的清算组由董事或者股东大会确定的人员组成。如果有限责任公司或者股份有限公司能够根据以上规定成立清算组对公司财产进行清算，就不需要司法权的介入，这种情形属于普通清算，是公司清算过程中最为常见的一种清算方式。

公司的破产清算又可以分为两种情形，如表6-3所示。

表6-3 公司的破产清算的情况

分类	具体分析
直接的破产清算	直接的破产清算是指公司因不能清偿到期债务，由债权人或者债务人直接向人民法院申请宣告破产，在符合《破产法》规定的破产条件时，由人民法院根据《破产法》的规定宣告公司破产，并按照法定程序进行清算的行为
公司清算过程中出现的破产清算	根据《公司法》的规定，公司清算过程中出现的破产清算是指公司在依法解散后，清算组（不论是公司自行组成的还是法院指定组成的）在清理公司财产、编制资产负债表和财产清单后，发现公司财产不足清偿债务的，应当依法向人民法院申请宣告破产，公司经人民法院裁定宣告破产后，清算组应当将清算事务移交给人民法院，由人民法院按照《破产法》规定的程序进行清算

公司破产有多种含义，但法律意义上公司破产则是指因债务人不能清偿到期债务时，为保护多数债权人和兼顾债务人的利益，经公司（债务人）或债权人向法院提出申请，法院依法审查受理，并依照法定程序将公司（债务人）的财产公平分配给债权，并一举解决所有债权人与债务人之间的债务关系的特定程序。

如果有限责任公司或者股份有限公司不能在15日内成立清算组进行清算的，债权人可以申请人民法院指定有关人员组成清算组进行清算。人民法院应当受理该申请，并及时组织清算组进行清算。这种情况属于特别清算。

◎公司资本的变更登记

注册资本的变更登记包括增加注册资本变更登记和减少注册资本变更登记两种情况。不同的变更申请登记的时间是不一样的。

公司申请变更登记，应当向公司登记机关提交下列文件，如图 6-5 所示。

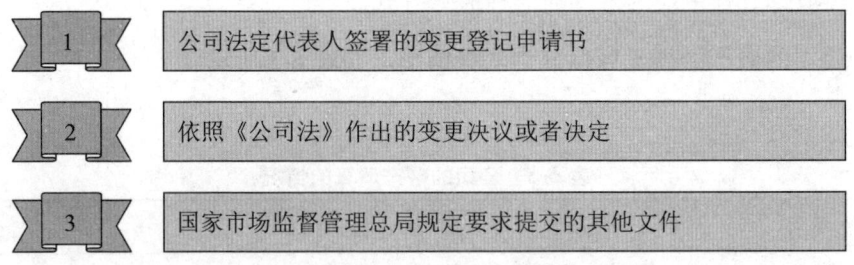

图 6-5　公司申请变更登记的文件

公司变更登记事项涉及修改公司章程的，应当提交由公司法定代表人签署的修改后的公司章程或者公司章程修正案。变更登记事项依照法律、行政法规或者国务院决定规定在登记前须经批准的，还应当向公司登记机关提交有关批准文件。

公司申请增加注册资本的，应当自股款缴足之日起30日内申请变更登记。公司申请增加注册资本的，若以实物、工业产权、土地使用权、专利技术作价出资的，除应提交验资报告外，还应提交资产评估事务所的评估报告。

公司申请减少注册资本的，应当自减少注册资本决议或者决定做出之日起90日后申请变更登记，并应当在报纸上公告三次。公司申请减少注册资本的，除提交验资报告外，还应提交公司三次在报纸上登载公司减少注册资本的公告的证明和公司债务清偿或者债务担保情况的说明。

公司变更注册资本的，应当提交依法设立的验资机构出具的验资证明。公司增加注册资本的，有限责任公司股东认缴新增资本的出资和股份有限公司的股东认购新股，应当分别依照《公司法》设立有限责任公司缴纳出资和设立股份有限公司缴纳股款的有关规定执行。股份有限公司以公开发行新股方式或者上市公司以非公开发行新股方式增加注册资本的，还应当提交国务院证券监督管理机构的核准文件。

公司法定公积金转增为注册资本的，验资证明应当载明留存的该项公积金不少于转增前公司注册资本的25%，减少注册资本的，应当自公告之日起45日后申请变更登记，并应当提交公司在报纸上登载公司减少注册资本公告的有关证明和公司债务清偿或者债务担保情况的说明。公司减资后的注册资本不得低于法定的最低限额。

公司登记事项发生变更时，未依照本条例规定办理有关变更登记的，由公司登记机关责令限期登记；逾期不登记的，处以1万元以上10万元以下的罚款。其中，变更经营范围涉及法律、行政法规或者国务院决定规定须经批准的项目而未取得批准，擅自从事相关经营活动，情节严重的，吊销营业执照。公司未依照本条例规定办理有关备案的，由公司登记机关责令限期办理；逾期未办理的，处以3万元以下的罚款。

税务管理

> 税务管理从狭义上讲是税务机关依据国家税收政策法规所进行的税款征收活动，从广义的角度来说是国家及其税务机关，依据客观经济规律和税收分配特点，对税收分配的全过程进行决策、计划、组织、监督和协调，以保证税收职能得以实现的一种管理活动。

◎发票的管理

发票是指在购销商品、提供或者接受服务以及从事其他经营活动中，由出售方向购买方签发的文本，内容包括向购买者提供产品或服务的名称、质量、协议价格。除了预付款以外，发票必须具备的要素是根据议定条件由购买方向出售方付款，必须包含日期和数量，是会计账务的重要凭证。发票也通常称为付款单。发票是纳税人经济活动的重要商事凭证，也是财政、税收、审计等部门进行财务税收检查的重要依据。

发票的类型

常用的发票有三种：普通发票和增值税专用发票和专业发票。（如表6-4所示）

表6-4 常用的发票种类

分类	具体分析
增值税普通发票	增值税普通发票是指在购销商品、提供或接受服务以及从事其他经营活动中,所开具和收取的收付款凭证。它是相对于增值税专用发票而言的。任何单位和个人在购销商品、提供或接受服务以及从事其他经营活动中,除增值税一般纳税人开具和收取的增值税专用发票之外,所开具和收取的各种收付款凭证均为普通发票
增值税专用发票	增值税专用发票只限于增值税一般纳税人领购使用,增值税小规模纳税人和非增值税纳税人不得领购使用。从行业划分来讲,它是工业、商业企业用于结算销售货物和加工修理修配劳务使用的发票
专业发票	专业发票是指国有金融、保险企业的存贷、汇兑、转账凭证、保险凭证;国有邮政、电信企业的邮票、邮单、话费、电报收据;国有铁路、国有航空企业和交通部门、国有公路、水上运输企业的客票、货票等。专业发票是一种特殊种类的发票,但不套印发票监制章

发票的格式

发票的格式如下所示:

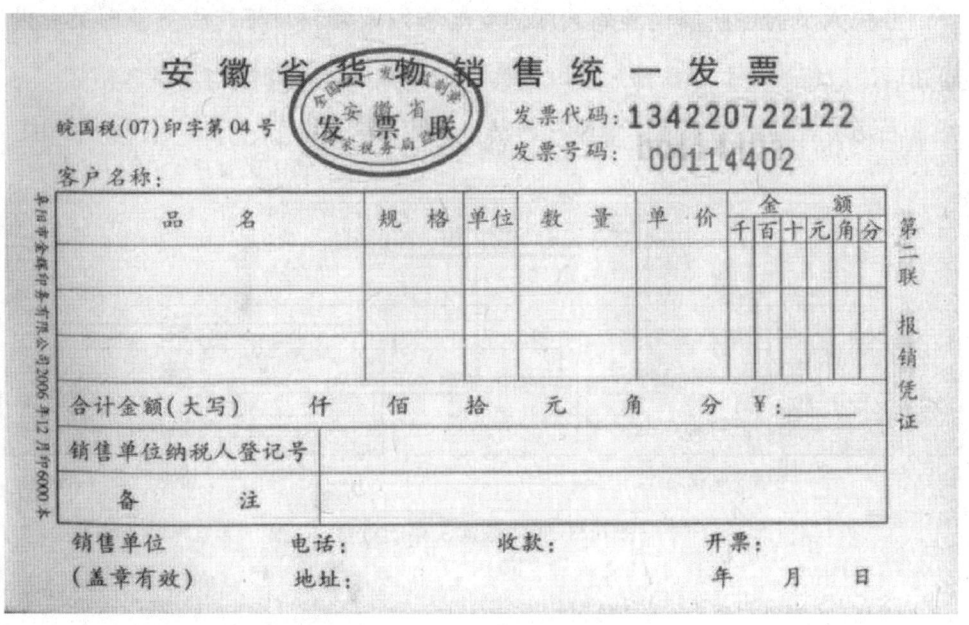

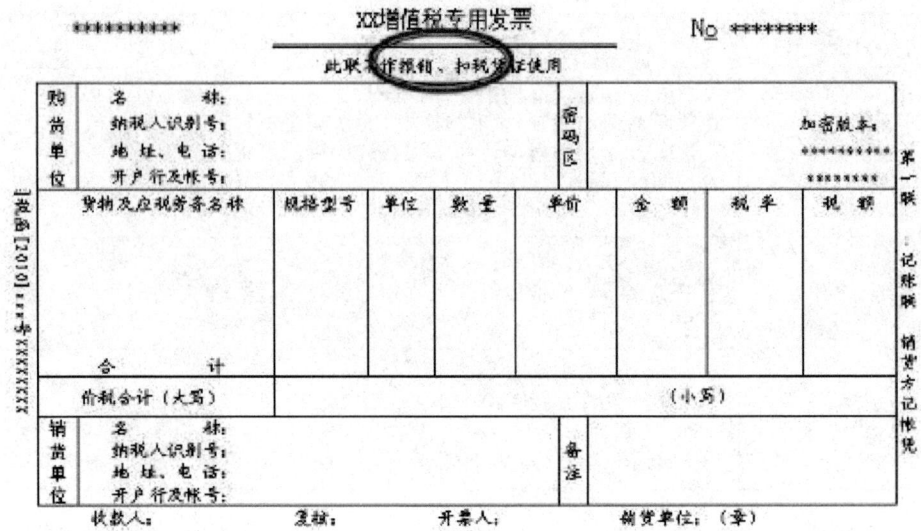

发票的领购

办税人员前往所属税务局大厅递交申领发票资料，等待税务管理员审批通知后，取得《发票领购簿》及《发票审批通知书》办理领购发票。

纳税人首次领购发票需提供的资料如图6-6所示。

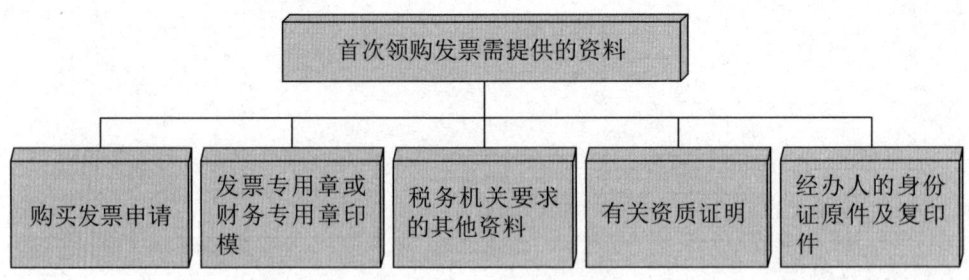

图6-6 首次领购发票的资料

纳税人再次领购发票需提供资料如图6-7所示。

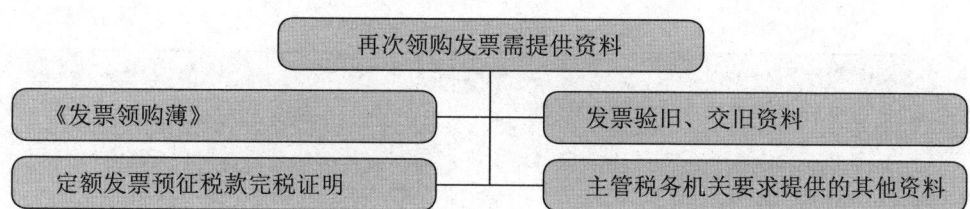

图 6-7 再次领购发票需提供资料

依法不需要办理税务登记的纳税人不得领购发票，需用发票时，可向经营地主管税务机关申请填开。申请填开时，应提供足以证明发生购销业务或者提供劳务服务以及其他经营业务活动方面的证明，对税法规定应当缴纳税款的，应当先缴税后开票。

发票的开具

发票的开具是实现其使用价值，反映经济业务活动的重要环节，发票开具是否真实、完整、正确，直接关系到能否达到发票管理的预期目的。一张开具无误的发票，不但能反映商品购销或劳务供受中财务收支的来龙去脉，而且便利税务部门进行监督管理和财会人员进行收支审核把关，防止违反财经纪律的行为发生。

1. 发票填开的基本规定（如表 6-5 所示）

表 6-5　发票填开的基本规定

发票填开的基本规定	发票只限于用票单位和个人自己填开使用，不得转借、转让、代开发票；未经国家税务机关批准不提拆本使用发票
	单位和个人只能按照国家税务机关批准印制或购买的发票使用，不得用"白条"和其他票据代替发票使用，也不得自行扩大专业发票的使用范围
	发票只准在购领发票所在地填开，不准携带到外县（市）使用。到外县（市）从事经营活动，需要填开普通发票，按规定可到经营地国家税务机关申请购买发票或者申请填开
	凡销售商品，提供服务以及从事其他经营业务活动的单位和个人，对外发生经营业务收取款项，收款方应如实向付款方填开发票；但对收购单位和扣缴义务人支付个人款项时，可按规定由付款单位向收款个人填开发票；对向消费者个人零售小额商品或提供零星劳务服务，可以免予逐笔填开发票，但应逐日记账
	使用发票的单位和个人必须在实现经营收入或者发生纳税义务时填开发票，未发生经营业务一律不准填开发票
	单位和个人填开发票时，必须按照规定的时限、号码顺序填开，填写时必需项目齐全、内容真实、字迹清楚，全份一次复写，各联内容完全一致，并加盖单位财务印章或者发票专用章

2. 发票开具时限的要求（如表 6-6 所示）

表 6-6　增值税专用发票开具的时限规定

分类情况	处理方法
采用预收货款、托收承付、委托银行收款结算方式的	为货物发出的当天
采用交款发货结算方式的	为收到货款的当天
采用赊销、分期付款结算方式的	为合同约定的收款日期的当天
将货物交给他人代销	为收到受托人送交的代销清单的当天
设有两个以上机构并实行统一核算的纳税人，将货物从一个机构移送其他机构用于销售，按照规定应当征收增值税的	为货物移送的当天
将货物作为投资提供给其他单位或者个体经营者，将货物分给股东或投资者的	均为货物移送的当天

3. 发票开具的填写规范

具体地说，发票各项目的填写规范如图 6-8 所示。

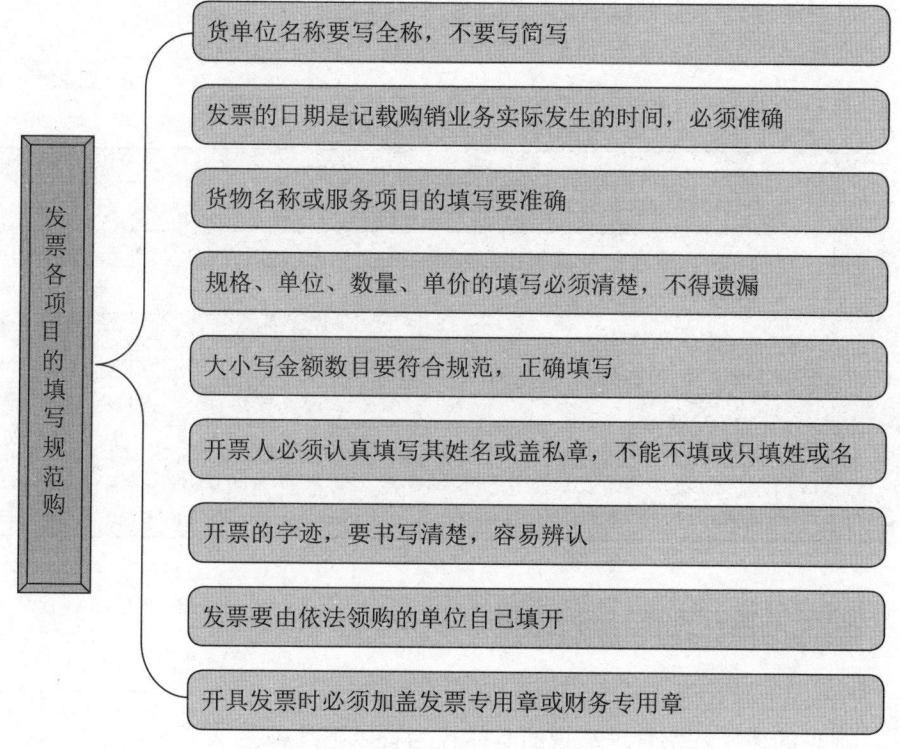

图 6-8　发票各项目的填写规范

任何填开发票的单位和个人必须在发生经营业务并确认营业收入时，才能开具发票，未发生经营业务一律不得开具发票；不得转借、转让或者代开发票；未经税务机关批准，不得拆本使用发票，也就是说不能将一本发票拆成一份一份使用；不得自行扩大专用发票的使用范围，如将增值税专用发票用于非增值税一般纳税人。

发票的保管

发票的保管主要有以下几方面,如表 6-7 所示。

表 6-7　发票的保管

发票的保管	
	单位和个人应当建立发票使用登记制度,设置发票登记簿,并定期向主管国家税务机关报告发票使用情况
	单位和个人应当在办理变更或者注销税务登记的同时,办理发票和发票领购簿的变更缴销手续
	使用发票的单位和个人应当妥善保管发票,不得丢失。发票丢失,应当于丢失当日书面报告主管税务机关,在报刊和电视等传播媒介上公告声明作废,并接受税务机关的处罚
	开具发票的单位和个人应当按照国家税务机关的规定存放和保管发票,不得擅自损毁。已经开具的发票存根联和发票登记簿,应当保存五年。保存期满,报经主管国家税务机关查验后销毁

违反发票管理的法律责任

常见的违反发票管理法规的具体行为有以下几种:

1. 未按规定印制发票

未按规定印制发票的行为有以下几种,如图 6-9 所示。

第六章 >>> 工商、税务的管理

```
未按规定印制发票的行为
├─ 未经省国家税务总局批准，而私自印制发票
├─ 伪造、私刻发票监制章，伪造、变造发票防伪专用品
├─ 印制发票的企业未按《发票印制通知书》印制发票，转借、转让发票监制章和发票防伪专用品
├─ 印制发票的企业未按规定保管发票成品、发票防伪专用品、发票监制章，以及未按规定销毁废品而造成流失
├─ 用票单位私自印制发票
├─ 未按国家税务机关的规定制定印制发票管理制度
└─ 其他未按规定印制发票的行为
```

图 6-9　未按规定印制发票的行为

2．未按规定购领发票

未按规定购领发票的行为有以下几种，如图 6-10 所示。

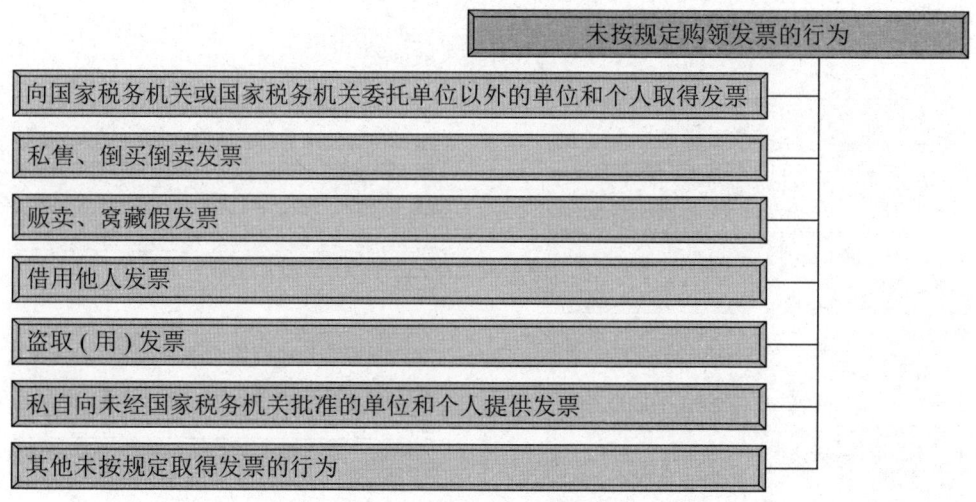

图 6-10　未按规定购领发票的行为

3. 未按规定填开发票

未按规定填开发票的行为有以下几种，如图 6-11 所示。

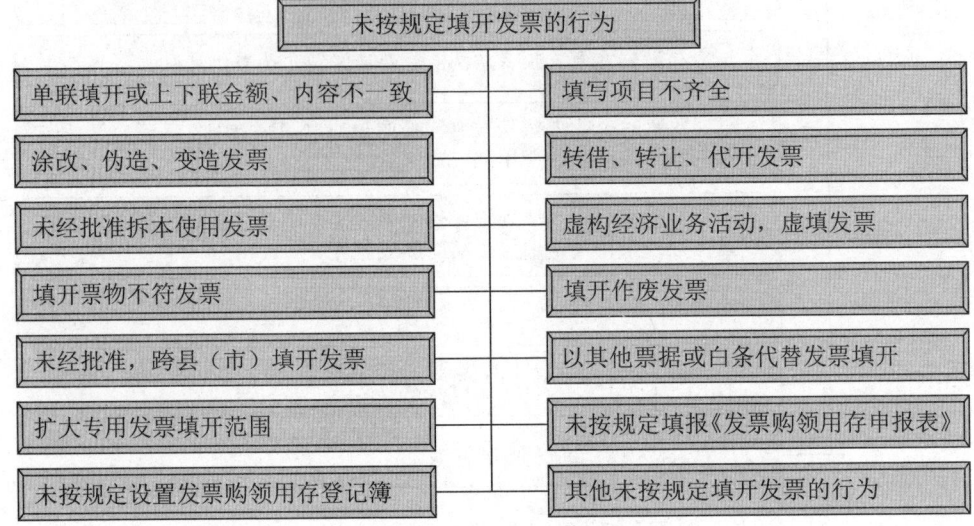

图 6-11　未按规定填开发票的行为

4. 未按规定保管发票

未按规定保管发票的行为有以下几种，如图 6-12 所示。

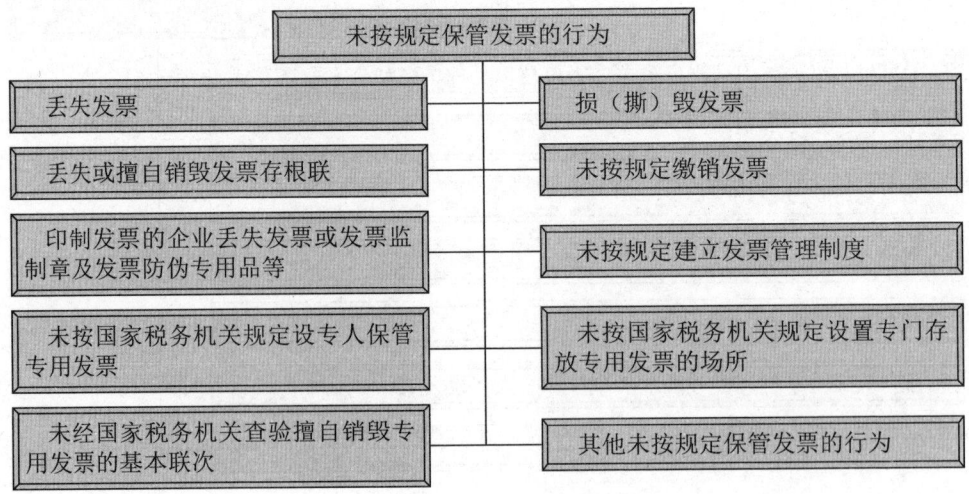

图 6-12　未按规定保管发票的行为

增值税专用发票丢失，首先要到办税厅领取并填写《发票挂失/损毁报告表》，并且要在报纸上刊登遗失声明。依据《国家税务总局关于修订〈增值税专用发票使用规定〉的通知》（国税发〔2006〕156号）第二十八条规定，一般纳税人丢失已开具专用发票的发票联和抵扣联，如果丢失前已认证相符的，购买方凭销售方提供的相应专用发票记账联复印件及销售方所在地主管税务机关出具的《丢失增值税专用发票已报税证明单》，经购买方主管税务机关审核同意后，可作为增值税进项税额的抵扣凭证。

如果丢失前未认证的，购买方凭销售方提供的相应专用发票记账联复印件到主管税务机关进行认证，认证相符的凭该专用发票记账联复印件及销售方所在地主管税务机关出具的《丢失增值税专用发票已报税证明单》，经购买方主管税务机关审核同意后，可作为增值税进项税额的抵扣凭证。

◎税务登记的管理

企业和企业在外地设立的分支机构和从事生产、经营的场所，个体工商户和从事生产、经营的事业单位，均应当按照《税收征管法》及《实施细则》的规定办理税务登记。

设立登记

设立登记的事项如表6-8所示。

表 6-8　设立登记的事项

分类情况	处理方法
从事生产、经营的纳税人领取工商营业执照（含临时工商营业执照）的	自领取工商营业执照之日起 30 日内申报办理税务登记
从事生产、经营的纳税人未办理工商营业执照但经有关部门批准设立的	自有关部门批准设立之日起 30 日内申报办理税务登记
从事生产、经营的纳税人未办理工商营业执照也未经有关部门批准设立的	自纳税义务发生之日起 30 日内申报办理税务登记
有独立的生产经营权、在财务上独立核算并定期向发包人或者出租人上交承包费或租金的承包承租人	自承包承租合同签订之日起 30 日内，向其承包承租业务发生地税务机关申报办理税务登记
从事生产、经营的纳税人外出经营	自其在同一县（市）实际经营或提供劳务之日起，在连续的 12 个月内累计超过 180 天的，应当自期满之日起 30 日内，向生产、经营所在地税务机关申报办理税务登记
境外企业在中国境内承包建筑、安装、装配、勘探工程和提供劳务的	自项目合同或协议签订之日起 30 日内，向项目所在地税务机关申报办理税务登记

纳税人在申报办理税务登记时，应当如实填写税务登记表。

税务登记表的主要内容如图 6-13 所示。

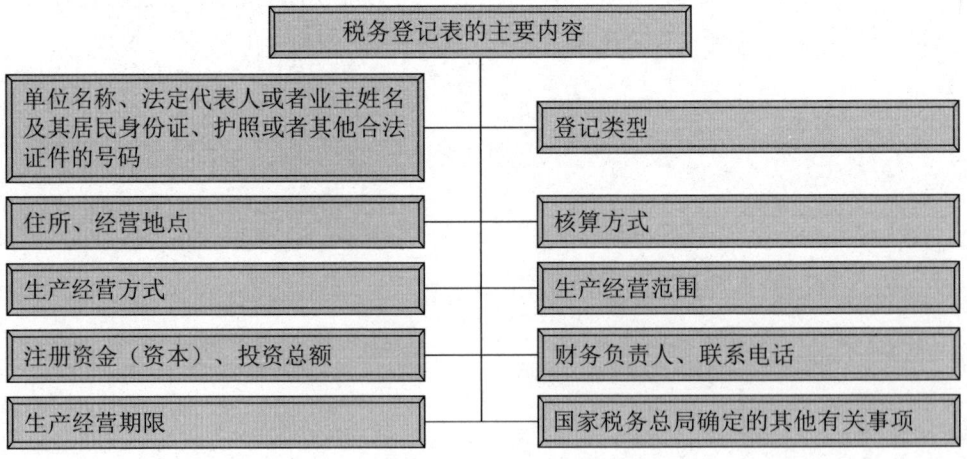

图 6-13　税务登记表的主要内容

税务登记表的格式如下：

税 务 登 记 表
（适用单位纳税人）

填表日期：

纳税人名称							
纳税人识别号							
登记注册类型		批准设立机关			批准设立证明或文件号		
开业（设立）日期		生产经营期限		证照名称		证照号码	
注册地址				邮政编码		联系电话	
生产经营地				邮政编码		联系电话	
核算方式	请选择对应项目打"√" □独立核算 □非独立核算度				从业人数	____其中外籍人数____	
单位性质	请选择对应项目打"√" □企业 □事业单位 □社会团体 □民办非企业单位 □其他						
网站网址				国标行业	□□ □□□□ □□		
适用会计制度	请选择对应项目打"√" □企业会计制度 □小企业会计制度 □金融企业会计制度 □行政事业单位会计制度						
经营范围	请将法定代表人（负责人）身份证件复印件粘贴在此处。						

联系人 \ 项目 \ 内容	姓名	身份证件		固定电话	移动电话	电子邮箱
		种类	号码			
法定代表人（负责人）						
财务负责人						
办税人						
税务代理人名称		纳税人识别号		联系电话		电子邮箱
注册资本或投资总额	币种	金额		币种	金额	币种	金额

续表

投资方名称	投资方经济性质	投资比例	证件种类	证件号码	国籍或地址

自然人投资比例		外资投资比例		国有投资比例	
分支机构名称		注册地址		纳税人识别号	

总机构名称		纳税人识别号	
注册地址		经营范围	
法定代表人姓名		联系电话		注册地址邮政编码	

代扣代缴代收代缴税款业务情况	代扣代缴、代收代缴税款业务内容	代扣代缴、代收代缴税种

附报资料：

经办人签章	法定代表人（负责人）签章：	纳税人公章：
年 月 日	年 月 日	年 月 日

以下由税务机关填写：

纳税人所处街乡		隶属关系	
主管税务机关		主管税务所（科）	
经办人（签章）： 税务机关经办人：		税务登记机关 （税务登记专用章）：	
受理日期： 年 月 日		核准日期： 年 月 日	

	主管税务机关：
核发《税务登记证副本》数量：　本　　发证日期：　年　月　日	

国家税务总局监制

办理税务登记

企业到税务局登记申请——受理——审批——缴费——完成税务登记（如表 6-9 所示）。

表 6-9　办理时需要提交材料

办理时需要提交材料	填写《税务登记表》两份
	法定代表人的身份证或护照（如果是港、澳、台人士需同时提供身份证和回乡证或往来大陆通行证；如果是外籍人士只提供身份证明或护照）及复印件一份
	法人代表免冠大一寸照片两张
	经营、生产、业务场所等有效证明材料及复印件一份
	营业执照（副本）、临时营业执照或其他执业证件及复印件一份
	组织机构统一代码证书（副本）及复印件一份
	主管税务机关要求纳税户提供的其他资料
	公司章程、合同和协议及复印件一份
	有关批准成立的文件、批文、批准证书及复印件一份
	银行卡（缴费用）

办理中税登记证

企业到国税局登记申请——受理——审批——缴费——发放《税务登记证》（如表6-10所示）

表6-10　办理时需提交材料

办理时需要提交材料	工商营业执照副本的原件及复印件、外经贸批复、批准证书的原件及复印件
	有关合同、章程、协议书的原件及复印件
	法定代表人和董事会成员名单
	法定代表人的身份证、护照或者其他证明身份的合法有效证件的原件及复印件
	银行开户许可证（基本户）
	经营场地证明的原件及复印件
	《税务登记表》一式两份
	《纳税人税种登记表》一式一份

税务登记的变更

纳税人改变名称、法定代表人或者业主姓名、经济类型、经济性质、住所或者经营地点（指不涉及改变主管国家税务机关）、生产经营范围、经营方式、开户银行及账号等内容的，纳税人应当自工商行政管理机关办理变更登记之日起30日内，持下列有关证件向原主管税务机关提出变更登记书面申请报告，如图6-14所示。

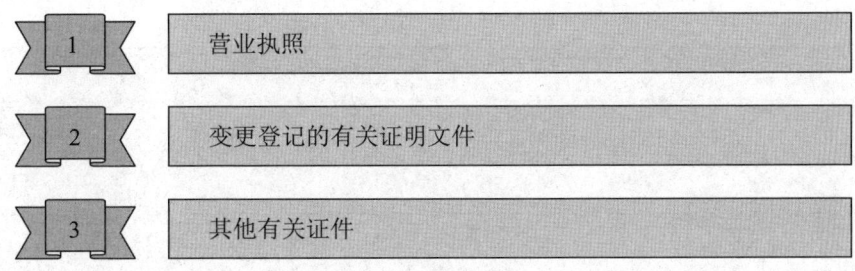

图 6-14 提出书面申请的证件

纳税人按照规定不需要在工商行政管理机关办理注册登记的，应当自有关机关批准或者宣布变更之日起 30 日内，持有关证件向原主管税务机关提出变更登记书面申请报告。

纳税人办理变更登记时，应当向主管税务机关领取变更税务登记表，一式三份，按照表式内容逐项如实填写，加盖企业或业主印章后，于领取变更税务登记表之日起十日内报送主管税务机关，经主管税务机关核准后，报有权税务机关批准予以变更，并按规定缴付工本管理费。

◎税款征收的管理

税收的分类

税收的分类，是指按照一定的标准对于不同税种进行归类。我国对税收的分类，依据不同的标准，通常有以下几种主要分类方法：

1. **按课税对象分类**（如表 6-11 所示）

表 6-11　按课税对象分类

分类	具体解释
流转税	流转税是以商品流转额和非商品营业额（服务收入）为征税对象的一类税种。目前，我国税制中属于流转课税类的主要有增值税、消费税、关税等税种
所得税	所得税亦称收益税，是指以各种所得额为课税对象的一类税。所得税也是我国税制结构中的主体税类，目前包括企业所得税、外商投资企业和外国企业所得税、个人所得税和农业税等税种
财产税	财产税是指对拥有应纳税财产的人征收的一类税种。目前，我国税制中属于财产课税类的主要有房产税、契税等税种。财产课税，可调节社会成员的财产水平，并为地方财政提供稳定的财政收入
行为税	行为税是指以纳税人的某些特定行为为课税对象的一类税。我国现行税制中的城市维护建设税、固定资产投资方向调节税、印花税、屠宰税和筵席税都属于行为税
资源税	资源税是以各种自然资源为课税对象、为了调节资源级差收入并体现国有资源有偿使用而征收的一类税种。目前，我国税制中属于资源课税类的主要有资源税、城镇土地使用税等税种

2. 按税收的计算依据为标准分类（如表 6-12 所示）

表 6-12　按税收的计算依据为标准分类

分类	具体分析
从量税	从量税是指以课税对象的数量（重量、面积、件数）为依据，按固定税额计征的一类税。从量税实行定额税率，具有计算简便等优点。如我国现行的资源税、车船使用税和土地使用税等
从价税	从价税是指以课税对象的价格为依据，按照一定比例计征的一类税种。从价税实行比例税率和累进税率，税收负担比较合理。如我国现行的增值税、关税和各种所得税等税种

3. 按税率的形式为标准分类（如表 6-13 所示）

表 6-13 按税率的形式为标准分类

分类	具体分析
比例税	即对同一课税对象，不论数额多少，均按同一比例征税的税种
累进税	是随着课税对象数额的增加而逐级提高税率的税种
定额税	对每一单位的课税对象按固定税额征税的税种

税款征收方式

税款征收方式是指税务机关根据各税种的不同特点、征纳双方的具体条件而确定的计算征收税款的方法和形式。税款征收的方式如表 6-14 所示。

表 6-14 税款征收的方式

分类	具体解释
查账征收	查账征收，是指税务机关对财务健全的纳税人，依据其报送的纳税申报表、财务会计报表和其他有关纳税资料，计算应纳税额，填写缴款书或完税证，由纳税人到银行划解税款的征收方式。适合于经营规模较大、财务会计制度健全、能够如实核算和提供生产经营情况、正确计算应纳税款的纳税人
查定征收	对账务不全，但能控制其材料、产量或进销货物的纳税单位或个人，由税务机关依据正常条件下的生产能力对其生产的应税产品查定产量、销售额并据以征收税款的征收方式。适用生产经营规模较小、产品零星、税源分散、会计账册不健全，但能控制原材料或进销货的小型厂矿和作坊
查验征收	查验征收是指税务机关对纳税人应税商品，通过查验数量，按市场一般销售单价计算其销售收入并据以征税的方式。这种方式一般适用于经营品种比较单一，经营地点、时间和商品来源不固定的纳税单位
定期定额征收	定期定额征收，是指对小型个体工商户在一定经营地点、一定经营时期、一定经营范围内的应纳税经营额（包括经营数量）或所得额（简称定额）进行核定，并以此为计税依据，确定其应纳税额的一种征收方式。这种征收方式适用于经主管税务机关认定和县以上税务机关（含县级）批准的生产、经营规模小，达不到《个体工商户建账管理暂行办法》规定的设置账簿标准，难以查账征收，不能准确计算计税依据的个体工商户（包括个人独资企业，简称定期定额户）

续表

分类	具体解释
委托代征税款	委托代征税款是指税务机关委托代征人以税务机关的名义征收税款，并将税款缴入国库的方式。这种方式一般适用于小额、零散税源的征收

社保的管理

> 社会保险或社会保障，指社会保险或保障机制，帮助公民面对某些社会风险如：失业、疾病、事故、衰老、死亡等，或是保障基本的生存资源如：教育、医疗等。

◎社保的概述

从理论上讲，社会保险是以国家为主体，对有工资收入的劳动者在暂时或者永久丧失劳动能力，或虽有能力而无工作，亦即丧失生活来源的时期内，通过立法手段，运用社会力量给其一定程度的损失补偿，保障其基本生活的社会保障制度。

社会保险与商业保险的主要区别

社会保险与商业保险的主要区别如表6-15所示。

表 6-15　社会保险与商业保险的主要区别

区别	社会保险	商业保险
实施目的不同	社会保险是为社会成员提供必要时的基本保障，不以营利为目的	商业保险则是保险公司的商业化运作，以利润为目的
实施方式不同	社会保险是根据国家立法强制实施	商业保险是遵循"契约自由"原则，由企业和个人自愿投保
实施主体和对象不同	社会保险由国家成立的专门性机构进行基金的筹集、管理及发放，其对象是法定范围内的社会成员	商业保险是保险公司来经营管理的，被保险人可以是符合承保条件的任何人
保障水平不同	社会保险为被保险人提供的保障是最基本的，其水平高于社会贫困线，低于社会平均工资的50%，保障程度较低	商业保险提供的保障水平完全取决于保险双方当事人的约定和投保人所缴保费的多少，只要符合投保条件并有一定的缴费能力，被保险人可以获得高水平的保障

我国社会保险体系的构成

目前，我国社会保险体系由五大部分构成，分别是：养老保险、失业保险、医疗保险、生育保险和工伤保险。（如图 6-15 所示）

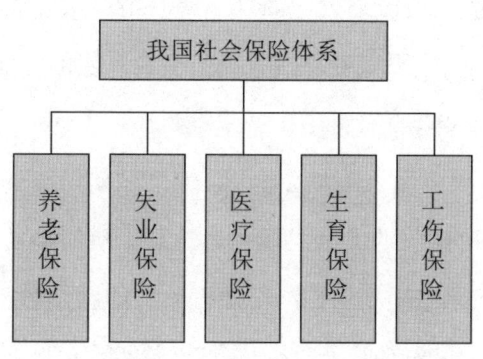

图 6-15　我国社会保险体系

1. 养老保险

各地养老保险的企业缴纳部分一般不高于在职职工工资总额的20%，个别地区会高出一点的，个人缴纳的比例则是上一年度本人平均工资的8%。北京地区2019～2020年度企业缴纳的部分为在职职工工资总额的16%，个人缴纳的比例则是上一年度本人平均工资的8%。

2．失业保险

失业保险的企业比例一般在2%左右，劳动者承担的比例为1%。北京地区2019～2020年度失业保险的企业在0.8%左右，劳动者承担的比例为0.2%。

3．医疗保险

大部分地区医疗保险的企业缴费比例是企业职工工资总额的8%，也有一些地区比较高，比如北京达到10%，职工个人缴纳的医疗保险是职工平均工资的2%左右。

4．生育保险

生育保险的缴费比例一般是职工工资总额的0.4%～1%。北京地区2019-2020年度企业缴纳0.8%左右，职工个人不缴。

5．工伤保险

工伤保险不是按照地区划分，而是按照行业区分，危险系数比较高的行业缴费比例就会高一点，不太容易出现工伤事故风险的行业缴费比例就会低一点。总体来说，工伤保险的比例在0.5%～2%。

在日常生活中，很多用人单位会给员工上"三险一金""四险一金"或者"五险一金"，这里所谓的"三险""四险""五险"指的都是社会保险，"一金"则是住房公积金。而"三险""四险""五险"的区别源于我国的历史。

由企业和职工共同缴费的险种分别是养老保险、失业保险和医疗保险。而生育保险和工伤保险只需企业缴费，职工不参与缴费。对于用人单位和劳动者共同缴纳的社会保险，用人单位按照职工工资总额的一定比例缴纳，员工按照上一年本人平均工资的一定比例缴纳。

◎企业参保的程序

社会保险相关手续

各类企业(含国有企业、集体所有制企业、股份制企业、股份合作制企业、外商投资企业、私营企业等)、企业化管理(职工工资及退休待遇按企业标准执行)的事业单位,均应按属地管理的原则,到纳税地(非纳税单位按单位地址区域)所管辖社会保险经办机构办理社会养老保险登记手续。新成立的单位应在单位批准成立之日起1个月内办理登记手续。参保单位必须为与其发生事实劳动关系的所有人员(聘用的退休人员除外)办理社会保险手续。

需填报的表格及附报资料,如图6-16所示。

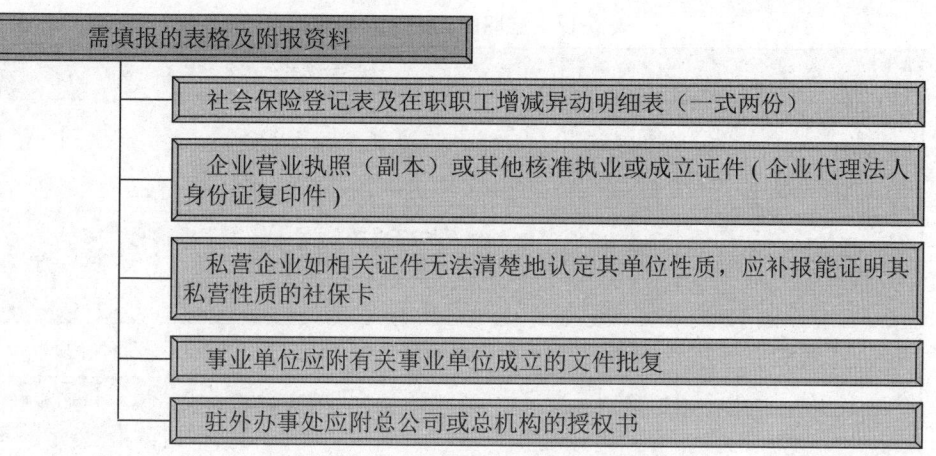

图6-16 需填报的表格及附报资料

以上证件同时需要原件及复印件,到所在社保经办机构办理。

1. **表格填报说明**(如表6-16所示)

表6-16　表格填报说明

分类	具体解释
"工商登记执照信息"	需经工商登记、领取工商执照的单位（如各类企业）填写此栏，不填"批准成立信息"栏
"批准成立信息"	不经工商登记设立的单位（如：机关、事业、社会团体等）填写此栏，不填"工商登记执照信息"栏
"缴费单位专管员"	填写参加社会保险单位具体负责该项工作的联系人，其所在部门及联系电话
"单位类型""隶属关系"	根据参保单位的单位类型及隶属关系，对照表下方"说明"中所对应的代码填报
"开户银行"	须填报开户银行清算行号

2. 在职职工增减异动明细表（如表6-17所示）

表6-17　在职职工增减异动明细表

分类	具体解释
"姓名""性别""出生年月""个人账户（身份证号）"	均要严格按身份证中信息填写
"个人编号"	"续保""转入"人员需提供其原参保的个人编号，填报此栏。"新增"人员在申报时暂不填报此栏，其个人编号待录入微机产生
"新增"	原未参保人员，属新增类型，已参保人员不可按新增办理
"续保"	原参加过社保，已停保或转到流动窗口投保，现续接到新单位投保的，属续保。在流动窗口投保的人员需在申报此表前将欠费缴清并办理其在流动窗口的停保手续
"转入"	此处特指已参保的在征人员在本市参保单位之间的转移
"市外转入"	此类人员需在单位开户手续办理完毕后，由单位到市基金结算中心办理其转入基金结算及"市外转入"异动业务
"月缴费工资"	应按职工本人上年度月平均工资总额填报。本年度新招人员，按实际发放的月工资总额填报（但不得低于586元）

单位的缴费与费用

每月十日前单位向所属区税务分局申报或通过税务网进行网上申报。

1. 社保费金额

每月缴纳社保费金额为：每人基数乘以比例相加。如表 6-18 所示为北京地区 2019～2020 年度社保费金额。

表 6-18 社保费金额

险种	缴费比例	2019-2020 年单位最低（高）基数	享受时间
养老保险	24%（单位部分 16% 个人部分 8%）	3613（23565）	到达法定退休年龄
医疗保险	12%（单位部分 10% 个人部分 2%）	4713（23565）	缴费次月
失业保险	1%（单位部分 0.8% 个人部分 0.2%）	3613（23565）	满 12 个月非自愿失业
工伤保险	0.2% 单位部分全额	4713（23565）	缴费当月
生育保险	0..8% 单位部分全额	4713（23565）	缴费次月

2. 缴纳保费的流程（如图 6-17 所示）

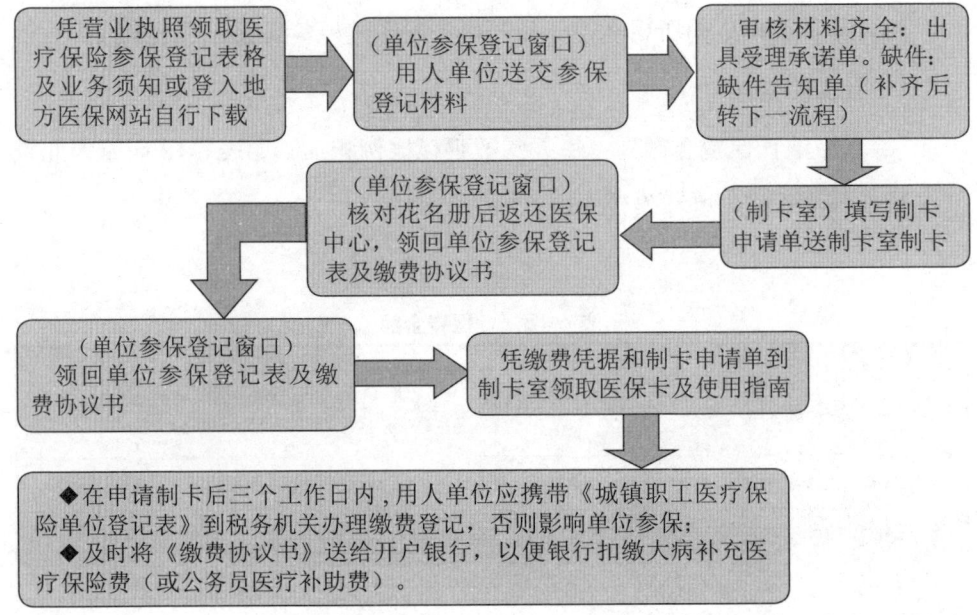

图 6-17　缴纳保费的流程

◎企业社会保险变更与注销

企业社会保险变更

1. 变更单位名称需要的材料（如图 6-18 所示）

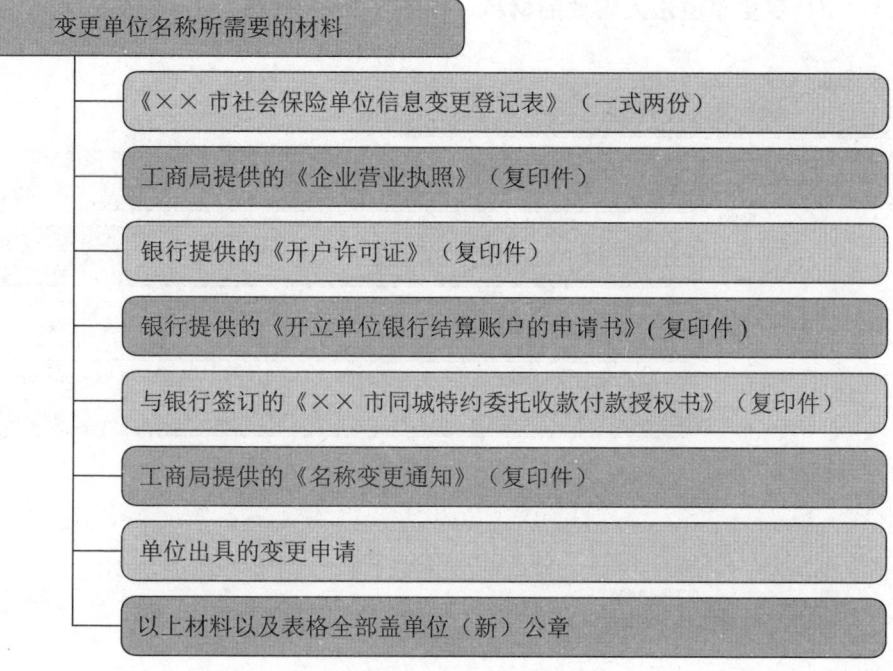

图 6-18　变更单位名称需要的材料

2. 变更单位银行账户需要的材料（如图 6-19 所示）

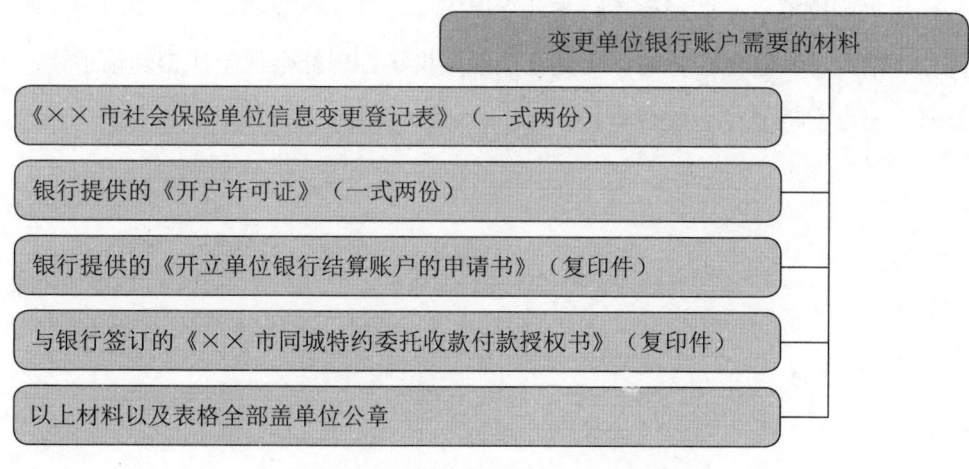

图 6-19　变更单位银行账户需要的材料

3. 变更单位法人需要的材料（如图6-20所示）

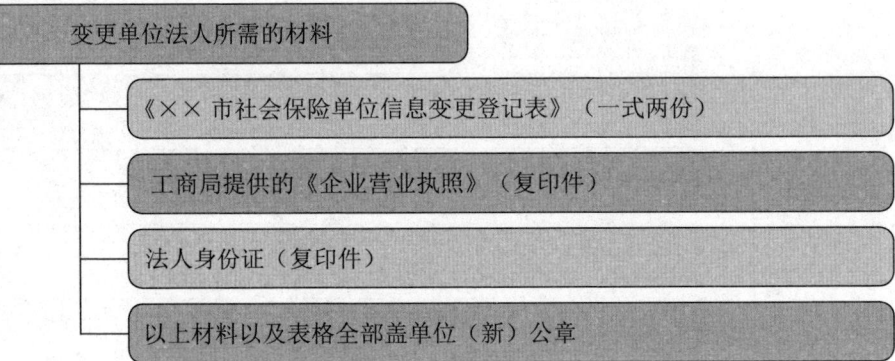

图6-20 变更单位法人所需的材料

注销社保的登记

《社会保险费征缴暂行条例》规定：当参加社会保险的缴费单位依法终止时，应当自终止之日起30日内，到原社会保险经办机构办理注销社会保险登记手续。

单位因解散、破产、撤销、合并等原因注销营业执照或由于其他原因（如停业、歇业等）停止经营的，要到社保经办机构办理社会保险注销登记手续，并终止参保人员的社会保险关系。（如表6-19所示）

表 6-19 办理注销保险登记的情况

办理注销保险登记的情况	缴费单位发生解散、破产、撤销、被合并以及其他停止执业的情形时，依法终止社会保险缴费义务，并应及时向原实行社会保险登记的经办机构申请办理注销社会保险登记
	按照有关机关批准或者宣告终止之日起 30 日内，向原实行社会保险登记的经办机构申请办理注销社会保险登记
	缴费单位因生产、经营场所变动或办公地点变动而需要涉及改变社会保险登记经办机构的，应当自上述变动发生后 30 日内，向原实行社会保险登记的，经办机构申请办理注销社会保险登记，另外，需要再向迁达地社会保险登记机构申请办理社会保险登记
	缴费单位被工商行政管理机关吊销营业执照的，应当自营业执照被吊销之日起 30 日内，向原实行社会保险登记的经办机构申请办理注销社会保险登记
	个体从业人员发生出国、退休、跨统筹地区转移及其他情形，变更身份或终止社会保险缴费时，携带有关变更信息的证明资料及时到社会保险经办机构办理社会保险注销登记手续

申请变更的企事业单位提供所需要资料，指派专人办理。所需要的材料包括工商执照或税务部门注销证明或歇业通知书。具体办理流程如图 6-21 所示。

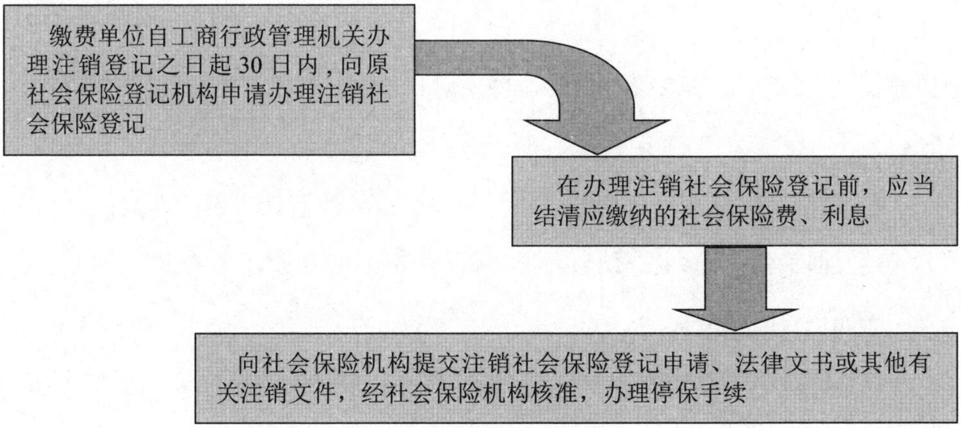

```
缴费单位自工商行政管理机关办理注销登记之日起 30 日内，向原社会保险登记机构申请办理注销社会保险登记
          ↓
在办理注销社会保险登记前，应当结清应缴纳的社会保险费、利息
          ↓
向社会保险机构提交注销社会保险登记申请、法律文书或其他有关注销文件，经社会保险机构核准，办理停保手续
```

图 6-21 办理变更的流程

参考文献

[1] 孔德军,蔡清龙. 出纳岗位实务(第2版)[M]. 北京:机械工业出版社,2019.

[2] 林云刚. 出纳岗位实务(第5版)[M]. 北京:电子工业出版社,2019.

[3] 孔德军,蔡清龙. 出纳岗位实务[M]. 北京:机械工业出版社,2015.

[4] 王国海. 出纳员岗位基础与认知[M]. 北京:机械工业出版社,2018.

[5] 出纳训练营. 手把手教你做优秀出纳:实账与案例[M]. 北京:机械工业出版社,2014.

[6] 出纳训练营. 手把手教你做优秀出纳:从入门到精通(第3版)[M]. 北京:机械工业出版社,2018.

[7] 出纳训练营. 如何成为报销高手[M]. 北京:机械工业出版社,2017.

[8] 张珈豪. 一看就懂的出纳全图[M]. 北京:北京理工大学出版社,2013.

[9] 琼慧. 跟老会计学出纳[M]. 北京:立信会计出版社,2012.

[10] 邢铭强. 出纳实战技能即学即用:出纳实务300个关键点[M]. 安徽:黄山书社,2011.

[11] 佚名. 手把手教你做优秀出纳:从入门到精通[M]. 北京:机械工业出版社,2012.

[12] 王语. 出纳防错小窍门93招[M]. 北京:经济科学出版社,2009.

>>> 参考文献

[13] 张家伦. 出纳会计操作实务 [M]. 北京：首都经济贸易大学出版社，2010.

[14] 佚名. 出纳工作明细手册 [M]. 北京：机械工业出版社，2011.

[15] 胡娟华. 从零开始学出纳（图解版）[M]. 北京：化学工业出版社，2012.

[16] 臧红文，崔璇，王晓琳. 手把手教你当出纳（实战版）[M]. 北京：人民邮电出版社，2011.

[17] 周丽华. 出纳岗位操作实务训练 [M]. 厦门：厦门大学出版社，2012.

[18] 黄性清，马述珍. 出纳实务（21世纪高职高专规划教材·财经管理系列）[M]. 北京：清华大学出版社，2011.

[19] 刘海燕. 出纳业务操作 [M]. 北京：北京理工大学出版社，2013.

[20] 施海丽，刘英. 出纳业务全真实训 [M]. 北京：清华大学出版社，2013.

[21] 朱小平. 小微企业出纳实务 [M]. 北京：立信会计出版社，2012.

[22] 李平，周军. 出纳实务 [M]. 武汉：武汉大学出版社，2011.

[23] 佚名. 代义国小企业出纳实战步步通 [M]. 广东：广东经济，2008.

[24] 孙晶，农海燕. 出纳员岗位实务 [M]. 北京：机械工业出版社，2013.

[25] 杨雄. 中小企业出纳实务（第2版）[M]. 北京：电子工业出版社，2012.

[26] 黄雅雯. 出纳入门7日通 [M]. 北京：中华工商联合出版社有限责任公司，2011.

[27] 佚名. 出纳实战攻略 [M]. 北京：人民出版社，2010

[28] 黄丽莉. 出纳业务实用全书［M］. 北京：电子工业出版社，2012.

[29] 袁丽萍. 出纳新手成长手记［M］. 北京：清华大学出版社，2012.

[30] 陈婉莹. 新手学出纳：从入门到精通［M］. 北京：化学工业出版社，2012.

[31] 梁素萍，李星华. 出纳岗位实用技能与技巧［M］. 北京：中国财经出版社，2007.

[32] 孙胖，王莎零. 基础学出纳（财会人员入门必读）［M］. 北京：清华大学出版社，2011.

[33] 邵军，杜海霞，刘书明. 教你做出纳和纳税——中小企业财会人员现用现查丛书［M］. 北京：经济管理出版社，2005.